序文

　『中国百科』は、世界各国のみなさんに中国文化を多角的に理解してもらうための活動であるCRI（中国国際放送局）多言語図書プロジェクトの1つです。中国語版が2003年ウェブサイト「国際オンライン」に発表された後、多言語版の翻訳がスタートし、現在までに36の言語版を出版しています。

　CRIは中国唯一の国際多言語ラジオ放送として、65の言語を用いて北京から世界に向けて放送しています。日本語放送は1941年12月3日に延安新華放送局の名前で始まり、北京放送の名前を経て現在に至っています。CRIの中で最も歴史の古い放送部門です。つまり、中国の外国語放送の第一声が日本語放送でした。この伝統ある日本語部が今回、『中国百科』日本語版の翻訳や制作などを担当しました。日本語版には政治、経済、外交、観光、建築、世界遺産など10章と中国古代偉人伝やチベットの文化など9つのコラムがあります。みなさんがこの本を通して中国に対する理解を深めていただければ、望外の喜びとなります。

　出版に至るまで約3年の歳月を要しました。CRIが日本で中国関連の本を出版するのは初めてのことです。そのため、いろいろな課題がありましたが、無事に出版に至りました。ここで、上海交通大学出版社の多大な協力と支援に感謝の気持ちを表したいと思います。また、この本の出版のために尽力してくださった方々にも御礼申し上げます。

　そして、読者のみなさんが、存分に『中国百科』日本語版を活用していただくことを望みます。

中国国際放送局日本語部
2016年6月

『中国百科』日本語版　制作体制

編　訳　　中国国際放送局日本語部
担当者　　王穎穎
翻訳者　　王丹丹、王穎穎、周莉、閔亦氷、王玉華、
　　　　　謝東、任春生、李軼豪、斉鵬、張強、
　　　　　馬玥、劉叡、胡徳勝

目次

はじめに—中国のあらまし ………………………………… 1
　国土のようす　*1*
　国旗などについて　*3*
　行政について　*4*
　人口のようす　*5*

1章　政治・経済・外交 ……………………………………… 7
　政治　*7*
　国家機構　*11*
　中国の政党　*18*
　経済　*22*
　外交　*50*
　コラム1　中国の歴代外相について　*72*

2章　歴史 ……………………………………………………… 77
　中国最初の王朝——「夏」　*77*
　歴史的記録のある最古の王朝——「商」　*78*
　西周と春秋戦国　*80*
　中国初の封建王朝——「秦」　*82*
　漢　*83*
　魏晋南北朝　*85*
　隋唐　*87*
　宋　*88*
　元　*90*
　明　*91*
　清　*93*

中国の史書　*95*

太古の謎　*98*

中国歴史解説　*101*

コラム２　中国古代の偉人伝１　*106*

3章　観光 …………………………………………………… 109

観光資源の概況　*109*

中国の著名な自然景観　*110*

中国の著名な観光都市　*112*

中国の魅力的な町（鎮）　*114*

中国の料理　*116*

四川料理　*118*

中国観光でのビザ　*119*

中国での輸出入に関する注意　*121*

中国での通貨　*122*

コラム３　中国古代の偉人伝２　*123*

4章　建築 …………………………………………………… 133

中国建築の概況　*133*

中国古代建築の概況　*143*

中国の近代と現代建築の概況　*148*

コラム４　新疆の歴史と環境　*150*

5章　世界遺産 ……………………………………………… 155

文化遺産　*155*

自然遺産　*184*

複合遺産　*196*

文化的景観　*199*

コラム５　チベットの文化　*202*

6章　古典文学 ……………………………………………………………… 205

　中国の古典詩詞の人と作品　*205*

　中国古典演劇文学　*209*

　中国古典小説　*212*

　コラム6　名医・華佗　*216*

7章　民間物語 ……………………………………………………………… 217

　神話　*217*

　寓話　*226*

　名勝に関する物語　*229*

　故事成語の物語　*241*

　智恵に関する物語　*252*

　コラム7　漢方薬について　*258*

8章　紙上考古博物館 ……………………………………………………… 261

　中国古代の「シルクロード」　*261*

　三星堆遺跡　*263*

　貴州赫章古墓群で古代夜郎国を探す　*264*

　殷墟と甲骨文字　*266*

　殷（商）の司母戊鼎はどのように製造されたのか？　*268*

　曾侯乙墓および編鐘　*269*

　秦の始皇帝陵をめぐる話　*270*

　湖南長沙の馬王堆漢墓　*272*

　満城漢墓と金縷玉衣　*274*

　麦積山石窟と洛陽の竜門石窟　*276*

　陝西法門寺　*277*

　敦煌莫高窟　*279*

　西夏王陵　*281*

　明祖陵　*283*

　明孝陵　*285*

　明の十三陵　*287*

磁器と中国　*289*

　　　コラム 8　中国の打楽器　*290*

9 章　民俗……………………………………………………………… *293*

　　　祝日　*293*

　　　民間習俗　*299*

　　　中国の婚姻における習俗　*301*

　　　飲食の習慣　*302*

　　　コラム 9　銅鑼について　*309*

10 章　民間芸術………………………………………………………… *311*

　　　人形など　*311*

　　　装飾品　*324*

　　　服飾品　*329*

　　　民間芸術に登場する神々　*337*

　　　住まいを彩るもの　*344*

はじめに
中国のあらまし

■国土のようす

　中華人民共和国（略称、中国）は、アジア大陸の東部、太平洋の西岸に位置する。大陸部の面積は約960万平方キロメートルである。

　中国の領土は、北は漠河の北、黒龍江の中央（北緯53度30分）から南は南沙諸島南端の曾母暗砂（北緯4度）まで、緯度にして49度、約5500キロメートルの広がりがある。また、東は黒龍江とウスリー川の合流地点（東経135度05分）から、西はパミール高原（東経73度40分）まで、経度にして60度、約5000キロメートルの広がりがある。

　中国の陸地国境線の長さは約2万2800キロメートルで、東は朝鮮、北はモンゴル、北東はロシア、西北はカザフスタン・キルギスタン・タジキスタン、西と西北はアフガニスタン・パキスタン・インド・ネパール・ブータンなどの国々と、南はミャンマー・ラオス・ベトナムとそれぞれ隣接する。また、東部と東南部は海を隔てて韓国・日本・フィリピン・ブルネイ・マレーシア・インドネシアと向き合っている。

　中国大陸の海岸線は、北は鴨緑江の河口から、南は広西チワン族自治区の北崙川河口まで、全長約1万8000キロメートルある。海岸地域の地形は平坦で

数多くの優良な港に恵まれ、ほとんどが1年中凍ることはない。中国の近海は渤海・黄海・東海・南海という4つの大きな海からなる。東部と南部大陸の海岸線は1万8000キロメートルである。最大の島は面積約3万6000平方キロメートルの台湾島、次いで約3万4000平方キロメートルの海南島である。

中国は山が多く、山地・丘陵・高原を含む山間地区の面積が総面積の約3分の2を占めている。陸地のうち山地が33％、高原が26％、盆地が19％、平原が12％、丘陵が10％である。

中国の地形は、数百万年前に青海・チベット高原が隆起した地球史上最も大きな地殻変動によって形成されたものである。空から中国の大地を見ると地勢は段階状を呈し、西から東へと徐々に低くなっているのがわかる。

インド大陸とヨーロッパとアジア大陸のプレートがぶつかり合うことによって、青海・チベット高原は絶えず隆起しており、平均海抜が4000メートル以上に達する「世界の屋根」＝中国地形の第1段階を構成している。高原地帯にあるヒマラヤ山脈の主峰・チョモランマは標高8848メートルの世界最高峰である。第2段階は内モンゴル高原・黄土高原・雲貴（雲南・貴州）高原・タリム盆地・ジュンガル盆地・四川盆地からなり、平均海抜は1000〜2000メートルである。第2段階の東端の大興安嶺・太行山脈・巫山山脈・雪峰山脈を越えて東に向かって太平洋沿岸に至るまでが第3段階であり、ここは1000メートルから500メートル以下と低くなっていく。ここには北から南へ東北平原・華北平原・長江中下流平原があり、平原の縁には低い山と丘陵が連なっている。さらに東へ向かうと中国大陸棚の浅海区、つまり第4段階があり、水深は一般に200メートル以下である。

高く雄壮な山脈がさまざまな方向に走って多くの山系を形成し、中国の地形の骨格を作り上げている。中国の有名な大山脈にはヒマラヤ山脈・崑崙山脈・天山山脈・タングラ山脈・秦嶺山脈・大興安嶺・太行山脈・祁連山脈・横断山脈などがある。

中国には流域面積が1000平方キロメートルを超す河川だけでも1500本以上ある。河川は海へ流れる川と内陸河川に分かれていて、海に流れ込む川の流域面積は全国陸地総面積の約64%を占めている。長江・黄河・黒龍江・珠江・遼河・海河・淮河などは東へ向かって太平洋に流れ込んでいる。チベットのヤルツァンポ川は東へ向かって流れ、国境を出てから南のインド洋に流れ込む。この河には長さ504.6キロメートル、深さ6009メートルの世界一の大峡谷・ヤルツァンポ川大峡谷がある。新疆のエルティシ川は北へ向かって国境を出てから北氷洋に流れ込んでいる。内陸の湖に流れ込んだり、砂漠やアルカリ土壌地帯に消えてしまう内陸河川の流域面積は全国陸地総面積の約36%を占めている。

■国旗などについて

中華人民共和国の国旗は五星紅旗で、縦横の比例が2：3である。旗の紅色は革命を象徴し、そこに輝く黄色い星は4つの小さい星の1つの角がそれぞれ大きな星の中心に向かっており、共産党の指導の下での革命人民の団結を象徴している。

中華人民共和国の国章には、国旗・天安門・歯車・穀物の穂がある。これは中国人民の五・四運動以来の新民主主義革命の闘いと労働者階級の指導する労働者・農民の連合を基礎とする人民民主主導の新中国の誕生を象徴している。

中華人民共和国の国歌「義勇軍行進曲」は1935年に劇作家の田漢が作詞し、中国の新音楽運動の創始者・聶耳が作曲したものである。この歌はもともと映画『風雲子女』の主題歌であった。映画の公開と国家と民族を救う運動の展開に伴い全国に広がり、中華民族解放の進軍ラッパといわれた。1949年9月27日、

国旗

国章

中国人民政治協商会議第1回全体会議はこの歌を、中華人民共和国の仮国歌とすることを決めた。2004年3月14日、第10期全国人民代表大会第2回会議は憲法修正案を採択し、正式に「義勇軍行進曲」を中華人民共和国の国歌と決めた。

■行政について

中華人民共和国の憲法の規定により、中国行政の区画には以下の3段階がある。
 (1) 全国には省・自治区・直轄市が置かれる。
 (2) 省・自治区には自治州・県・自治県・市が置かれる。
 (3) 県・自治県には郷・民族郷・鎮が置かれる。
自治区・自治州・自治県はいずれも民族自治地方である。国家は必要に応じて特別行政区を設立する。
さらに、現在、中国には省級の行政単位が34あり、その中には23の省(下表)、5つの自治区(内蒙古自治区、チベット自治区、広西チワン族自治区、寧夏ホ

河北	山西	遼寧	吉林	黒龍江	江蘇	浙江	安徽
福建	江西	山東	河南	湖北	湖南	広東	海南
四川	貴州	雲南	陝西	甘粛	青海	台湾	

イ族自治区、新疆ウイグル自治区）と4つの直轄市（北京、上海、天津、重慶）と2つの特別行政区（香港、マカオ）が含まれる。

■人口のようす

　中国は世界で一番人口の多い国である。中国国家統計局が発表した『中国2012年国民経済と社会発展統計公報』によると、2012年末までに大陸部の人口は13億5404万人となり、2011年に比べて669万人増えた。2012年に1635万人が生まれ、出生率は12.1‰、死亡人口は966万人、死亡率は7.15‰、自然増加率は4.95‰である。出生人口の男女比は117.7である。15歳未満の人口は2億2287万人で総人口の16.5%を占め、前年末に比べて0.01%の微増、15歳以上60歳未満の動労年齢人口は9億3727万人、前年比345万人の減少で、総人口の69.2%であったが前年末より0.6%上昇した。60歳以上の人口は1億9390万人、総人口の14.3%を占め、前年末に比べて0.59%増えた。

1章
政治・経済・外交

■政治

　中華人民共和国は労働者階級が指導し、労働者・農民連盟を基礎とする人民民主独裁の社会主義国家である。中華人民共和国の根本的な制度は社会主義制度である。

政治制度

●**憲法**

　憲法は国家の根本的な法律である。国の社会制度と国家制度の基本原則、国家機関の組織と活動の基本原則、公民の基本的な権利と義務などの重要な内容を規定している。また、国旗・国歌・国章・首都および統治階級が重要であると認めるその他の制度を規定し、国家生活の各方面に及んでいる。憲法は最高の法的効力を持ち、その他の法律の根拠を制定するものであり、すべての法律と法規は憲法に抵触してはならない。

　新中国が成立する前夜に公布された『中国人民政治協商会議共同綱領』は中国人民民主統一戦線の綱領であり、同時に暫定憲法の役割も果たした。この綱領は中国人民政治協商会議第1回全体会議で採択後、1949年9月29日公布され、1954年『中華人民共和国憲法』が公布されるまで暫定憲法の役割を果たした。

　新中国が1949年10月1日に成立した後、1954年、1975年、1978年、1982年に『中華人民共和国憲法』が制定、公布された。

　4回目に定められた憲法が現行憲法で、1982年12月4日に第5期全国人民代表大会第5回会議で採択され、公布された。この憲法は1954年に公布された憲法の基本的な原則を受け継ぎ発展させ、中国社会主義の発展の経験を総括したもので、国際経験を取り入れながらも中国の特色を保ち、社会主義現代化建設の要求に適合した根本的な法律である。この憲法は、中華人民共和国の政治制度・経済制度・公民の権利と義務・国家機関の設置と職責の範囲・今後の

国家の根本的な任務などを明確に規定している。その根本的な特徴は、中国の根本的な制度と根本的な任務を規定し、4項目の基本原則と改革開放の基本的な方針を定めている。また、全国各民族の人民とすべての組織は憲法を活動準則としなければならず、いかなる組織または個人も憲法や法律を超える特権はないと規定している。

この憲法は序言・総綱・公民の基本権利と義務・国家機構・国旗・国章・首都の5つの部分に分かれ、合わせて4章138条ある。中国はこれまで4回にわたって憲法改正を行い、絶えず整備してきた。

現行の憲法は、1988年4月12日に第7期全国人民代表大会第1回会議で採択された『中華人民共和国憲法修正案』、1993年3月29日に第8期全国人民代表大会第1回会議で採択された『中華人民共和国憲法修正案』、1999年3月15日に第9期全国人民代表大会第2回会議で採択された『中華人民共和国憲法修正案』、2004年3月14日に第10期全国人民代表大会第2回会議で採択された『中華人民共和国憲法修正案』により修正された。

人民代表大会制度

人民代表大会制度は中国の根本的な政治制度であり、中国の人民民主独裁政権組織の形態で、中国政治の構成形式である。人民代表大会は西側の「三権分立」体制下の議会とは異なり、憲法上の最高の国家権力機関として位置づけられている。18歳以上の中国国民は人民代表の投票権と選挙権を持っている。県以下の人民代表は直接選挙により選ばれ、それ以外は間接選挙により選ばれる。全国人民代表大会は省・自治区・直轄市と軍の代表で構成される。各級人民代表大会は任期5年で、毎年1回の全体代表会議が行われる。

毎年開かれる定例の人民代表大会においては、人民代表が政府活動報告その他の重要な報告を聴取・審議し、それぞれに応じた決議をする。各級人民代表大会の常設機関である人民代表大会常務委員会は人民代表大会の閉会中、大会に与えられた職権を行使する。具体的な全国人民代表大会常務委員会の職権は、憲法の解釈、憲法適用の監督、全国人民代表大会により制定される法律以外の法律の制定と改正、全国人民代表大会に対して責任を負い活動報告をすることなどである。

中国人民代表大会の基本的な職権は立法権・監督権・重大な事項の決定権・

人事任免権などである。中国では、一定期間の国民経済と社会の発展計画制定は中国社会の発展を促進する重要な決定となる。しかし、このような計画は全国人民代表大会で可決されて初めて法的効力を有する。法律の規定に基づき国家主席や全国人民代表大会常務委員会委員長などの主要なリーダーは全国人民代表大会の選挙で選ばれる。国務院総理および各部（日本の省に相当）の部長（日本の大臣に相当）は全国人民代表大会で任命される。また全国人民代表大会は、全国人民代表大会常務委員会委員長・国家主席・国務院総理などの国家首脳を投票あるいは決定などの手続きに基づき罷免することができる。

多党協力と政治協商制度

中国共産党が指導する多党協力と政治協商制度は、中国の基本的政治制度である。

中国は多党制の国であり、政権党の中国共産党のほかに8つの民主党派がある。これらの民主諸党派は中華人民共和国の建国前にすでに成立しており、政治上では共産党の指導を擁護している。これは共産党との長期にわたる協力および共同の闘いの中で歴史的に選択されたものである。中国共産党と民主諸党派はいずれも憲法を根本的な活動準則としている。民主諸党派は組織上独立しており、憲法に規定された範囲内での政治的自由・組織的独立・法律的平等を有する。中国共産党と民主諸党派の協力の基本方針は、「長期にわたって共存し、相互に監督し、肝胆相照らし、栄辱をともにする」ことである

中国の民主諸党派は野党でも反対党でもなく、参政党である。民主諸党派の国政参与の基本的な内容は、国の政治の大方針と指導者の人選に関する協議に

参加し、国家レベルの問題の管理に参与し、国の方針・政策、法律・法規の制定と実施に参加することである。

中国共産党は国家の重大な措置あるいは民生に関する重大な問題の決定について、あらかじめ民主諸党派や無党派の人々と協議を行い、各方面の意見と提言を広く聴いた上で政策を形成する。民主諸党派と無党派の人々は国家権力機関である人民代表大会および常務委員会と常設専門委員会、また地方各級人民代表大会においていずれも適切な比率を占めており、国の政治活動に参加して政治問題を討議するとともに、政府監督に参与する。人民政治協商会議で民主諸党派と無党派の人々は一定の役割を果たすとともに、民主諸党派と無党派の人々は各級政府と司法機関の指導的職務に推薦される。

多党協力と政治協商制度の主な形式の第1は、人民政治協商会議である。人民政協は各党派、各人民団体、民間各界の代表が国の政治活動に参加し、政治問題を討議する重要な場である。

第2に、中国共産党中央委員会と地方各級の党委員会は民主諸党派と無党派人士を招いて座談会を開き、重要な情況を通知し、重大な方針・政策や国家と地方政府の指導者の候補リスト・人民代表大会の代表・政協委員の候補リストについて民主諸党派と協議し、意見や提言を聴取する。

第3に、人民代表大会での民主諸党派代表は各級の人民代表大会において、人民代表として国の政治活動に参加し、政治問題を討議し、政府監督の役割を果たす。

第4は、民主諸党派のメンバーを推薦し、国務院および関係の部と委員会または県クラス以上の地方政府および関係部門の指導の職務につかせる。

第5は、条件に合った民主諸党派のメンバーを推薦し、司法機構の指導的職務につかせる。

■国家機構

全国人民代表大会

　人民代表大会制度は中国の根本的な政治制度である。全国人民代表大会は中国の最高国家権力機関で、省・自治区・直轄市および特別行政区と軍隊で選出された代表によって組織され、国家の立法権を行使するとともに国家の政治生活に関わる重大な問題を決定する。

　全国人民代表大会の主な職権は、憲法改正、憲法実施の監督、刑事・民事・国家機関とその他の基本的法律の制定と改正を行うこと、国民経済と社会発展計画および国家予算と予算の実行情況の報告を審査し採択すること、省・自治区・直轄市の設置、特別行政区の設立およびその制度を決定すること、戦争と平和の問題を決定すること、最高の国家権力機関のリーダー、つまり全国人民代表大会常務委員会委員・国家主席・副主席を選出し、首相と内閣およびその他の構成メンバーの人選を決定し、中央軍事委員会主席とその他の構成メンバーの人選を選出し、最高人民法院院長、最高人民検察院検察長を選挙することである。全国人民代表大会はこれらの人選について罷免権を擁する。

　全国人民代表大会の任期は1期5年で、年に1回会議を開催する。全国人民代表大会の閉会期間中、常設機関である常務委員会が最高の国家権力を行使する。全国人民代表大会常務委員会は委員長・副委員長・秘書長・委員で構成される。第12期全国人民代表大会常務委員会委員長は張徳江である。

　中国の立法には、全人代とその常設委員会の立法、国務院とその部門の立法、一般地方の立法、民族自治区の立法、経済特別区と経済特別行政区の立法が含まれる。

中国人民政治協商会議

　中国人民政治協商会議（略称：人民政協）は中国人民愛国統一戦線の機構であり、中国共産党の指導する多党協力と政治協商の重要な機関であり、中国の

政治生活で社会主義民主を発揚させる重要な形式でもある。団結と民主は中国人民政治協商会議の二大テーマである。

中国人民政治協商会議全国委員会は、中国共産党・各民主党派・無党派の人々・人民団体・各少数民族と各界の代表・香港特別行政区同胞・マカオ特別行政区同胞・台湾同胞と帰国華僑の代表・特別に招かれた人々で構成される。若干の区分が設けられており、1期の任期は5年である。中国人民政治協商会議第12期全国委員会主席は兪正声である。

中国人民政治協商会議全国委員会と地方委員会の主要な職能は、政治協商・民主監督・政治参画・政治討議である。

政治協商とは、国家や地方の大きな政策方針や政治・経済・文化・社会生活における重要な問題の決定を行う前に協議したり、政策の実施に関する重要な問題について討議したりすることである。中国人民政治協商会議全国委員会と地方委員会は、中国共産党・人民代表大会常務委員会・人民政府・民主党派・人民団体の提案に基づいて、各党派・団体の責任者と各民族・各界の代表が参加する会議を開き、協商を行うほか、以上のような機構や組織が重要な問題を提出し、協議することを進める。

民主監督とは、憲法・法律・法規の実施、重大な方針政策の貫徹実行、政府機関およびその職員の仕事に対して提案と批判を通じて監督を行うことである。

政治参画・政治討議とは、政治や経済、文化と社会生活における重要な問題、および大衆が普遍的に関心を寄せる問題について調査と研究を行い、社会状況と住民の意思を反映し、協商と討議を行うことであり、調査・研究の報告・提案やその他の形式を通じて中国共産党と政府機関に意見を出し助言することである。

1949年9月、中国人民政治協商会議第1回全体会議は全国人民代表大会の職権を代行し、全国人民の意思を代表して中華人民共和国の成立を宣言し、重要な歴史的な役割を果たした。人民政治協商会議は、1954年の第1期全国人民代表大会開催後、全人代の職権の代行はしなくなったが、中国の最も広い愛国統一戦線組織として引き続き存在し、国家の政治生活と社会生活、対外友好活動などで大きな貢献をしてきた。2004年3月までに全国人民政治協商会議は世界101の国の170の機関・8つの世界と地域の組織と関係を結び、友好往

来を行っている。

国務院およびその直属機関

　中華人民共和国国務院は中国の中央人民政府であり、最高国家権力の執行機関であり、最高の国家行政機関であり、首相・副首相・国務委員・閣僚・各委員会主任・会計審査長・秘書長により構成される。国務院は首相責任制を実行し、各部と各委員会はそれぞれ部長責任制・主任責任制を実行する。国務院秘書長は首相の指導の下で、国務院の日常的な仕事を処理する。国務院は秘書長をリーダーとする弁公庁を設ける。

　　首相：李克強
　　副首相：張高麗、劉延東、汪洋、馬凱
　　国務委員：楊晶、常万全、楊潔チ、郭声琨、王勇
　　国務院秘書長：楊晶（兼）

　憲法第89条の規定に基づき、国務院は以下の職権を行使する。
　一、憲法と法律に基づき、行政措置を規定し、行政法規を制定し、決定と命令を公布。
　二、全国人民代表大会あるいは全国人民代表大会常務委員会に提案を提出。
　三、各部と各委員会の任務と職責を規定し、各部と各委員会の事務を統一的に指導するほか、各部と各委員会に所属していない全国的な行政業務を指導。
　四、全国地方各クラス国家行政機関の業務を統一的に指導し、中央と省・自治区・直轄市の国家行政機関の職権の分配を具体的に規定。
　五、国民経済と社会発展計画と国家予算の制定と執行。
　六、経済活動と都市・農村部の建設の管理と指導。
　七、教育・科学・文化・衛生・スポーツ・計画生育活動の管理と指導。
　八、民政・公安・司法行政・監察活動の管理と指導。
　九、対外業務・外国との条約の締結や協定を管理。
　十、国防建設事業の管理と指導。
　十一、民族関連業務の管理と指導・少数民族の平等な権利と民族自治地方

の自治権利を保障。
十二、華僑の正当な権利と利益の保護、帰国華僑とその親戚の合法的な権利と利益の保護。
十三、各部と各委員会により公布された不正な命令・指示・規定の修正あるいは撤廃。
十四、地方各級国家行政機関により公布された不正な決定と命令の修正あるいは撤廃。
十五、省・自治区・直轄市の区域の区分の批准、自治州・県・自治県・市の設立と区域の区分の批准。
十六、法律に基づき、省・自治区・直轄市の範囲内の一部が緊急態勢に入ることの決定。
十七、行政機関の編制を審査し、法律に基づいて行政職員に対し任免・養成・考察・奨励を行う。
十八、全国人民代表大会と全国人民代表大会常務委員会により授与されたその他の職権。

国務院と部・委員会

一、中華人民共和国国務院弁公庁
二、国務院の各部門（25）
外交部、国防部、国家発展改革委員会、教育部、科学技術部、工業・情報化部、国家民族事務委員会、公安部、国家安全部、監察部、民政部、司法部、財政部、人力資源・社会保障部、国土資源部、環境保護部、住宅・都市農村建設部、交通運輸部、水利部、農業部、商務部、文化部、国家衛生・計画出産委員会、中国人民銀行、会計審査署
（監察部と中国共産党中央紀律検査委員会機関は合併し、機構は国務院に編入、編制は中国共産党中央の直属機構に編入する。）
三、国務院直属特設機構：国務院国有資産監督管理委員会
四、国務院直属機構：中華人民共和国税関総署、国家税務総局、国家工商行政管理総局、国家品質監督検査検疫総局、国家新聞出版広電総局、国家体育総局、国家安全生産監督管理総局、国家食品薬品監督管理総局、国家統計局、国家林業局、国家知的財産権保護局、国家観光局、

国家宗教事務局、国務院参事室、国家機関事務管理局

（国家腐敗予防局は国務院直属機構序列にも編入され、監察部に看板を掲げる。国家新聞出版広電総局に国家財産権局の看板を掲げる。）

五、国務院事務機構：国務院僑務辦公室、国務院香港・マカオ事務辦公室、国務院法制辦公室、国務院研究室

（国務院台湾事務辦公室と中国共産党中央台湾工作辦公室、国務院新聞辦公室と中国共産党中央対外宣伝辦公室、国務院防犯・邪教問題処理辦公室と中央防犯・邪教問題処理指導グループはそれぞれ1つの機構に2枚の看板を掲げて、中国共産党中央の直属機構にも編入する。）

六、国務院直属事業単位：新華通信社、中国科学院、中国社会科学院、中国工程院、国務院発展研究センター、国家行政学院、中国地震局、中国気象局、中国銀行業監督管理委員会、中国証券監督管理委員会、中国保険監督管理委員会、全国社会保障基金理事会、国家自然科学基金委員会

七、国務院部と委員会管理の国家局：国家信訪局、国家食糧局、国家エネルギー局、国家国防科学・技術工業局、国家煙草専売局、国家外国専門家局、国家公務員局、国家海洋局、国家測量地理情報局、国家鉄道局、中国民間航空局、国家郵政局、国家文物局、国家漢方医薬管理局、国家外貨管理局、国家炭鉱安全監察局

（国家檔案局と中央檔案館、国家保密局と中央保密委員会辦公室、国家コード管理局と中央コード指導小組辦公室はそれぞれ1つの機構で2枚の看板を掲げて中国共産党中央直属機関の傘下機構に編入する。）

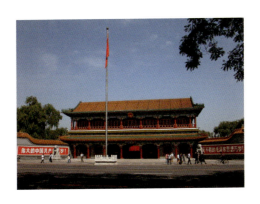

八、国務院議事協調機構

中央軍事委員会

　中国共産党中央軍事委員会は中国共産党の指導する最高軍事指導機関で、略称は中央軍委、主席・副主席・委員からなる。中央軍事委員は中国共産党中央委員会によって決定され、主席責任制を実行する。全国の武装力を直接指導することがその主要職能であり、主席は習近平である。

　中華人民共和国中央軍事委員会は国家の軍事指導機関であり、全国の武装力を指導する。中央軍事委員会は主席・若干の副主席・若干の委員からなり、主席責任制を実行する。主席は全国人民代表大会で選挙によって選出され、全国人民代表大会およびその常務委員会に対して責任を負う。中央軍事委員会の任期は1期5年で、再任制限はない。中華人民共和国中央軍事委員会主席は習近平である。

　中国の武装力は中国人民解放軍・中国人民武装警察部隊・民兵から構成される。人民解放軍は国家の常備軍であり、武装警察部隊は国家から与えられた安全警備の任務や社会秩序維持の任務を担う。民兵は生産を離れない民間武装力である。

人民法院

　人民法院は国家の裁判機関である。国家は最高人民法院を設置し、各省・自治区・直轄市は高級人民法院を設置する。それ以下の行政区は中級人民法院・

基層人民法院を設立する。最高人民法院は国家の最高裁判機関であり、裁判権を独立して行使する。同時に地方の各級人民法院と専門人民法院の裁判活動の最高監督機関でもある。最高人民法院は全国人民代表大会とその常務委員会に対し、責任を持って活動を報告する。最高人民法院の院長・副院長および最高人民法院裁判委員会委員は全人代によって任命される。

最高人民法院の職責は、地方法院の裁判や裁定を不服とする上訴と控訴案件および最高人民検察院が裁判監督手続きに基づいて提出した控訴案に対する裁判、死刑の裁可、法的効力が発効した各級人民法院の判決・裁定に誤りが発見されたときに審理して下級法院の再審理を命令すること、また裁判の過程で法律をいかに具体的に運用するかなどの問題に対する解釈を行うこと、などである。

最高人民法院院長は周強である。

人民検察院

人民検察院は国家の法律を監督する機関であり、検察権を行使することで自己の任務を完成する。国に反逆したり、国家を分裂させようとするなどの重大な犯罪案件に対して検察権を行使する。公安機関に捜査させ、捜査した案件に対して逮捕するか否か、起訴か免訴かを決定する。刑事案件に対し公訴を提起し、公訴を維持する。また公安機関・人民法院・監獄・刑務所・労働矯正機関の活動が合法になされているか監督する。

人民法院が裁判権を独立して行使するのと同様に、人民検察院も法に基づいて独立して検察権を行使し、行政機関や社会団体、個人の干渉を受けない。すべての公民に対し法律の適用は一律に平等である。国家は最高人民検察院や地

方の各級人民検察院、軍事検察院など専門の人民検察院を設置する。中国人民検察院は基層・中級・高級・最高の4級に分けられる。最高人民検察院は国家の最高検察機関であり、国家を代表して検察権を独立して行使し、活動は直接全人代常務委員会に対して責任を負う。その主要任務は地方の各級人民検察院や専門人民検察院を指導し、法に基づいて法律監督の職能を実行して、国家の法律の統一と正確な実施を保証する。

最高人民検察院の検察長は曹建明である。

■中国の政党

中国共産党

　中国共産党は中国の労働者階級の先鋒隊であると同時に、中国人民と中華民族の先鋒隊であり、中国の特色を持つ社会主義事業を指導する核心でもあり、中国の先進的な生産力発展の要求を代表し、中国の先進的な文化の前進方向を代表し、中国の最も広範な人民の根本的な利益を代表する。中国共産党の最高理想と最終目標は共産主義の実現を目指すことである。

　中国共産党はマルクス＝レーニン主義・毛沢東思想・鄧小平理論・「三つの代表」という重要な思想と科学的発展観を行動の指針とする。

　科学的発展観はマルクス＝レーニン主義・毛沢東思想・鄧小平理論・「三つの代表」という重要な思想と同じ流れを受け継ぐもので、時とともに進化する科学理論である。それは発展する世界観と方法論に関するマルクス主義の集中的体現であり、マルクス主義の中国化の最新の成果である。そして中国共産党

の集団的な知恵の結晶であり、中国の特色ある社会主義が必ず堅持・貫徹する指導思想である。

改革開放以降、中国が成果と進歩を獲得したすべての根本原因は、中国の特色ある社会主義路線を切り開き、中国の特色ある社会主義理論体系を作り上げ、中国の特色ある社会主義制度を確立したことにある。

社会主義の初級段階における中国共産党の基本的路線は、全国各民族人民を指導・結集して、経済建設を中心としながら4つの基本原則（社会主義の道・人民民主主義独裁・中国共産党の指導・マルクス＝レーニン主義と毛沢東思想）を堅持すること、改革開放を堅持して、自力更生・刻苦創業に努め、中国を富強・民主・文明の現代化した社会主義国に築き上げるために奮闘することである。

中国共産党は独立自主の平和外交政策を堅持し、平和発展の道と互恵・互利の開放戦略を堅持し、国内と世界の2つの大局を統一的に協調させ、積極的に対外関係を発展させ、中国の改革開放と現代化建設に有利な国際環境を作るよう努力する。国際問題においては、中国の独立と主権を守り、覇権主義と強権政治に反対し、世界の平和を擁護し、人類の進歩を促進し、恒久平和と共同繁栄の調和のとれた世界の構築を推し進めることに努める。主権および領土保全の相互尊重・相互不可侵・相互内政不干渉・平等互恵・平和共存の5原則を踏まえて、中国と世界各国との関係を発展させる。中国と周辺諸国との善隣友好関係を絶えず発展させ、発展途上国との連帯と協力を強化する。独立自主・完全平等・相互尊重・相互内政不干渉の原則に基づいて、中国と各国の共産党およびその他の政党との関係を発展させる。

中国共産党は自己の綱領と規約、そして民主集中性という原則に基づいて組織した統一的な団体である。『中国共産党規約』は満18歳の中国の労働者・農民・軍人・知識人およびその他の社会階層の先進的な人々が党の綱領と規約を認め、党の組織に参加し、積極的に活動し、党の決議を実行して、規則通りに党費を納めるなら中国共産党への参加を申請することができると規定している。

中国共産党の中央組織には、党の全国代表大会・中央委員会・中央政治局・中央政治局常務委員会・

中央書記局・中央軍事委員会・中央規律検査委員会が含まれる。党の全国代表大会は5年に1回開かれる。全国代表大会の閉会期間中、中央委員会が中国共産党の最高指導機関となる。

中国共産党は現在8500万人の党員がいる。中国共産党第18期中央委員会総書記は習近平である。

中国の民主諸党派

中国には、中国共産党のほか、中国国民党革命委員会・中国民主同盟・中国民主建国会・中国民主促進会・中国農工民主党・中国致公党・九三学社・台湾民主自治同盟の8つの政党がある。これらの党派は民主党派と呼ばれる。大多数は抗日戦争や全国解放戦争の中で成立・発展したものである。民主党派は政治的には中国共産党の指導を擁護する。これは民主党派が共産党と長期にわたる協力と共同の闘いの中で行った歴史的な選択である。各民主党派は憲法が規定する範囲内の政治的自由、組織的独立と法律的な地位の平等を享有する。長期的に共存し、互いに監督し合い、肝胆相照らし、光栄と屈辱をともにするというのが中国共産党が各民主党派と協力する基本方針である。

各民主党派は野党でも反対党でもなく、参政党である。現在、中国の各級の人民代表大会常務委員会、政治協商委員会、政府機関、経済・文化・教育・科学技術などの部門にはいずれも多くの民主党派の人々が指導的ポストについている。例えば、8つの民主党派の現任の中央委員会主席はそれぞれ全国人民代表大会常務委員会の副委員長または全国政治協商会議副議長を務めている。同時に、各民主党派は各省や自治区・直轄市・各大中都市に民主党派の地方組織

と末端組織を設置している。

● **中国国民党革命委員会**

中国国民党革命委員会（略称：民革）は中国国民党民主派とその他の愛国民主主義者が作ったもので、1948年1月1日に正式に発足した。政治連盟の特徴があり、中国の特色を持つ社会主義の建設と祖国の統一事業に努める政党である。主な創立者は宋慶齢・何香凝・李済深である。中国国民党革命委員会第12期中央委員会主席は万鄂湘である。

● **中国民主同盟**

中国民主同盟（略称：民盟）は文化教育と科学技術に従事する中高級知識人により組織されたもので、1941年3月に発足した。政治連盟の特徴を持ち、社会主義事業に取り組む政党で、主な創立者は張瀾・沈鈞儒・黄炎培・章伯鈞などである。中国民主同盟第11期中央委員会主席は張宝文である。

● **中国民主建国会**

中国民主建国会（略称：民建）は主に経済界の人々から構成され、1945年12月に発足した。政治連盟の特徴を持ち、社会主義事業に取り組む政党である。創立者は黄炎培・胡厥文・章乃器・施復亮などである。中国民主建国会第10期中央委員会主席は陳昌智である。

● **中国民主促進会**

中国民主促進会（略称：民進）は教育文化出版に携わる中高級知識人が主となって、1945年12月に発足した。政治連盟の特性を持ち、中国の特色ある社会主義事業の建設に取り組む政党である。主要な創立者は馬叙倫・王紹鏊・周建人・許広平などである。中国民主促進会第13期中央委員会主席は厳雋琪（女性）である。

● **中国農工民主党**

中国農工民主党（略称：農工党）は、医薬衛生界の中高級知識人を主とし、政治連盟の特徴を持つ、中国の特色ある社会主義事業の建設に取り組む政党で、1930年8月に発足した。主要な創立者は鄧演達・黄琪翔・章伯鈞などである。中国農工民主党第15期中央委員会主席は陳竺である。

● **中国致公党**

中国致公党（略称：致公党）は、帰国華僑や華僑の家族を主とする民主党派で、1925年10月に発足した。政治連盟の特徴を持ち、中国の特色ある社会主

義事業の建設に取り組む政党である。中国致公党第14回中央委員会主席は万鋼である。

● **九三学社**

九三学社は、科学技術界の高中級知識人が主となって1946年5月に発足した。政治連盟の特徴を持ち、中国の特色ある社会主義事業の建設に取り組む政党である。主要な創立者は許徳珩・潘菽・涂長望などである。九三学社第13期中央委員会主席は韓啓徳である。

● **台湾民主自治同盟**

台湾民主自治同盟（略称：台盟）は、台湾省出身者からなる社会主義者の労働者と社会主義を擁護する愛国者の政治連盟であり、社会主義に奉仕する政党でもあり、1947年11月に発足した。主要な創立者は謝雪紅・楊克煌である。台湾民主自治同盟第9期中央委員会主席は林文漪（女性）である。

■経済

経済の概況

1949年に新中国が成立して以来、中国経済は急速に発展してきた。特に、1978年に改革開放政策が実施されてからは、年平均9％以上のスピードで安定した成長を続けてきた。2012年中国の国内総生産（GDP）は8兆2622億ドルに、一人当たりGDPは6102ドルに達し、経済総量はアメリカに次いで第2位となった。

現在、中国国内の投資と消費は良好な勢いを保っており、2012年中国の固定資産投資額は37兆4676億元に達した。消費財小売総額は21兆元を超え、一方対外貿易額は3兆8668億ドルを超え、世界第1位となった。2012年末の中国の外貨準備高は3兆3116億ドルに達し、4年連続で世界第1位となった。

30年あまりの改革開放と近代化建設を経て、中国はすでに計画経済から社会主義市場経済への転換を基本的に完了し、社会主義市場経済体制が徐々に確立・整備されてきている。同時に法律と法規も絶えず整備し、市場開放の継続的拡大と投資環境の改善、金融体制の改革も着実に進めており、中国の経済成長の確かな保障となっている。

21世紀に入ってから中国は、さらに人間と自然、人間と社会、都市と農村、東部と西部、経済と社会の全面的かつバランスのとれた発展理念を打ち出した。2012年に開かれた中国共産党第18回全国代表大会は、2020年までに「いくらかゆとりのある社会」を全面的に構築するという目標を掲げるとともに、2020年にGDPおよび国民一人当たりの所得を2010年の倍にするという目標を初めて定めた。

産業構造の基本的な情況

　産業構造とは、各産業部門における生産要素の構成およびその相互依存と制約の関係を指す。産業構造には、農業・工業・サービス業という3つの産業間の構成および各業種間の構成なども含まれている。

　1949年の新中国成立以降、中国の産業構造は3つの段階を経て発展してきた。第1段階は1950年代から70年代の末までで、中国は半植民地経済の特徴を急速に転換し、工業化の基礎を初歩的に固めた。第2段階は1979年から90年の初めまでで、中国は改革開放の方針を定め産業構造を絶えず調整し、工業化の中期段階にまい進した。第3段階は1990年代初め社会主義市場経済体制の確立を打ち出してから2020年までで、工業化を実現すると同時に、初歩的な情報化を完成するという目標を掲げている。

　この60年あまりの間、中国では3つの産業間の比例関係にも大きな変化が生じた。1950年代の初めから2012年までに、中国では農業の比率が45.4%から10.1%に下がる一方、工業の比率が34.4%から45.3%に、サービス業の比率が20.2%から44.6%に上昇した。

● 農業

　中国は、農業人口が総人口の絶対多数を占める国であり、農業は中国経済できわめて重要な地位を占めている。

　中国には、960万平方キロメートルの陸地面積があるが、耕地面積はわずか127万平方キロメートルしかない。耕地は主に中国東部モンスーン地帯の平原と盆地に集中している。中国の農業生産部門では栽培業が最も重要で、主な食糧作物は水稲・小麦・トウモロコシ・大豆などである。経済作物には綿花・ピーナツ・アブラナ・サトウキビ・テンサイなどがある。

　中国農業の急成長は、1978年に農村で改革開放政策が実施されてから始まっ

たものである。この30年あまり、中国の農村改革は集団所有制の枠組みの下で、市場を導きとして伝統的な体制の束縛を打ち破り、市場経済の条件下における集団経済の新しい形を模索してきた。農村の改革は農民に利益をもたらし、農村の生産力を解放して、農業、特に食糧の増産と農業構造の絶え間ない調整を促し、中国農業の発展をおおいに推進した。現在、中国の食糧や綿花・菜種・タバコの葉・肉類・卵類・水産物・野菜などの生産量はいずれも世界で第1位となっている。

　近年、中国政府は、農業の発展を一貫して活動の重点としており、農業への資金投入を絶えず拡大し、農民の収入を増やして農村と都市のバランスのとれた発展を実現するよう取り組んでいる。

● **工業**

　1949年の新中国成立後、中国の工業は全面的な回復と発展の時期に入り、1950年代初頭に中国工業の急速な発展が始まった。1978年改革開放政策が実施されるまでに、中国ではすでにほぼ完全な工業経済の体制が整っていた。伝統的な石油工業と当時の新興産業であった化学工業や電子工業はいずれも急速な成長を遂げ、またハイテク産業とされる原子力工業と宇宙航空工業も突出した発展を収めた。さらに1970年代末以降、中国工業の成長の勢いはさらに加速し、1979年から2012年にかけて工業の伸び率は年平均10%以上を維持している。

　60年あまりの発展を経て中国の主な工業製品の生産量は、数十倍ないし数百倍となり、数多くの工業製品が世界各地に輸出されている。1996年以降、鉄鋼・石炭・セメント・農業用化学肥料・テレビの生産量は一貫して世界一の

座を占めている。

　2012年中国は工業付加価値23兆5319億元を実現し、前年同期比で8.1%の伸びとなった。現在、中国は、航空機・船舶・自動車だけでなく、人工衛星や現代的な工業設備も製造できるようになった。一定の技術水準に達し、産業セクターが整った独自の工業システムを確立している。今後、中国は情報化によって工業化を促進するという戦略の実施を一層推進し、中国経済の成長に対する工業の役割発揮を加速していく。

● サービス業

　1970年代末以降、中国のサービス業は大きく発展してきたが、その発展は主に2つの面に現れている。まず、サービス業の規模が絶えず拡大しつつある。1978年から2012年まで中国サービス業の付加価値は860億5000万元から23兆1626億元まで260倍も増加し、年平均10%以上の伸び率は同時期のGDP伸び率も上回っている。また、サービス業の付加価値がGDPに占める割合も1979年の21.4%から2012年の44.6%に上った。2012年は国際金融危機の影響があったにもかかわらず、相変わらず急速な成長を遂げた。

　次に、中国のサービス業は雇用の受け皿としても注目されている。サービス業に従事する者は1978年の4890万人から急速に増えて、2011年には7億6000万人となり、就業

者数の最も多い産業部門となった。

現在、中国のサービス業は飲食・観光・小売・金融・保険・情報・運輸・広告・法律・会計・不動産管理など数多くの分野に及んでいる。中国の発展計画によると、サービス業の付加価値がGDPに占める割合は現在の約3分の1から2020年には2分の1以上になるだろう。

社会主義市場経済体制

1949年の新中国成立以降30年間、中国政府は一貫して計画経済体制を推進し、専門の政府機構が各分野の経済発展目標を計画・制定していた。この体制は中国経済を目標に沿って計画的かつ安定的に発展させたが、経済そのものの活力と発展のスピードをひどく束縛していた。

1970年代末、中国は計画経済体制の改革を始めた。1978年、中国は農村地区で世帯生産請負責任制を主とする責任制度を始めた。1984年経済体制の改革は農村部から都市部に移り、1992年社会主義市場経済体制の確立という改革の方向を定めた。

2003年10月、中国は社会主義市場経済体制のさらなる完成を目指すという目標と任務を明確にした。つまり、都市と農村、各地域、経済と社会、人間と自然それぞれの全体的な発展を目指し、国内の発展と対外開放の要求を満たす。資源配置における市場の基本的な役割をさらに発揮させ、企業の活力と競争力を強化し、国のマクロ経済に対するコントロールを整備する。そして、政府の社会管理と公共サービスの機能を整え、「いくらかゆとりのある社会」を全面的に樹立するために、強力な体制上の保障を提供する。その主な任務は、公有制を主体とする多種の所有制経済の共同発展という基本的な経済体制の充実、都市部と農村部の2次元経済構造の調整に役立つ体制の確立、地域経済のバランスのとれた発展を促進する体制の形成、統一的・開放的かつ競争秩序の良い現代的市場体制の確立、マクロ的なコントロールシステム・行政管理システムと経済・法律制度の整備、就業・所得配分と社会保障制度の整備、経済と社会の持続可能な発展を促す体制作り、などである。

計画によると、2010年までに中国は「比較的整った社会主義市場経済体制」を確立し、2020年までに「比較的成熟した社会主義市場経済体制」を確立することになっている。

所有制構造

　憲法によれば、中国は社会主義の初級段階において、公有制を主体とするさまざまな所有制経済の共同発展という基本的な経済制度を堅持し、労働に応じた分配を主体とするさまざまな分配方法を共存させる制度を堅持する。現在、中国の所有制経済の主なものとして、国有経済・集団経済・私営経済・個人経営経済・共同経営経済・株式制経済・外国と香港、マカオおよび台湾の投資による経済などの形が含まれている。

　「国有経済」は生産手段を国家が所有する。「集団経済」とは生産手段を集団が所有する。「私営経済」とは生産手段を個人が所有し、労働力の雇用を基礎とする。「個人経営経済」とは生産手段を個人が所有し、個人の労働を基礎とし、労働者個人がその成果を所有・支配する。「共同経営経済」とは所有制が違う企業あるいは企業と事業部門が共同で投資し、新しい経済体を作る。「株式制経済」とは全部の資本は株の持ち主が出資し、株式の形で企業に投資する。「外商の投資経済」とは海外の投資家が中国経済の法律と法規の中で外国に関する部分に基づき、合弁・協力・独資の形で中国の国内に企業を設置する。「香港、マカオおよび台湾の投資経済」とは香港・マカオ・台湾地区の投資家が中国経済の法律と法規の中

で、合弁・協力・独資の形で中国大陸に企業を設置する。香港・マカオ・台湾の投資経済は、外商の投資経済を参考に合弁経営企業・協力経営企業・独資企業の3種類に分けられる。

中国の憲法では、国と集団の財産の不法な占有または破壊はいかなる組織・個人であろうと、いかなる手段によるものであろうと一切禁止されている。国は個人経済・私営経済などの非国有制経済の合法的な権利と利益を守らなくてはならない。国民の合法的な私有財産は侵犯されない。

発展戦略

1987年10月中国共産党第13回全国代表大会は、中国の現代化建設を3つの段階に分けて推進するという戦略的な計画を打ち出し、その具体的な目標を以下の通り定めた。

> 第1段階（1981年から1990年まで）国内総生産を倍増させ、国民の衣食問題を解決する。
>
> 第2段階（1991年から20世紀末まで）国内総生産がさらに倍増し、国民の生活が「いくらかゆとりのある」水準に達する。
>
> 第3段階（21世紀半ば）中国の一人当り国内総生産が中レベル先進国の水準に達する。国民の生活がより豊かになり現代化が基本的に実現する。

1997年9月の中国共産党第15回全国代表大会は、第3段階の目標をさらに具体化し、21世紀の最初の10年に国内総生産が2000年より倍増し、国民の「いくらかゆとりのある生活」をさらに豊かにし、より整備された社会主義市場経

済体制を形成する。また次の10年にさらに努力を重ね、国民経済のさらなる発展を促して、各種制度をさらに整備する。2050年には現代化を基本的に完成し、豊かで強力で民主的で文化的な社会主義国家を作り上げる。

インフラ整備

●道路

中国の広大な国土上には、道路が縦横に走っている。中でも最も重要なのは、国土の東西と南北を貫く「縦5本・横7本」の12本の幹線国道である。総延長3万5000キロメートルのこの道路は現在すべて完成した。

ここ20年、中国は道路をインフラ整備の重要な項目とし、高速道路網は飛躍的に発展してきた。北京－上海、北京－瀋陽、北京－石家荘－太原、上海－南京－合肥、上海－杭州－寧波など複数の省を通過する長距離高速道路の開通に伴って、道路交通の混雑は明らかに緩和し、長期的に抱えてきた輸送能力不足は著しく改善された。高速道路の急速な発展により、省と省、重要な都市と都市を結ぶ時間距離は大きく縮小した。人員・商品・技術・情報の地域間交流のスピードが加速し、生産運輸コストが劇的に削減された。より広い範囲で効率的な資源配置と市場の拡大が実現し、企業競争力の向上や国民経済の発展と社会の進歩を促す上で重要な役割を果たしてきた。現在、高速道路のスピードと利便さは一般市民の生活にも密接に関わり、人々の時空認識とライフスタイルを大きく変えつつある。

●鉄道

2012年末に中国で運行している鉄道の総延長は世界第2位の9万8000キロメートルに達し、そのうち高速鉄道は9356キロメートルで世界1位となった。現在、中国の鉄道は旅客輸送量・貨物発送量・貨物取扱量・換算取扱量はいずれも世界第1位となっている。

中でも高速鉄道は中国鉄道運輸の最新鋭部隊である。2007年高速列車が中国で初めて走って以来、高速列車に乗った旅客数は延べ15億人を超え、鉄道旅客全体に占める高速列車の旅客の割合は2007年の5％弱から現在は約27％に伸びた。第12次五か年計画（2011年～2015年）の末ごろには、中国の高速鉄道の総延長は1万8000キロメートルに達し、そのうち6700キロメートルは時速300～350キロメートル、残りは時速200～250キロメートルで運行し、

50万以上の人口を持つ中国の都市をほぼカバーすると予想されている。

● 港

中国の沿海港湾建設は、石炭・コンテナ・輸入鉄鉱石・食糧・出航用深水航路などの運輸システムについて行われてきたが、特にコンテナ輸送システムの建設を強化してきた。中国政府は集中的に大連・天津・青島・上海・寧波・アモイ・深圳などの港に深水コンテナ埠頭を作り、中国のコンテナ中枢港形成の基礎を固めた。また、石炭輸送システムの建設をさらに強化し、石炭運搬船用の埠頭を新たに建設すると同時に、輸入した原油や鉄鉱石の積み下ろし用の埠頭を改築・拡張した。

2012年の全国の港の年間貨物取扱量は107億8000トンで、そのうち輸出入貿易の取扱量が30億6000トンに達し、1978年に比べてそれぞれ38倍、51倍となり、貨物取扱量が何年か連続で世界一となった。中でも年間貨物取扱量が1億トンに達した港が29、世界の港湾ランキングベスト10に入った港が8つもあり、上海港が世界第1位のコンテナ港となった。世界の海運が急速に発展し、世界の一部の地域で港湾の取扱能力が不足する中、中国の港は終始効率的かつ便利なサービスを提供している。

● 民間航空

中国の航空路線は世界各地に伸びている。2012年末、中国では定期航空路線に使われる空港が180か所以上になり、定期航空路線は2457本に達した。そのうち国際線は381本、世界の52か国121都市と結んでいる。

● 電話

2012年の末までに中国では固定電話の加入者は2億7815万人に達し、そのうち都市部の電話加入者は1億8893人、農村部の電話加入者は8922万人となった。1987年から始まった中国の移動通信業務は1990年以降急速に発展し、毎年100%以上の成長を達成している。現在、移動電話網は中国のすべての大中都市および2000以上の小都市と県をカバーしている。2012年に移動電話の加入者は新たに1億2590万人増え、年末までに11億1216万人に達した。2012年末に中国では固定電話と移動電話の利用者が前年より1億1896万人増え、13億9031万人に達し、電話の普及率はついに100人あたり103.2台となった。

● インターネット

2013年6月末現在、中国ではインターネットの利用者が2012年末より2656

万人増え、5億9100万人に達した。インターネットの普及率は44.1%で、2012年末より2%上昇した。特に注目すべきは、農村でのインターネットの普及が速いことで、最近6か月に増えたインターネット利用者のうち農村地域に住む人が54.4%にも達している。

2013年6月末現在、中国では携帯電話でインターネットに接続する利用者は4億6400万人に達し、2012年末より4379万人増加した。ネット利用者のうち携帯電話を使ってインターネットに接続する人の割合が78.5%に上り、他のモバイル機器利用者の割合を大きく上回っている。3Gの普及・無線LANの発展・携帯電話アプリの技術革新が中国の携帯電話によるインターネット利用者の急増を後押ししている。

投資政策

中国は、世界で最も多く外資を導入している国の1つである。国際金融危機で国際投資が大幅に減る中で、中国の外資利用が著しい成果を上げているのは、主に多くの合理的な投資優遇政策によるものである。

1980年代の初めから、中国は人力・物力・財力を投入し種々のインフラ設備を相次いで建設し、外国企業が中国で企業を設立するための良好な環境を作ってきた。それと平行して500あまりの対外経済法規を整備し、外国企業の中国への投資に法的根拠と保障を提供した。外国企業が農業の総合的開発・エネルギー・交通・重要な原材料・ハイテクと新技術・資源の総合利用・環境保護などの分野へ投資することを奨励・支援するために、1997年末『外国企業の投資産業指導目録』を改正・公布した。WTO（世界貿易機関）の規則や中国の対外約束に基づいておよそ2300の法規を整理し、その内830の法規を廃止、325の法規を改正し、対外経済法律法規の整備作業を基本的に完了した。『中外合弁経営企業法』・『中外協力経営企業法』・『外資系企業法』という3大基本法とその実施細則を主体とする外国企業投資法体系が基本的に確立した。2012年末までに200あまりの国と地域の外国企業が中国で投資している。外国投資企業は40万社を超え、世界の大手企業500社のほとんどが中国に投資している。中国は世界の投資者や金融界に投資環境の最も良い国の1つと評価されている。

● 経済特別区と沿海開放都市

中国政府は1978年に経済体制改革を決定すると同時に、対外開放政策の段階的な実施を開始した。1980年から相次いで広東省の深圳・珠海・汕頭、福建省のアモイと海南省に5つの経済特別区を設立し、1984年からさらに大連・秦皇島・天津・煙台・青島・連雲港・南通・上海・寧波・温州・福州・広州・湛江・北海など14の沿海都市を開放した。また、1985年以降引き続き長江デルタ・閩南デルタ・山東半島・遼東半島・河北省・広西チワン族自治区を経済開放区とし、沿海経済開放地帯を形成した。1990年中国政府は上海の浦東新区を開放・開発することを決定し、また長江沿岸のいくつかの都市を開放し、浦東をはじめとする長江開放地帯を形成した。

これらの開放地域ではそれぞれ異なる優遇措置が実施されている。対外志向型経済を発展させ、輸出による外貨稼ぎや先進的な技術を導入する面で窓口の役割を果たし、また内陸の模範となっている。

● 国家経済技術開発区

経済技術開発区は、中国の対外開放区の重要な構成部分である。開放都市に指定された小さな区域に集中的にインフラを整備して、国際レベルに適合する投資環境を作り、外資の導入や利用を通じてハイテクや新しい技術の産業を主とする現代的な工業構造を確立することで、その都市と周辺地区が対外経済貿易を発展させる重点的な区域となるというものである。

1988年、中国国務院は沿海開放都市として、初めて大連・秦皇島・天津・煙台・青島・連雲港・南通・閔行・虹橋・漕河涇・寧波・福州・広州・湛江な

ど14の国家経済技術開発区を認可した。2013年8月現在国家経済技術開発区は合わせて192あり、中国大陸のすべての省・自治区に分布している。そのうち江蘇省が最も多く23か所あり、次いで浙江省17か所、山東省12か所である。

● 国家ハイテク産業区

現在、中国では国家ハイテク産業開発区が105か所建設され、1000件以上の省レベルまたは中央省庁レベルの科学研究の産業化を実現している。中国ハイテク産業開発区の主な経済指標の年平均増加率は10年連続で60%を維持し、国民経済の成長を促す重要な原動力となっている。

北京中関村科学技術パークおよび天津・上海・黒竜江・江蘇・安徽・山東・湖北・広東・陝西・大連・アモイ・青島・深圳などの省・市にある国家ハイテク産業開発区は全体が迅速に発展している。ソフト・ハード環境の建設が順調でハイテク製品の輸出が急速に増加しているため、国に輸出基地の第一陣と認定された。そのうち、珠江デルタ・長江デルタと北京・天津地区はハイテク製品の輸出基地が多く、その輸出シェアは全国ハイテク製品輸出の80%以上を占めている。

● 保税区

保税区とは、国務院の承認を得て国際貿易と保税業務を取り扱う区域である。これは世界のほかの国の自由貿易区と似ていて、この区域内では外国企業が国際貿易に投資・経営したり、保税倉庫貯蔵・輸出品加工などの業務を発展させることが許可されている。現在、中国には、上海外高橋保税区など30か所あまりの保税区があり、中国経済が世界経済と融合する新しい接点となっている。

● **上海自由貿易区**

　中国（上海）自由貿易試験区は上海自由貿易区または上海自貿区と略称され、上海市に開設された初の自由貿易区であり、中国大陸初の自由貿易区として上海に今後10年の発展のチャンスをもたらすと予想されている。

　2013年8月、中国国務院は中国（上海）自由貿易試験区の設立を正式に承認した。この試験区には、上海外高橋保税区を中心に空港保税区と洋山港臨港新城も範囲内に含まれ、中国経済の新しい実験場となる。政府機能の転換・金融制度・貿易サービス・外商投資・税収政策など多項目の改革措置を実施するとともに、上海市での貨物積み替えやFOB業務の発展をおおいに推進できる。2013年9月29日、上海自由貿易区は正式にオープンした。

輸出入の状況

　中国経済が持続的かつ急速に成長する中で、対外貿易も一貫して発展してきた。中国は世界貿易ランキングで1978年は32位、89年は15位、そして97年は10位だったが、2012年には2位に躍進した。

　世界の貨物貿易額の成長率がわずか0.2%に止まる中、2012年中国の貨物貿易額は引き続き世界第2位の座を占めているが、貿易総額に占める割合はさらに上昇した。輸出総額におけるシェアは前年より0.8ポイント多い11.2%に達し、4年連続で世界第1位、輸入総額に占めるシェアは前年より0.3ポイント高い9.8%となり、4年連続で世界第2位となった。中国対外貿易の発展は国内の経済・社会の発展に重要な役割を発揮するだけでなく、世界貿易の成長と経済回復にも大きく貢献してきた。

現在、中国と貿易関係を結ぶ国と地域は合わせて200を超え、欧州連合（EU）・アメリカ・東南アジア諸国連合（ASEAN）・香港特別行政区・日本・韓国・台湾省・オーストラリア・ロシア・ブラジルが中国の10大貿易相手国である。

外資の利用

中国が外資を利用するルートと形は大まかに3種類に分けられる。

一、対外借款。外国政府・国際金融機構の貸付、外国商業銀行の貸付・輸出信用貸付、対外発行の債券などを含む。

二、外国企業の直接投資。中国と外国の合弁・協力企業、外国企業の独資企業、協力開発プロジェクトなどを含む。

三、外国企業のその他の投資。国際レンタル・補償貿易・加工組み立て・株式の対外発行などを含む。

改革開放以来、外資は長期にわたって中国の固定資産投資の重要な資金源で

あり、外国投資企業の急速な拡張は中国の工業化を促進し、必要不可欠な租税収入源となるとともに、大量の雇用を生み出した。2012年末中国は20年連続で外資導入額が最も大きい発展途上国となった。国際金融危機の影響で、ここ2年間中国の外資導入の勢いがいくらか減速した。2012年中国で新しく承認された非金融分野の外国直接投資企業は前年比10.1％減の2万4925社となり、実行ベースの外国企業直接投資は前年比3.7％減の1117億ドルであった。

中国に進出した主な多国籍企業

●フォルクスワーゲン

フォルクスワーゲンは1984年に中国市場に進出して以来、現在、中国に14の企業を持ち、乗用車製造のほか一般消費者と自動車業界に部品とサービスを提供している。

フォルクスワーゲンは中国で最も早く業務を展開した大手自動車メーカーの1つであり、中国政府との最初の接触は1978年に遡る。そのころ、中国政府は鄧小平氏の指導の下、経済改革と開放政策を実施し、海外から資金と進んだ技術を導入して中国の近代化を加速し、国際競争力を高めることを目指していた。そして、当時も今も自動車産業がこの目標を実現するための鍵であることは間違いない。

現在、フォルクスワーゲンは中国で乗用車合弁企業を2社持っている。1984年上海フォルクスワーゲンが設立されたのに次ぎ、1990年には長春で一汽と合弁企業の設立に関する協定に調印した。2003年1月フォルクスワーゲン上海トランスミッション社を合弁で設立した。2004年には最先端技術を駆使したエンジンを生産する合弁企業が2社設立され、それぞれ2006年と2007年に操業を開始した。

●ボーイング社

中国とボーイング社との友好協力の歴史は1972年に始まる。ボーイング社は中国で飛行・整備・管理などの訓練を行い、ボーイング旅客機の運行に保障を提供している。またこれと同時に、ボーイング社は中国で空港での駐在代表サービス・後方勤務・技術的サポートなどのシステムを築き、中国の民間航空のフライト管理と航空安全のレベルアップを支援している。

その他、ボーイング社は中国の航空製造業と広範囲に生産協力を展開するほ

か、新しい合弁企業を作り、複合材料を生産し、飛行機の改造・整備と部品提供業務を取り扱っている。

現在、世界で飛行中のボーイング社の航空機4000機以上の重要な部品とユニットは中国で製造されたものである。

● トヨタ

トヨタ自動車は中国においても自動車を通じ豊かな社会づくりに貢献することを企業理念とし、顧客に上質な自動車とサービスを提供すると同時に、さまざまな社会貢献活動を行い、中国社会の発展に寄与している。

事業の面では、トヨタは中国の完成車やエンジン、自動車関連施設などの関連事業に積極的に携わっている。中国の国家政策の支援の下で、トヨタは第一自動車グループおよび広州自動車グループとの協力を通じて、これまで天津・広州・成都・長春で6つの完成車メーカーと4つのエンジンメーカーを合弁で設立し、中国ユーザーに高く評価される15車種を出した。

現在、トヨタは中国の8つの省・直轄市で9社の独資会社、11社の合弁会社、5つの事務所を設立し、3万5000名あまりの中国職員を雇用しており、生産・販売・アフターサービスなどの関連分野で中国の自動車工業と自動車市場の発展に積極的に貢献している。同時にトヨタは「環境保全」・「交通安全」・「人材育成」を中心に、中国でさまざまな社会貢献活動を積極的に展開し、前向きな姿勢で中国社会に溶け込み中国の経済・社会のバランスの取れた発展に寄与することで、中国社会に認められ、信頼される優秀な企業になるよう取り組んでいる。

● マイクロソフト

マイクロソフト社は1992年に北京事務所を設立、1995年にはマイクロソフト（中国）有限公司を設立し、ソフトウェア産業との共同の発展を目標とし、政府やパートナー、ユーザーとの緊密な連携を強めてきた。資金・技術・人材・市場などを通じて中国の情報化建設を支援し、情報産業と知識経済の発展を推し進め、互利互恵の実現を目指してきた。

中国でのマイクロソフトの規模はこの20年絶えず拡大してきた。職員数は今や3000人を超え、全国に出先機関を設けて業務を展開し、基礎研究・製品開発・マーケティング・技術サポート・教育訓練などを行っている。現在、マイクロソフトには中国で5000社あまりの協力パートナーがある。中国はマイ

クロソフト社にとって、世界で最も重要な戦略市場の1つとなった。マイクロソフト中国はアメリカ本部を除いて最も完備した機構と機能を持つ子会社となった。

マイクロソフトはさまざまなソフトウェア製品とサービスを開発するとともに、関連する業務やライセンス・技術的サポートを提供することを通じて、ユーザーにその商業価値を発信している。現在、マイクロソフトの中国業務はWindowsクライアント端末・サーバーと開発ツール・インフォメーションワーカー製品・マイクロソフトビジネスマネジメントソリューション・携帯用端末と組み込み用機器・MSNとパーソナル商品・娯楽製品など7つの面に及んでいる。

銀行とその監督管理

現在、中国ではすでに、中央銀行が調整・監督し、国有銀行を主体とし、政策金融と商業金融が分業し、多種の金融機構が協力する金融システムが形成されている。

中国人民銀行は中央銀行の職能を行使し、全国の金融業に対してマクロ調整や監督を行う。中国工商銀行・中国銀行・中国農業銀行・中国建設銀行の4行は国有商業銀行で、一方、中国農業発展銀行・国家開発銀行・中国輸出入銀行という3つの政策銀行が設立された。1995年中国は『商業銀行法』を公布し、商業銀行の体系と組織構造を構築するための条件を作るとともに、国営専業銀行から国有商業銀行への転換に法的根拠を提供した。1996年以降金融業の機

構システムは次第に整備されてきており、国有独資商業銀行は通貨をマネージメントする現代的な金融企業に改組された。120あまりの株式制中小商業銀行が増設・再編成され、さらに証券・保険の金融機構が規範化された。

　中国銀行業監督管理委員会は中国銀行の監督管理機構で、2003年4月28日正式に職責の履行を開始した。同委員会は銀行業金融機構の監督・管理に関する規則・制度・方法を制定し、銀行業金融機構に対する現場の監督・管理と非現場の監督・管理を行い、法律・法規に違反した行為を法に則って調査・取り締まる。

証券とその監督管理

　1990年と91年、中国は上海と深圳に証券取引所を開設した。以後20年あまり中国の資本市場は融資チャネルの拡大・資本形成の促進・資源配置の最適化・市場リスクの分散などの面で重要な役割を果たしてきた。実体経済の健全かつ急速な成長を力強く促進し、中国の社会主義市場経済体制の重要な構成部分となることで、経済と社会の持続的かつ健全な発展を支える重要な土台となった。

　1998年証券監督管理委員会が設立された。証券先物市場の主管部門として、統一された証券先物監督管理体系を確立し、証券先物監督管理機構に対して規定に基づいた垂直管理を行う。同委員会はまた証券先物業界への監督管理を強化し、証券先物取引所・株式上場会社・証券先物経営機構・証券投資ファンド管理会社・証券先物投資インフォメーション・証券先物仲介業務を業とするほ

かの機構に対する監督管理を強化し、情報開示の質の向上に努めている。

現在、中国のA株市場には2500社以上の企業が上場しており、株式時価総額は世界第3位となっている。国有企業が資本参加した重要な基幹企業はほとんど株式上場企業となったため、国有資産の増殖効果が著しく、国有経済の活力・支配力・影響力が顕著に強くなった。一方、中小企業市場と新興市場の上場企業では、民営企業の割合が80%を超え、株式公開企業の要求に従って民営企業が現代的企業制度を樹立することを力強く後押しした。資本市場のプラットフォームを借りて、経済の今後の発展方向を示す多くの技術型・革新型の企業が頭角を現し、中国の産業構造の調整や自己革新の推進をサポートしている。

資本市場の発展により中国の現代的金融システムは一層改善され、経済運営の質と効率が向上した。資本市場の確立と発展は中国金融業の現代的金融システムへの転換を推し進めた。資本市場は民間の資金を集め、企業資本を充実させ、経済発展に数兆元の長期的資金を調達し、中国の経済発展の内的な原動力を増強した。

保険とその監督管理

中国の保険業は20年間の中断の後、1980年から回復に向かった。1981年中国人民保険公司は政府の1部門から専業企業に改組され、本社および省・自治区・直轄市の支社から県の支社までの構造を整備した。1988年に沿海地区を主な活動地とする平安保険公司と太平洋保険公司が設立された。1996年中国

人民保険公司は、管理体制と経営方式の転換・現代的企業制度の確立・国際市場慣行の導入などの面で大きな一歩を踏み出した。1985年の『保険法』の発布と1988の中国保険監督管理委員会の成立は、保険市場の運営のために法的根拠を提供した。

　保険業は国民経済の中で最も速い成長を遂げた業界の1つである。2012年末中国には100社の保険会社があり、そのうち外資系企業が43社で2002年末の22社より21社増えた。また2012年保険会社の年間保険料収入は1兆5488億元に達し、前年比8.0%の増加となった。

　中国は大きな潜在力を持つ完全に開放された市場として、国際的な保険資本にとって大きな魅力を持っている。世界の多くの有名な保険企業は、中国での業務発展を重要な戦略としている。中国の保険業界はすでに高度成長期に入り、保険業界の経営モデルも多角化に向けて発展を進めている。中国の保険業の発展の見通しは明るい。

人民元と外貨管理

　中国の法定通貨は人民元であり、中国人民銀行によって発行・管理されている。人民元の為替レートは中国人民銀行が制定し、国家外貨管理局が公表する。中国は外貨に対して統一的な管理を実行し、国家外貨管理局が外貨管理職権を行使する。

　2005年7月にスタートした人民元為替相場形成制度の改革は、外貨管理体制改革の深化に新たな活力を注いだ。企業や個人の外貨所持・利用がさらに便利になり、外貨市場の発展に拍車をかけた。これと同時に外貨管理方式は外貨

流出の抑制から、流出入の均衡管理に改められ、次第に資本流動の双方向均衡管理の制度的枠組みを確立していく。

2012年末の中国の外貨準備高は3兆3116億ドルに達し、前年比1304億ドルの増加となった。2012年末の時点で人民元の為替レートは1ドル=6.2855人民元で、前年同期より0.25%上昇した。人民元為替レートの弾力性は明らかに拡大しているが、人民元の為替相場は今後もほぼ安定を保つだろうと予測されている。

国民の収入と消費

中国人の生活は60年前とは天と地ほどの違いがある。20年前と比べても、その変化は著しい。国民の所得水準は一貫して上昇し、個人資産は持続的に増加している。人々は日々の暮らしの中で住宅・自動車・パソコン・株・海外旅行に投資または消費している。

1979年以降の30数年は中国経済の発展が最も早く、国民の収入増加が最も大きかった時期である。農村部住民の一人当たりの純収入は1978年の134元から2012年は7917元に増え、実質ベースで年平均7.0%の増加となっている。一方、都市部住民の一人当たり可処分所得は343元から2万4565元に増え、実質ベースで年平均10%の増加であった。

現在、中国市場では日用品や食物の不足という現象は見られず、住民の消費構造は大きく変わった。住民の消費支出の中で食品や衣類、基本生活用品など基本的な生存のための項目が占める比重が大幅に下がる一方、住宅や交通・通信、医療保健、文化教育・娯楽、レジャーなど発展と娯楽の支出比重が急速に上昇し、生活の質が非常に向上した。

社会保障

●養老保険

中国の基本的な養老保険のカバー率は近年一貫して拡大してきた。これまでは主に国有企業や集団企業に集中していたが、各種の企業と企業化管理の事業部門に拡大し、非国有企業の従業員の権益も保障されてきている。2012年末現在全国の都市部勤労者向けの基本的な養老保険の加入者は3億379万人に達し、前年末より1988万人増えた。そのうち保険に加入した勤労者は2億2978

万人、定年退職者は 7401 万人であった。また全国範囲で都市部・農村部住民の社会養老保険の加入者は 4 億 8370 万人に達し、前年同期比 1 億 5187 万人増となった。養老年金の受給者は 1 億 3075 万人に達している。

● 医療保険

　基本的な医療保険はすでに都市部のすべての企業や国家機関・社会団体をカバーしており、現在中国でカバー範囲の最も広い社会保険制度の 1 つとなっている。

　2012 年中国の医療・保健・疫病予防などの衛生医療機関は 95 万 4389 か所に、病院のベッド数は 516 万床に達している。北京・上海・天津・重慶などの大都市では、レベルの高いガン・循環器・眼科・歯科・伝染病など各種の専門病院と総合病院があり、各省・自治区の中級都市にはいずれも近代的な設備が整った総合病院や専門病院がある。現在、県・郷・村の農村では 3 級医療予防保健網がほぼ確立されており、全国には末端医療衛生機構が 91 万 8003 か所ある。

　2012 年末現在、都市部の基本的な医療保険の加入者は 5 億 3589 万人で前年より 6246 万人増えた。その中で、都市部の基本的な医療保険に加入した農村からの出稼ぎ労働者は 4996 万人で、前年より 355 万人増えた。

● 失業保険

　中国は人口が多く、就業の圧力が大きい。就業状況を緩和するため、中国政府は 1993 年から労務市場政策を実施し就業機会を拡大するとともに、特に近年の産業構造調整による国有企業職員のレイオフに対して、再就職プロジェクトを実施している。1998 年以来国有企業をリストラされた 3000 万人の職員が各種のルートや方式を通じて再就職した。2012 年末の都市部の失業率は 4.1%であるが、各種の企業や事業部門では失業保険制度が実施され、労働力の合理的な流動と統一的な市場の形成を促進した。2012 年末までに全国の失業保険加入者は 1 億 5225 万人に上り、前年より 908 万人増えた。

● 最低生活保障

　最低生活保障とは、世帯の一人当たりの平均収入が地元政府が決めた最低生活基準を下回る人々に中国政府がある程度の現金を援助し、世帯構成員の基本的な生活需要を満たす社会保障制度である。最低生活保障線はすなわち貧困線であり、最低生活保障の提供は貧困線以下にある住民の基本的な生活を保障するために補助金を給付するやり方である。長年の努力を経て中国の最低生

活保障は歴史的成果を収め、都市・農村最低生活保障の受給者数は全国でほぼ7500万人の規模を維持している。

開発プロジェクト

● 三峡プロジェクト

　三峡プロジェクトは、中国重慶市から湖北省宜昌市までの長江主流に三峡水力発電所または三峡ダムと呼ばれる施設を建設するものである。ダムは宜昌市上流の三斗坪に位置し、足下に三峡水力発電所を有し、下流の葛洲ダム水力発電所とカスケード式ダム群を構成している。三峡プロジェクトは世界で最も規模の大きい水力発電所計画であり、中国史上で最大の建設工事であり、水上運輸や発電、栽培など多くの機能を持っている。

　一方で、住民の移転や環境への影響などさまざまな問題を抱えていることから、三峡プロジェクトは計画の時点から大きな論争を巻き起こし、物議をかも

してきた。

　1992年全国人民代表大会が三峡水力発電所の建設を批准し、1994年に着工、2003年から貯水と発電を始め、2009年に完成した。

● 「南水北調」プロジェクト

　中国は南部は水が多く、北部は水が少ない。そこで南部の豊富な淡水資源を北部の水が不足している地区に引くため、中国の科学技術者たちは50年の調査と測量を経て、2002年から南水北調プロジェクトをスタートさせた。

　南水北調は、東線・中央線・西線の3ルートに分かれている。この3本のルートを通じて、長江・黄河・淮河・海河という4本の大河をつなぎ、「4本の東西に流れる河と3本の南北に流れる河」を主体とする全体を築き、水資源の南北調整・東西共済という合理的な再配置を実現するものである。

東線工事：長江下流の揚州から長江の水を引き、京杭大運河と平行する河道を利用してポンプで揚水して北方に送水する。さらに水を蓄えて、水量調節と洪水防止の役割を果たす洪沢湖・駱馬湖・南四湖・東平湖と連結する。東平湖を出た後、水路は2つに分かれ、1本は北に向かい黄河の下をくぐり抜ける。もう1本は東に向かい、膠東地区を経由して山東省の煙台・威海まで水を運ぶ。

南水北調東線工事カスケード式ダム―淮安水利中枢

中央線工事：丹江口ダムから水を引き、北京＝広州鉄道に沿って北上する。水は自力で北京や天津まで流れていく。

西線工事：長江上流の通天河・支流の雅礱江・大渡河の上流地区にダムを建設し、長江の水を黄河上流に引く。

計画中の3ルートで水を引く量は2050年までに東線が148億立方メートル、中央線が130億立方メートル、西線が170億立方メートルに達し、総計で448億立方メートルに達するという。

　南水北調中央線幹線の主体工事は2013年末にすべて完成し、2014年の増水期が過ぎた後、北京などへの水の供給が始まる。

● 青海・チベット鉄道プロジェクト

　青海・チベット鉄道は西部大開発を代表するプロジェクトであり、中国の21世紀4大プロジェクトの1つでもある。この鉄道は全長1956キロメートル、青海省の西寧とチベット自治区のラサを結ぶ。西寧からゴルムドまでの814キロメートルは1979年に敷設され、1984年に運行が始まった。また、ゴルムドからラサまでの1142キロメートルのうち新しく線路を敷設したのは1110キロメートルで、2001年6月29日に正式に着工し2006年7月1日に正式に旅客営業運転を開始した。青海・チベット鉄道は、世界で最も海抜の高いところに建設された世界最長の高原鉄道である。

　青海・チベット鉄道建設の最大の困難は、長く続く高原凍土地帯を通り抜けることであった。沿線には貴重な植物の生息する高原湿地が広がっており、鉄道は保護のために人間の立入が禁止された区域を通らなければならなかった。植生を保護するため工事は区間ごとに行われ、植生をブロックごとに移植して地表の植生の損失を最小限に抑えた。また崑崙山以南の自然条件が良い区間では、高原の生育環境に適した植物を選び、吹き付け法やフィルム張りなどの技術を利用して地表の植生回復を促し、鉄道沿線を「緑の回廊」に変身させた。

　青海・チベット鉄道の建設は、青海省とチベット自治区に経済発展のより大きな空間を提供した。鉄道建設に対する巨額の投資は青海省とチベット自治区の経済成長を直接的に牽引し、その産業構造の合理化に向けた調整を促すとともに、都市化・工業化・現代化プロセスを加速して飛躍的な発展を推進している。また、青海・チベット鉄道を建設して国内のほかの地区とのつながりを強化することは、青海省とチベット自治区の豊かな環境資源の開発にも有利である。

● 「西気東輸」プロジェクト

　「西気」は中国の新疆・青海・四川・重慶・オルドス地区で生産される天然ガスを指し、「東輸」はこれを長江デルタ地区に送ることである。

中国の中部と西部地区には、タリム・ジュンガル・トルファン・ツァイダム・オルドス・四川という石油と天然ガスを埋蔵する6つの盆地がある。予想される天然ガス埋蔵量は22兆4000億立方メートルで、全国の天然ガス埋蔵量の60％近くを占めている。天然ガスの資源状況や現在の探査の進展状況から、「西気東輸」プロジェクトを開始し、天然ガスパイプラインの建設を加速することを決定した。資源的優位を経済的優位に転換させ、東部地区の天然ガス需要を満たすため、陝西－北京間の天然ガスパイプラインのほか、タリム－上海間、青海渋北－西寧－甘粛蘭州間、重慶忠県－湖北武漢間の3本の天然ガスパイプラインを敷設する。さらに、現在計画中のロシア西シベリアからの天然ガスパイプラインを現在の「西気東輸」パイプラインと連結し、またロシアの東シベリア地区天然ガスパイプラインとつなぐことも計画しており、広い意味ではこの2本の天然ガスパイプラインも「西気東輸」プロジェクトに属している。

　狭い意味での「西気東輸」プロジェクトは、新疆タリムから上海長江デルタ地区までの天然ガスパイプラインを指している。このパイプラインは口径1118ミリメートル・長さ4200キロメートルで、新疆・甘粛・寧夏・陝西・山西・河南・安徽・江蘇・上海の9つの省・自治区を通っており、天然ガスの年間輸送量は120億立方メートルに達する。都市ガス網や工業利用など関連プロジェクトの建設を入れると、このプロジェクト全体の投資規模は1200億元に達している。

　現在、「西気東輸」パイプラインの第1線と第2線工事はすでに完成し、第3線工事を施工中である。

● 「西電東送」プロジェクト

　「西電東送」プロジェクトは、中国西部の豊富な電力エネルギーを東部の経済先進地区に送る送電プロジェクトである。中国の発電エネルギーは主に西部と北部に分布し、電力消費は主に北京＝広州鉄道沿線以東の経済先進地区に集中しているからである。

　「西電東送」プロジェクトでは、「北・中・南」という3大送電ルートが建設される。

北部送電ルート：東北・華北・山東・西北の電力網が含まれており、主に西北部の水力発電の電力を北京・天津・華北・山東の電力網に送電する。

中部送電ルート：華東・華中・川渝・福建の電力網が含まれており、長江の水力発電の電力を華中・華東・福建地区に送電する。これは「西電東送」プロジェクトの中で最も規模の大きな地区で、全国の電力網の連結にとってきわめて重大な影響を持っている。

南部送電ルート：貴州の烏江・雲南の瀾滄江・紅水河などの水力発電や雲南省・貴州省の石炭産地に建設される火力発電所の電力を広東地区に送電する。

　このプロジェクトは中国政府の西部大開発戦略を構成する重要な部分で、西部の豊かな資源を東部の巨大な市場に結び付け、中国の電力工業や国民経済の大きな発展を促すものと期待されている。

● 西部大開発

　中国西部には甘粛・貴州・寧夏・青海・陝西・四川・チベット・新疆・雲南・重慶の10の省・自治区・直轄市が含まれており、中国の3分の2の国土面積

と22.8%の人口を持っている。西部地区は鉱物資源が豊富で、エネルギー（水力を含む）・観光・土地の資源について優位性を持っている。大河の上流域に位置する西部地区は10あまりの国と接する3500キロメートルに及ぶ国境線があり、対外開放の第2の黄金地帯と呼ばれている。

中国の西部開発は2000年にスタートを切った。国は資金投入や投資環境、対外・対内開放、科学技術や教育の発展、人材確保などの面で西部地区を政策的に優遇している。2000年から今日まで国は西部地区で180件以上の重点的な建設プロジェクトを実施し、投資規模は3兆6800億元近くに上っている。

2012年2月国務院は『西部大開発第12次5カ年計画』を承認した。これは国務院が承認した3つ目の西部大開発5か年計画である。この計画によれば、今後一定期間は西部地区の対外開放を拡大することが中国の対外開放戦略の重点となる。西部地区はより積極的かつ能動的な開放戦略を実施し、さらに西へ向かって開放する度合いを拡大し、絶えず新しい開放の分野と空間を切り開いていく。

● 東北の古い工業基地の振興

東北地区の古い工業基地は、国民経済と社会発展の中で重要な地位を占めてきた。計画経済の時期には、東北の機械製造業や鉄鋼産業などの重工業は中国の経済建設に大きな貢献をした。しかし、早い時期に形成した東北の古い工業基地は一部の産業が衰退期に入る一方、市場での競争力が低下しているのに代替産業が発展せず、特に一部の資源型都市は非常に大きな困難にぶつかっている。こうした課題を解決するため、中国政府は東北などの古い工業基地の調整

や改造、振興の加速を決定した。

　東北の古い工業基地を振興するための中国政府の主な政策措置は、戦略的に経済構造を調整することであり、この中には産業構造の調整・所有制構造の調整・国有経済構造の調整が含まれている。企業の技術革新を適切に強化し、全面的で協調的かつ持続可能な発展に努めること、就業や社会保障システムをきちんと整備すること、そして科学技術教育事業の発展を速めることが、東北の古い工業基地を振興させる上で重要なポイントである。

　東北で古い工業基地の振興戦略が実施されて以来、東北3省の経済成長は加速し、国内のほかの地区との差を次第に縮めてきている。2008年東北3省の域内総生産が全国に占める割合は2007年より0.14ポイント高い8.62%を占めたが、これは21世紀になって東北3省の域内総生産の割合が底を打ち、わずかとはいえ初めて上昇に転じたものである。

■外交

外交の概況

　1949年に中華人民共和国が成立し、中国の外交関係は新しい1ページを開いた。

　1950年代末までに、中国は旧ソビエトなど社会主義諸国と外交関係を結び、友好な協力関係を発展させた。1955年インドネシアのバンドンでアジア・ア

フリカ会議が開催された後、中国はアジア、アフリカの一部国家と国交関係を樹立した。1956年までに中国と国交を樹立した国は25か国となった。

　1950年代後半から60年代末までに、中国はギニア、ガーナ、マリ、コンゴ、タンザニアなどの国と友好条約や経済技術協力協定を結び、アンゴラ、ギニアビサウ、モザンビーク、ジンバブエ、ナミビアなどの国の独立闘争と南アフリカの反アパルトヘイト闘争を支持したほか、ミャンマー、ネパール、モンゴル、アフガニスタンと国境画定協定を締結した。さらに「中国新疆ウイグル自治区とパキスタン軍実効支配区域との国境確定協定」に調印し、インドネシアと華僑の二重国籍問題を解決した。1969年までに中国と国交を樹立した国は50か国に達した。

　1971年10月、新中国は外交において画期的な転換期を迎えた。第26回国連総会では数多くの発展途上国の支持を得て、圧倒的賛成多数で2758号決議が採択された。それによって、国連における中華人民共和国のすべての合法的権利が回復されたと同時に、台湾当局の代表が国連およびすべての国連機関から即時に追放された。その後、大多数の西側諸国が中国と外交関係を結び、新中国成立後3回目の国交樹立のピークを迎えた。

　1970年代末からの10年間、鄧小平外交思想の指導に基づき、中国はアメリカ、日本、西欧諸国と正常な関係を発展させ、旧ソビエトとの関係を改善し、第3世界諸国との関係を全面的に発展させるとともに、周辺諸国および広範な発展途上国との関係を改善、発展させた。

　香港、マカオ問題の解決で中国政府はイギリス、ポルトガル政府と外交交渉を行い、中英共同声明と中葡共同声明がそれぞれ1984年12月と1987年4月に発表された。それによって香港とマカオの主権が、それぞれ1997年7月1日と1999年12月20日に中国に返還されることが確認された。

　1990年代からは江沢民同志を核とする中国第3世代の指導グループが鄧小平外交思想と独立自主の平和的外交政策の継承と創造を徹底するとともに、平和共存五原則に基づいて世界各国との友好協力関係の発展を積極的に追求し、国際的な政治経済の新たな秩序の確立を共同で推進してきた。インドネシアと国交を回復し、シンガポール、ブルネイ、韓国の3か国と国交を樹立したほか、ベトナム、モンゴルとの関係正常化を実現した。

　江沢民国家主席が1996年に南アジアのインド、パキスタン、ネパールの3

か国を歴訪し、インドとパキスタンとの間にそれぞれ21世紀に向けた建設的パートナーシップを、ネパールとの間には世代友好善隣パートナーシップを確立した。また、中国はアジア、アフリカ、ラテンアメリカ諸国、および中東欧諸国との関係を積極的に発展させ、サハラ南部アフリカ諸国との関係を強固に増進させた。ラテンアメリカ諸国では19か国が中国と国交を樹立した。国交のない一部の国は、中国との関係発展を視野に入れつつある。

21世紀に入っても、世界は依然として平和と発展をテーマとしている。中国は、世界各国とともに「調和の取れた世界」を建設していく願いを表し、2005年9月、胡錦涛国家主席が国連本部で演説し、「調和の取れた世界」の基本概念を全面的に紹介した。

朝鮮核問題に積極的に対応するため、中国は朝鮮核問題をめぐる6か国協議の開催を推進し、参加した。2003年4月、中国、朝鮮とアメリカによる北京での会談から2003年8月の中国、朝鮮、アメリカ、韓国、ロシアと日本による第1ラウンドの6か国協議、そして2007年7月の第6ラウンドの6か国協議まで、朝鮮半島の非核化の実現と情勢安定の維持のために、積極的で効果的な努力を払った。

中国は引き続き「隣国と善をなしパートナーとする」という隣国との外交方針を堅持し、他国または二国などのルートを通じて、周辺諸国の善隣友好と互恵協力を強化した。上海協力機構の加盟国として、中国は積極的に機構のシステム建設を推進し、安全や経済貿易などの分野における各加盟国の協力の拡大と深化を絶えず促進している。また中国は中ロ関係の発展を重視している。2001年、中ロ両国の元首は「中ロ善隣友好協力条約」に調印し、両国関係において重要な進展を得た。そして、中ロ両国は世界の多極化の推進や国際事務における国連の主導的役割の維持、新たな国際政治経済秩序の建設などの面において密に協調するとともに、一部の重大な国際と地域問題において協力し、世界と地域の平和と安定を維持した。

中国は積極的にASEAN（東南アジア諸国連合）「10+1」、「10+3」や東アジアサミットなどの活動に積極的に参加している。中国とASEANの関係は全面的かつ深く発展していく良好な勢いを見せている。同時に、中国はアフリカを含む広範な発展途上国の友好協力を強化し、発展させている。中国は「中国・アフリカフォーラム」を主催し、中国とアフリカとの関係は新たな段階へと進

んだ。

　中米関係はこの時期安定して発展しており、両国は新型大国関係の建設を模索している。両国間のハイレベル訪問が頻繁に行われ、反テロ分野における両国の交渉と協力は絶えず強化され、両国の経済貿易関係も急速に発展した。2013年6月7日と8日の2日間、習近平国家主席は米カリフォルニア州のアネンバーグ別荘でオバマ大統領と会談した。会談で、両国の首脳は中米新型大国関係の構築を検討し、今後の両国関係の発展方向を明確にした。また中米による「太平洋を跨ぐ協力」の新たな1ページを開いた。

　21世紀に入っても世界的問題は絶えず、地域的問題も世界に影響を与えている。中国は国連や、G20（主要20か国）サミット、ダボス会議、アジア太平洋経済協力会議、ブリックス会議などの国際的舞台で活躍し、調和の取れた世界を構築するために絶えず努力している。

中国の外交政策

　中国は独立自主の平和的外交政策を揺ぎなく堅持する。中国外交政策の基本目標は国家の独立、主権と領土保全を守り、改革開放と現代化建設に良好な国際環境を作り上げ、世界の平和を維持し、共通の発展を促進することである。

　中国外交政策の主要な内容は次の通りである。

　　一、独立自主の原則を終始履行し、いかなる大国あるいは国家集団との同盟締結および軍事集団の形成をせず、軍備競争に参加せず、軍事拡張を行わない。

二、覇権主義に反対し、世界の平和を擁護する。大小、強弱、貧富を問わず、すべての国家は国際社会における平等な一員である。国家間の紛争と衝突は交渉を通じて平和的に解決すべきであり、武力による威嚇と武力行使はありえず、いかなる口実をもってしても他国への内政干渉をしない。

三、公正かつ合理的な国際政治経済新秩序の確立を積極的に推進する。この確立は、平和共存五原則とその他公認の国際関係の原則を基礎とすべきである。

四、主権と領土保全の相互尊重、相互不可侵、相互内政不干渉、平等互恵、平和共存という五原則の下で、すべての国と友好協力関係を確立し発展させる。

五、全方位の対外開放政策を実施し、平等互恵の原則に基づいて世界各国・地域と広範な貿易往来、経済技術協力、科学文化交流を展開し、共同繁栄を促進する。

六、多国間の外交活動に参与し、世界の平和と地域の安定を維持する確固とした力となる。

新中国が成立して50余年来、中国の外交政策は充実、調整、発展の段階を経てより健全となり、中国の特色ある外交スタイルを形成した。未来を展望すれば、世界の多極化と経済のグローバル化は進展し続け、国際関係は重要な調整を経ており、平和、協力、発展への追求は各国人民に共通した願望となっている。

21世紀に入って中国の外交はチャンスと試練の両方に直面し、終始一貫して冷静を保ち、慎重、安全、緊急時の対処の意識を強め、世界情勢の全体的趨勢から周辺の国際環境を正確に認識・把握し、チャンスを逃さず、試練を受けて立ち、利点を生かし、弊害を避けるべきである。鄧小平の外交思想を引き続き学び、中国共産党中央の指導の下で独立自主の平和的外交政策を真摯に貫き、外交活動の新しい局面を絶えず切り開き、社会主義現代化建設のためより良好な国際環境を構築し、世界の平和と発展に寄与する。

中国は引き続き平和、発展、協力とウィンウィンの旗印を掲げ、断固として世界の平和維持と共同発展の促進に取り組んでいく。また平和発展の道を揺ぎなく歩み続け、独立自主の平和的外交政策を堅持するとともに、協力を深め、

世界経済の協力、持続可能かつバランスの取れた成長を促進していく。

中国は平和共存五原則を基に、各国との友好協力を全面的に発展させていく。先進諸国との関係を改善し、発展させ、長期的で、安定かつ健全な新型大国関係の発展を推進していく。「隣国を善となしパートナーとする」ことを堅持し、互恵協力を深めるとともに、自らの発展成果によって周辺諸国に、より多くの利益をもたらすために努力していく。広範な発展途上国との団結・協力関係を強化し、共に発展途上国の正当な権益を守り、国際事務における発展途上国の代表性と発言権を支持し発展途上国の信頼できる真の友人となる。中国は多国間事務に積極的に参与し、国連やG20、上海協力機構、ブリックスなどの役割を支持し、国際秩序と体系が公正かつ合理的な方向へ発展していくことを推進していく。公共外交と人的交流を確実に推進すると同時に、海外の合法的権益を守る。また各国の政党や政治組織との友好的往来を行い、人民代表大会や政治協商会議、地方、民間団体の対外交流を強化し、対外関係発展の社会的基礎を固めていく。

主要国との関係

●中米関係

1972年2月にニクソン米大統領が訪中し、両国政府は『中米共同コミュニケ』(『上海コミュニケ』)を発表し、20数年にわたる中米間の隔絶に終わりを告げた。

1978年12月16日に、中米両国は『外交関係樹立に関する中華人民共和国とアメリカ合衆国の共同コミュニケ』を発表した。翌79年1月1日に、双方は大使級外交関係を正式に樹立した。

1982年8月17日に、両国は『八・一七コミュニケ』を発表し、台湾への米兵器売却問題の段階的手順を踏まえた最終解決を規定した。

1984年1月に、中国の首相が訪米し、同年4月にレーガン大統領が訪中した。翌85年7月に李先念国家主席が訪米し、中国国家元首の初訪米となった。

1998年1月に、コーエン国防長官が訪中し、中米両国は『海上軍事安全協議メカニズムの強化に関する中国国防省とアメリカ国防総省の協定』に調印した。同年5月25日に、江沢民国家主席は同月に開設された中米首脳間ホットラインを通じてクリントン大統領と会談し、南アジア情勢と中米関係について

意見交換した。

　1998年6月25日から7月3日にかけて、江沢民国家主席の招きに応じ、クリントン大統領が中国を公式訪問した。訪問期間中、江沢民主席とクリントン大統領は会談を行い、双方は重要な国際問題における対話と協力を強化した。21世紀に向けた戦略的パートナー関係を確立し、戦略核兵器の相互照準を解除し、経済・金融分野における戦略的対話を強め、世界経済と金融の良好な発展に寄与することで合意した。

　1999年元日、江沢民主席とクリントン大統領は中米国交樹立20周年の祝電を交換した。同年4月6日から14日にかけて朱鎔基首相がアメリカを公式訪問し、15年来初の中国首相による訪米となった。

　北京時間の1999年5月8日午前5時45分、アメリカ主導のNATO軍はユーゴスラビア駐在中国大使館を標的にミサイル5発を発射し、中国人記者3人、館員20人以上が負傷したほか、大使館官舎も損壊した。中国人民はアメリカのこうした凶悪行為に憤りを示し、中米関係もかなりの影響を受けた。

　同年9月11日に、ニュージーランドのオークランドで開催されたAPEC・アジア太平洋経済協力会議非公式首脳会合で江沢民主席とクリントン大統領が会見し、前向きな成果を収めた。

　2000年に中米間各分野のハイレベル往来と協力が増大し、同年12月15日にアメリカ議会は駐ユーゴ中国大使館爆撃による財産損失の賠償で2800万ドルにのぼる拠出法案を採択した。

　2001年4月1日午前、中国を偵察していた米軍EP-3電子偵察機が海南島南東部104キロメートルの南海上空で追跡飛行の中国軍機殲8型機に衝突し、中国軍機が墜落、パイロットの王偉氏が亡くなった。衝突後、EP-3機は中国側の許可を得ずに領空に進入し、海南島の陵水軍飛行場に着陸した。4月11日にブリアー中国駐在米大使は米政府の全権代表として中米軍機衝突事件に関する詫び状を唐家セン外相に渡した。

　同年9月11日に、ニューヨークとワシントンで同時テロが発生し、大量の死傷者と多大な財産損失を出した。

　10月19日に、江沢民主席は上海でブッシュ大統領と会談し、中米関係、テロ撲滅などの重大な問題について深く意見交換し、中米間の建設的協力パートナー関係の確立で合意した。

2002年中米関係はいくつかの妨害はあったものの、全体的に見れば改善と発展の趨勢を維持した。同年2月21日と22日に、ブッシュ大統領は江沢民主席の招きで中国に対する活動訪問を行った。再度の会談で両首脳は両国関係と当面の国際情勢を検討し、中米間の対話協力強化、食違いの最善処置、建設的協力パートナー関係の発展促進で見解の一致を見た。同年10月に、江沢民主席はブッシュ大統領の招きで、メキシコで開催されるAPEC・アジア太平洋経済協力会議首脳会合を前にアメリカを公式訪問した。訪問期間中、江沢民主席は中米関係発展における台湾問題への対応の重要性を強調した。ブッシュ大統領は、「1つの中国政策の堅持と中米間の3つの共同コミュニケの遵守は米政府の長期一貫した政策で、変わることはない」と強調した。

　2003年12月7日から10日にかけて、温家宝首相がアメリカを公式訪問し、中米経済貿易関係の持続的かつ健全な発展を確保する5原則を提出しブッシュ大統領の賛同を得た。双方は中米商業貿易連合委員会のグレードアップで合意した。

　2005年8月1日に、戴秉国外務次官とゼーリック国務副長官が北京で初めての中米戦略対話に出席した。その後、定期的対話メカニズムとして、中米戦略対話が定期的に中米間で持ち回りで開催されるようになった。11月19日から21日にかけて、ブッシュ大統領が訪中した。胡錦涛国家主席とブッシュ大統領が会談し、両国関係とともに関心を寄せる国際と地域問題について突っ込んだ意見交換を行った。両国の元首は、理解の増進や、共通認識の拡大、相互信頼の増進、21世紀の中米の建設的協力関係の全面的な推進で合意した。

　2006年4月18日から21日にかけて、胡錦涛国家主席がアメリカを公式訪問した。中米双方は、両国は幅広く重要な共通戦略の利益を有しており、良好な中米関係がアジア太平洋地域および世界の平和、安定、反映にも戦略的意義を備えていることで一致した。11月、APEC第14回首脳会合に出席した胡錦涛国家主席はベトナムのハノイでブッシュ大統領と会談した。

　2007年6月8日に、ドイツのハイリゲンダムで開催されたG8サミットに出席した胡錦涛国家主席はブッシュ大統領と会談し、中米関係発展に関する5つの意見を提出した。同年9月6日に、オーストラリアのシドニーで開催されたAPEC第15回首脳会合で胡錦涛国家主席はブッシュ大統領と会談した。

　2008年7月9日に、G8洞爺湖サミットに出席した胡錦涛国家主席はブッシュ

大統領と会談し、中米関係や共に関心を寄せている国際と地域問題について意見交換した。同年8月7日から11日にかけて、ブッシュ大統領は北京五輪の開幕式と関連活動に出席した。11月21日、APEC第16回首脳会合に出席した胡錦涛国家主席はリマでブッシュ大統領と会談し、金融危機の対応や、世界経済の発展、世界の平和など国際と地域問題について意見交換した。

　2009年4月1日に、胡錦涛国家主席とオバマ大統領はイギリスのロンドンで初会合をした。両国の元首は、21世紀に向けた積極的な協力で全面的な中米関係を共同建設することに合意したほか、中米戦略・経済対話メカニズムの構築で一致した。同年11月15日から18日にかけて、オバマ大統領が中国を公式訪問し、中米関係やともに関心を寄せている国際と地域問題について意見交換し、多くの共通認識に達した。

　2011年1月18日から21日にかけて、胡錦涛国家主席がアメリカを公式訪問し、ワシントンでオバマ大統領と会談した。双方は共同声明を発表し、「中米は相互尊重、互恵共栄の協力パートナーシップの共同建設に取り組んでいく」と表明した。

　2012年2月に、習近平国家副主席がアメリカを公式訪問し、ホワイトハウスでオバマ大統領と会談した。また、バイデン副大統領と会談し、次の段階の中米関係について5つの提案を提出した。習近平副主席はアメリカ友好団体による歓迎レセプションで「中米協力パートナーシップの美しい未来を共に作ろう」と題する演説を行った。中米双方は、中米戦略・経済対話枠組み内で協議した「中米経済関係強化に関する共同状況説明」を発表した。同年5月、北京で開催された中米戦略・経済対話で双方は中米新型大国関係の構築をテーマと

した。その後、中米間の第3ラウンド人的・文化交流のハイレベル交渉やG20メキシコサミット期間中の胡錦涛国家主席とオバマ大統領との会談、ASEAN関連会議の中米両国の外相会合などで、いずれも新型大国関係の構築を重要な内容に組み入れた。

　2013年6月7日から8日にかけて、オバマ大統領の招きに応じて、習近平国家主席はカリフォルニア州パームスプリングスでオバマ大統領と会談し、それぞれの内外政策や、中米新型大国関係の構築、およびともに関心を寄せる重大な国際と地域問題について突っ込んだ意見交換を行った。

● 中日関係

　政治の面で、1971年10月2日に中国は、「中華人民共和国は中国を代表する唯一の合法政府である。台湾は中華人民共和国の分割できない神聖な一部分である。日本・中華民国平和条約は不法かつ、効力のないものであり、これを必ず廃棄しなければならない」とする中日国交回復三原則を提出した。1972年9月25日に田中角栄首相が中国を訪問し、29日に中日両国政府による共同声明が発表され、中日国交正常化が実現された。

　現在、両国関係は発展の勢いを保ち、各分野における実務協力は前向きな成果を上げた。しかし、日本の小泉首相は靖国神社参拝を続け、これが当面の中日の政治関係に影響を与える主要な問題となっている。

　経済の面で、中日両国は主要な貿易パートナーである。日本はすでに10年連続で中国最大の貿易パートナーとなっており、中国は日本の第二の貿易国と輸出市場となっている。

　科学教育、文化、衛生の協力においては、中日国交正常化後、双方は政府間の科学技術協力関係を結び、1980年5月に、『中日科学技術協力協定』に調印した。それから、両国の科学技術の交流と協力はさまざまな様式とルートを通じて、急速な発展を遂げ、その規模は絶えず拡大してきた。

　1979年12月6日に、中日両国は『中日文化交流協定』に調印し、文化や教育、学術、スポーツなどの分野における両国の交流を確定した。2002年に、両国の政府は「中国文化年」と「日本文化年」の開催を決定した。このほか、双方は「中日韓青少年サマーキャンプ」、「中日韓テレビ知識コンクール」、「中日経済フォーラム」などを行った。

　現在、中日の間には真剣に処理しなければならない多くの敏感な問題が存在

している。

　第一に歴史認識の問題である。これは中日関係における敏感な問題である。2001年以来、日本が歴史の事実を無視し、歴史の教科書を修正したり、中国を侵略した歴史を改纂したりする行為や小泉首相の靖国神社参拝が連続し、中日関係を厳しい状態にしている。

　第二に台湾問題である。日本と台湾の関係に対する中国の立場は明確である。日本と台湾との間の民間往来には異義を持たないが、いかなる形による政府側の往来および、「2つの中国」、「1つの中国、1つの台湾」というやり方には断固として反対し、台湾が日米安全協力の範囲内に含まれていないことを明確に確認するよう日本側に要求している。

　第三に釣魚島問題である。釣魚島は中国台湾省基隆市東北より92海里の東海海域に位置し、台湾群島に付属する島であり、主に釣魚島、黄尾嶼、赤尾嶼、南小島、北小島および一部の暗礁からなっている。釣魚諸島は昔から中国の領土であり、台湾と同様に中国領土の分割できない一部分である。中国は釣魚群島およびその周辺海域に対する争う余地のない主権を擁する。

　中国のこうした立場には十分な歴史的、法律的な根拠がある。1943年12月に中国、アメリカ、イギリスが発表した「カイロ宣言」は日本が窃取した東北部、台湾、澎湖列島などを含む中国の土地を中国に返還するよう規定している。1945年に発された「ボツダム宣言」は「カイロ宣言の規定を必ず実施しなければならない」と明確にしている。同年8月に日本は「ボツダム宣言」を受け入れ、無条件降服を発表した。これは日本が台湾およびその付属する釣魚諸島を中国に返還したことを意味する。

　第四に日米安全協力問題である。1996年日米は「安全協力共同宣言」を発表し、これに基づいて1978年に制定した「防衛協力指針」の修正を始めた。1997年9月に、日米は防衛協力の新たな指針を正式に確定した。中国が注目する焦点の1つは台湾関連問題である。もう1つは日本の軍事動向である。中国はこれまで、さまざまなルートを通じてこの問題に重大な関心を持ち、それについての立場をたびたび表明している。

　第五に戦争賠償問題である。日本政府は1972年の中日の国交正常化の交渉で、「過去の戦争によって中国人民にもたらした重大な責任を痛感し、深く反省する」と明確に表明した。これを前提に中国政府は国家の根本的な利益から

出発し、日本に対する戦争賠償の要求を放棄することを決定し、この決定を1972年に中日両国が調印した『中日共同声明』に記載している。1978年、中国第5期全国人民代表大会常務委員会第3回会議で採択された『中日平和友好条約』は再び、法律文書の形で日本に対する戦争賠償への要求を放棄することを確定した。

　第六に日本が化学兵器を中国に遺棄した問題である。日本は中国侵略戦争で、国際条約に公然と違反し、化学兵器を使用し、多くの中国人兵士と住民を死傷させた。日本軍は戦争に負けたとき、大量の化学兵器をその場に埋めて遺棄した。現在まで、中国の10数の省、市、自治区の30か所あまりの場所で、日本軍が遺棄した化学兵器が発見されている。これらの兵器は50年あまりの時間の経過とともに腐蝕し、化学物質が漏洩する事件が相次いで発生し、中国人民の生命と財産の安全および生態環境にとって重大な脅威となっている。中国政府は1980年代の末、日本政府に交渉の申し入れを行い、この問題を解決するよう要求した。1999年7月30日に、両国政府は北京で『日本が中国国内に遺棄した化学兵器の処理に関する覚書』に調印した。日本政府は覚書で「『中日共同声明』と『中日平和友好条約』の精神に基づいて、問題解決の緊迫性を認識し、『化学兵器防止条約』に規定されている化学兵器を処理する義務を履行する」と確約した。現在、両国政府の関係部門は覚書の精神に基づいて、日本軍の遺棄した化学兵器をいかにできるだけ早く処理するかについて具体的な討議を行っている。

　2001年に日本の首相に就任した小泉純一郎氏は、かつて日本に侵略されたアジア諸国人民の感情を無視し、大多数の日本国民の反対を顧みず、毎年A級戦犯が祭られている靖国神社を参拝した。これを受けて東アジア諸国は憤りを示し、強く非難し、中日関係も1972年以来、最も厳しいものとなった。

　2006年10月8日から9日にかけて、就任して2週間足らずの安倍晋三首相が中国を訪問し「氷を砕く旅」と呼ばれた。この訪問で双方は中日戦略互恵関係の構築に合意した。中国は安倍首相が就任してから初めて訪問した国となり、そして、日本の指導者による5年ぶりの訪中となった。

　2007年4月11日から13日にかけて、温家宝首相は「氷を融かす旅」と呼ばれた訪日を実現した。期間中、温首相は明仁天皇と安倍首相とそれぞれ会談したほか、「中日共同コミュニケ」を発表した。双方は中日戦略互恵関係の基

本的内容や枠組み、重点的協力分野などを明確にし、各分野の協力を強化する一連の措置を制定した。同年12月27日から30日にかけて、福田康夫首相が中国を公式訪問し、「春を迎える旅」と呼ばれた。

　2008年5月6日から10日にかけて、胡錦涛国家主席が日本を公式訪問し、「暖春の旅」と呼ばれた。双方が発表した「戦略互恵関係の全面的推進に関する中日共同声明」は中日間の4つ目の政治文書となった。

　2010年9月7日、日本は釣魚島付近の海域で中国の漁民と漁船を不法に拘束した。24日に日本側は中国漁船の船長を釈放することを発表した。そして25日未明、拘束されていた詹其雄船長が福州に戻った。この事件に対して中国は「釣魚島とその付属島嶼は中国の固有領土である。日本による中国の漁民への拘束、調査およびいかなる司法措置は不法で無効なものだ」と指摘した。

　2012年9月11日、日本政府は釣魚島、北小島と南小島を購入し、3島の国有化を閣議で決定した。これを受けて中国政府は同日「中華人民共和国領海および接続水域法」に基づき、釣魚島とその付属島嶼の領海基点と基線を発表した。そして、中国外務省は声明を発表し、「日本政府の島購入は完全に不法で無効なものであり、日本が中国の領土を侵略した歴史的事実を少しも変えられない。また中国の釣魚島とその付属島嶼に対する主権もまったく変えられない」と強調した。

● **中ロ関係**

　1949年10月2日に、中国とソ連は国交を樹立した。1991年8月に旧ソ連は解体し、12月27日に、中ロ両国は議事録に署名し、中国と旧ソ連との外交関

係を解決した。2001年、中ロ両国の戦略協力パートナー関係は新しいレベルに引き上げられた。政治的相互信頼が強化され、ハイレベルの接触が緊密になった。江沢民国家主席はプーチン大統領と1年の間に3回の会談し、6回の電話会談をした。両国の首脳は2001年に両国善隣友好協力条約に調印し、共同声明を発表し、両国と両国人民の代々の友好と「永遠に敵とならず」という平和思想を法的な形で確定した。

2003年5月26日から28日まで、胡錦涛国家主席はロシアに対する公式訪問を行った。

2004年10月14日から16日にかけて、プーチン大統領が訪中した。両国の元首は「中ロ共同声明」に調印し、「中ロ善隣友好協力条約」実施綱要（2005年～2008年）を批准したほか、「中華人民共和国とロシア連邦の中ロ国境東段（東部区間）に関する補足協定」や「中ロによるロシアのWTO加盟に関する市場進出許可協議」などの文書に調印した。

2005年5月8日から9日にかけて、胡錦涛国家主席がモスクワで行われたロシアの対独戦勝60周年記念式典に主席した。同年6月2日に、両国の外相は「中華人民共和国とロシア連邦による中ロ国境東段（東部区間）に関する補足協定」の批准書を交換し、両国の国境問題が徹底的に解決されたことを示した。7月1日に、ロシアを訪問中の胡錦涛国家主席とプーチン大統領は「21世紀国際秩序に関する中ロ共同声明」を発表し、21世紀の国際秩序を確立する21の主張を提出した。

2006年3月21日から22日にかけて、プーチン大統領が訪中した。両国の元首は「中ロ共同声明」を発表したほか、政治や外交、エネルギー、金融などの分野に及ぶ29の協力文書に調印した。また、「ロシア年」の開幕式と中ロ経済商工サミットの開幕式に出席した。

2007年3月26日から28日にかけて、胡錦涛国家主席がロシアを公式訪問し、「中国年」の開幕式などの活動に出席した。同年11月5日と6日の2日間、温家宝首相がロシアを公式訪問し、モスクワで行われた中ロ首相の第12次定期会合に出席した。

2008年10月14日、両国は黒瞎子島で中華人民共和国とロシア連邦の国境東段の標識の除幕式を行った。同年5月23日から24日にかけて、ロシアのメドベージェフ大統領が就任後初めて中国を訪問した。両国の元首は「重大な国

際問題に関する中ロ共同声明」を発表した。10月27日に、温首相がロシアを訪問し、中ロ首相の第13次定期会合に出席した。

2009年6月、胡主席がロシアを訪問した。両国の元首は「中ロ元首モスクワ会合に関する共同声明」を発表し、「中ロの投資協力企画綱要」を批准した。

2010年9月26日から28日にかけて、ロシアのメドベージェフ大統領が訪中した。両国の元首は「戦略協力パートナーシップの全面的深化に関する中ロ共同声明」に調印したほか、「中ロ両国の元首による第2次世界大戦終了65周年に関する共同声明」を発表した。

2011年6月に、中ロ両国の元首がモスクワで会談したほか、「中ロ善隣友好協力条約」調印10周年記念音楽会に出席した。同年10月11日にロシアのプーチン首相が訪中し、中ロ首相の第16次定期会合に出席した。

ここ数年来、両国の経済貿易関係と経済技術協力が日増しに緊密になっているほか、文化、科学技術、教育の分野における両国の交流と協力もますます頻繁になっている。中国歌舞団、新疆歌舞団、中国作家代表団、北京梅蘭芳京劇団がロシアを訪れ、ロシアのクレムリン宮バレエ団、モスクワ古典バレエ団、サンクトペテルブルク管弦楽団、モスクワ国立交響楽団などの文化芸術団が中国を訪問した。

中国とロシアは4370キロメートルにわたる国境線でつながっている。両国間には歴史的な国境問題が残されている。現在、双方は両国国境条約を基盤にし、国際法の準則に基づいて平等に話し合い、互いに配慮し、譲り合いの精神に基づき長年にわたる交渉を通じて97％の国境線を確定した。

現在、中ロ国境線の東区間にある黒瞎子島とアバガイト洲渚の地区の国境線

は今も確定しておらず、双方は公平かつ平等、相互理解という原則に基づき残された国境問のできるだけ早い解決を望んでいる。

中国と国際機構

●ASEANと中国

　ASEAN・東南アジア諸国連合の前身は、1961年7月31日に発足した東南アジア連合である。1967年8月、インドネシア、タイ、シンガポール、フィリピン、マレーシアの5か国は、タイのバンコクで会議を開き、『バンコク宣言』を発表し、正式にASEANの成立を発表した。その後、マレーシア、タイ、フィリピンの3か国は、マレーシアの首都・クアラルンプールで閣僚級会議を開き、ASEANが東南アジア連合に取って代わることを決定した。

　　加盟国：ASEAN加盟国はブルネイ、カンボジア、インドネシア、ラオス、マレーシア、ミャンマー、フィリピン、シンガポール、タイ、ベトナムの10か国である。

　　中国との関係：中国はすでにASEANのすべての加盟国と外交関係を樹立し、1996年に全面的な対話を行うASEANのパートナー国となった。

　2000年11月25日に第4回中国・ASEAN「10+1」首脳会議がシンガポールで開催された。当時の朱鎔基首相が初めて中国・ASEAN自由貿易区の構想を提出した。

　2002年11月4日に第6回ASEAN、中日韓「10+3」会議と第6回中国・ASEAN「10+1」首脳会議がカンボジアのプノンペンで行われ、「中国・ASEAN全面的経済協力枠組み協定」に調印し、2010年に中国・ASEAN自由貿易区の建設を完成することを決定した。

　2003年10月、第7回中国・ASEAN「10+1」首脳会議がインドネシアのバリ島で行われた。中国は「東南アジア友好協力条約」への加盟を発表するとともに、ASEANと「平和と繁栄に向けた戦略パートナー関係」の構築に関する共同宣言に調印した。

　2009年8月、中国とASEANは「中国・ASEAN自由貿易区投資協定」に調印した。これは中国・ASEAN自由貿易区協定の主な交渉が完了したことを意味している。

　2010年1月1日、中国・ASEAN自由貿易区が正式に設立した。これは19

億人をカバーし、GDP 総額はおよそ 6 兆ドル、貿易総額は 4.5 兆ドルに達する発展途上国からなる最大の自由貿易区である。

2011 年 7 月、中国の楊潔チ外相がインドネシアのバリ島で行われた中国・ASEAN「10+1」外相会議に出席した。会議では、「南海各方面行動宣言」を確実に実施する指導的方針を採択し、南海地域の実務的協力を推進する基礎を固めた。

● 上海協力機構と中国

2001 年 6 月、中国、ロシア、カザフスタン、キルギスタン、タジキスタン、ウズベキスタンの 6 か国の元首が、上海で会談を行い、『上海協力機構成立宣言』に署名し、"上海 5 国"のメカニズムに基づいて新しい地域的多国間協力機構——上海協力機構の成立を発表した。同機構の目標は、各加盟国間の相互信頼と善隣友好を強化すること、各加盟国による政治、経済貿易、科学技術、文化、教育、エネルギー、交通、環境保護などの分野での効果的協力を奨励すること、世界と地域の平和、安全、安定を維持し保障することに共同で尽力すること、民主的かつ公正で合理的な世界の政治、経済の新しい秩序を確立することなどである。各国は北京に事務所を置くことを決定した。

2002 年 10 月、中国とキルギスタンは上海協力機構の枠組み内で反テロ合同軍事演習を行った。

2003 年 8 月、上海協力機構の加盟国は初めて多国間の反テロ合同軍事演習を行い、中国、カザフスタン、キルギスタン、ロシアとタジキスタンの 5 か国から約 1300 人が演習に参加した。

2004 年 1 月に上海協力機構の常設行政機関として、北京に事務所が正式に

開設された。6月17日に、胡錦涛国家主席が上海協力機構タシケントサミットに出席し、重要な談話を発表した。同年9月23日に温家宝首相が、上海協力機構第3回首相会議に出席した。6か国の首相はビシュケクで11分野127項目のプロジェクトに及ぶ多国間経済貿易協力綱要の実施措置を許可した。

2007年8月16日に胡錦涛国家主席はビシュケクで、上海協力機構サミットに出席し、重要な談話を発表した。また、6か国の元首は「上海協力機構加盟国の長期的善隣友好協力条約」に調印した。

2009年6月15日から16日にかけて、胡錦涛国家主席はロシアのエカテリンブルクで上海協力機構サミットに出席し、重要な談話を発表した。6か国の元首は「反テロリズム条約」などの文書に調印した。

2012年6月7日に、上海協力機構加盟国首脳理事会第12次会議（北京サミット）が北京で行われ、胡錦涛国家主席は議長国の元首として会議を主宰した。会議に出席した各国の首脳は加盟国の友好協力の深化や重大な国際と地域問題などについて意見交換するとともに、上海協力機関の今後の発展を計画し、新しい重要な共通認識に達した。

上海協力機構の提唱国の1つであり、積極的な推進国として中国は、同機構の枠組み内のさまざまな活動に参加し、同機構の発展と強大化のために多くの建設的な主張と原則を提出し重要な貢献をした。

● 国際連合と中国

1945年4月25日に50か国の代表は、アメリカのサンフランシスコで、国際機構に関する連合国全体会議を開いた。6月25日に『国連憲章』を可決した。

6月26日に中国、フランス、旧ソ連、イギリス、アメリカおよびその他の大多数の署名国が批准した後、『国連憲章』は自動的に発効し国連が正式に成立した。1947年、国連総会は10月24日を国連デーにすることを決定した。

国際連合の目的は、次のとおりである。

国際の平和および安全を維持すること、各国人民の平等権および自決の原則の尊重に基礎をおいて諸国間の友好関係を発展させること、国際協力を行い、経済的、社会的、文化的または人道的性質を有する国際問題の解決をもって、すべての者のために人権および基本的自由の尊重を促進することである。

2002年9月時点で国連には合わせて191の加盟国があり、そのうち創設国は49か国である。国連本部はアメリカのニューヨークに設けられ、スイスのジュネーブ、オーストリアのウィーン、ケニアのナイロビ、タイのバンコクに事務所を設けている。

中国は発展途上国であり、安保理常任理事国でもある。国際的事務において一貫して原則を堅持し、正義を主張し、国連や国際の舞台で重要で独特な地位を占めている。当面、国連が公正で合理的な国際的政治、経済の新しい秩序を確立する中で、どのような役割を発揮するかが国際社会に注目される点となっている。中国が提出した国際的政治、経済の新しい秩序の確立、平和維持、発展促進、覇権への反対についての主張は、5つの常任理事国の協調と協力を強調しており、世界の平和と発展にプラスになるとしている。

● APECと中国

1989年1月にオーストラリアのホーク首相が韓国を訪問した際、"ソウル提唱"を提出し、経済協力の問題を討議するために、アジア太平洋地域の閣僚級会議の開催を提言した。関係のある国と協議した上で、オーストラリア、アメリカ、日本、韓国、ニュージーランド、カナダおよび当時のASEAN・東南ア

ジア諸国連合の6か国は、オーストラリアの首都・キャンベラで、アジア太平洋経済協力会議第1回閣僚級会議を開き、APEC・アジア太平洋経済協力会議が正式に成立した。

1991年11月にソウルで開かれたAPEC第3回閣僚級会議で可決された『ソウル宣言』は、正式にこの機構の目的と目標を確定した。本地域の人民の共通の利益のために経済の成長と発展を維持すること、加盟国間の経済の相互補完を促進すること、開放された多国間貿易体制を強化すること、地域貿易や投資の障害を減少することなどである。

 加盟国：21か国

 中国との関係：中国は1991年にAPECに加入して以来、APECの各項目の活動に積極的に参加し、中国の改革開放に良好な外部環境を作り上げた。同時に中国とAPECの関連加盟国との二国間関係の発展を強力に推し進めた。1993年から、中国の国家主席は毎年のAPEC首脳非公式会議に出席し、焦点を定めて中国の主張や原則的立場を提出し、会議の成功に積極的で建設的な役割を発揮した。2001年中国は上海でAPEC首脳非公式会議を開催し成功させた。

中国が参加したAPEC首脳会議：1993年から2010年まで、中国の国家主席はAPEC首脳会議に参加し、世界と地域情勢、アジア太平洋地域の協力、APECの発展など重大な問題について立場と主張を述べ、積極的で建設的な役割を果たしている。

2010年11月12日から13日にかけて、日本で行われた横浜APEC首脳会議で胡錦濤国家主席は重要な談話を発表し、アジア太平洋地域のバランス的、包括的、持続的、革新的かつ安全な経済成長の実現とAPECの発展、およびアジア太平洋地域の協力に関する中国の立場と主張を紹介した。また胡錦濤国家主席はAPEC工商業サミットなどの会議に出席し、「アジア太平洋新興市場国」をめぐり、「共に発展し、繁栄を共に享受する」と題する講演を行った。また期間中、日本の菅直人首相と会談するほか、アメリカをはじめ各国の指導者と会談し、両国関係や国際と地域の重大問題について意見交換した。

中国主催によるAPEC関連会議：2001年10月20日から21日にかけて、APEC第9回首脳会議が上海で開催された。江沢民国家主席が会議に出席し、「協力を強化し、共に21世紀の新たな挑戦を迎えよう」と題する講演行った。会議

では「APEC協力経済指導者宣言」、「上海共通認識」、「デジタルAPEC戦略」などの重要文書が採択され、中国とAPECの各加盟国と関係発展を推進するとともに、中国の国際地位と影響力の向上を示した。

2010年5月、APEC知的都市と知的産業ハイレベル会議が河北省の廊坊で行われ、アジア太平洋地域で持続可能な発展、エコ、低炭素、友好かつ調和の取れた企業と都市の建設について討議した。同年6月末から7月初めまで、第6回APEC中小企業技術交流および展覧会が福州で開催された。

中国にあるAPEC関連機構：ここ数年来、APECとの協力の強化と拡大に伴い、中国は国内の経済建設と対外貿易におけるAPECの役割を重視するようになった。したがって、中国ではAPEC環境保護センターやアジア太平洋経済発展センター、APEC電子工商連盟、APEC技術移転センター、APEC中小企業サービス連盟、APEC海洋センターなどの関連機構が設立され、中国の関連部門や地方によるAPECとの協力参与、APECの加盟国との交流・協力強化、APECの発展推進で積極的な役割を果たしている。

● WTOと中国

1994年4月、モロッコのマラケシュで開かれたガット協定（関税および貿易に関する一般協定）閣僚級会議で、正式にWTO・世界貿易機関の設立が決定され、1995年1月1日にWTOが発足した。同機関の趣旨は生活レベルの向上、十分な就業の確保、実質所得と有効需要の増加を保障するための経済と貿易の発展促進、持続可能な発展の目標に基づき合理的に世界資源を利用した商品とサービスの生産拡大、互恵利益を求める合意の実現、関税およびその他

の貿易障害の大幅な削減と国際貿易における障壁の除去などである。加盟国は144か国、本部はジュネーブにある。

　1986年からガット締結国の地位回復の申請をして以来中国は、ガット協定（WTO）の加入に向けひたすら努力をしてきた。2001年1月から9月までの間にWTO中国作業グループは4回の会議を開き、中国のWTO加入の多国間交渉を終え加入に関する法律文書を可決した。同年11月9日から14日までWTO第4回閣僚級会議がカタールの首都・ドーハで開かれ、中国の石広生対外経済貿易相が代表団を率いて会議に出席し、11日に中国はWTO加入の議定書に調印した。12月19日から20日まで、中国はWTOの正式な加盟国としてWTO理事会に出席した。

　2002年1月1日に、国務院関税税則委員会が新たな関税税則（規則）の実施を発表した。同年1月22日、WTO繊維・繊維製品監視機関（TMB）第86回会議が行われ、中国が提出した紡績品・服装輸入の過度的保障措置に関する通達を審議し、採択した。2月1日に「中華人民共和国外資金融機構管理条例」と「中華人民共和国金融機構管理条例」が実施された。2月11日に国務院は「外商投資の方向指導に関する規定」を公表し、同年4月1日から正式に施行した。11月1日に「対外貿易障壁調査暫定規則」が実施された。12月10日にWTO理事会による中国に対する最終的審議が終了した。

　2004年6月1日に、「外商投資商業分野管理方法」が正式に実施された。同年7月1日に「対外貿易法」修正案と「対外貿易経営者登記方法」が当初の予定より半年前倒しで正式に施行された。12月11日に外資の基礎的電信業務市場への進出を許可するとともに、外資に石油製品市場を開放した。

　2005年1月1日に、中国農産品の関税をWTO加盟前の23.2%から15.35%というWTOと約束した最低ラインに下げた。それと同時に輸入車の配分許可制度を取り消し、輸入車の税率を30%に下げた。これで中国はWTOに加盟した際に非関税措置を取り消すという約束をすべて果たした。

　2006年11月に改正された「中華人民共和国外資銀行管理条例」が発表された。同年12月11日より施行され、外資銀行は国民待遇を受けられるようになった。

　2007年11月29日に中国はWTOに「貿易に関わる知的財産権の協定を改正する議定書」の許可書を提出し、特許薬品を製造し輸出する権利を獲得した。12月28日に中国政府はWTO「政府調達協定」（GPA）申請書に調印した。

2008年5月21日から23日にかけて、中国に対する2回目の貿易策審議がジュネーブのWTO本部で行われた。

2009年9月14日にアメリカによる中国産タイヤの輸入を制限する特別保障措置に対して、中国政府はWTOの争議解決プロセスを実施した。

2010年1月1日にイチゴなど6つの税目商品の輸入税を下げ、これにより中国はWTOと約束した関税減免の義務をすべて履行した。

コラム1　中国の歴代外相について

周恩来（1898年～1976年、在任1949年～1958年）　革命家、政治家、軍事家、外交家、中国人民解放軍の創設者の一人。1898年江蘇省生まれ、1976年北京で亡くなった。多くの重要な外交政策の制定と実施に参与した。1954年にジュネーブ会議に出席し、この会議で中国を代表し、平和共存5原則を国家間の関係の原則とすることを提唱した。1955年にインドネシアで開かれ、アジア・アフリカの29か国が参加したバンドン会議で「平和共存」を主張し、植民地主義に反対し話し合いによる一致を訴えた。また、ヨーロッパ、アジア、アフリカなど数十か国を訪問したほか、世界各国からの指導者や友人を迎え、中国人民と世界人民の友情を強化させた。

陳毅（在任1958年～1972年）　中国人民解放軍の創設者・指導者の一人で、共和国元帥。その後、国務院副首相、外相、中央軍事委員会副主席などに就任した。毛沢東や周恩来の外交政策思想を積極的に実施したほか、新中国の長期的な外交戦略方針の制定に参与し、周恩来の重要な外交活動に協力した。1952年10月に中国代表団のとしてソ連共産党第19回代表大会に出席し、スターリ

ンと会談した。1955年4月に周恩来のアシスタントおよび中国政府代表団として バンドンでのアジア・アフリカ会議に出席した。1958年2月に副首相兼外相として周恩来に随行し朝鮮への友好訪問を行い、中国人民志願軍の帰国事務を適切に処理した。また、単独でミャンマー、インド、ネパール、カンボジア、モンゴル、アフガニスタンといった国々を相次いで訪問し、さまざまな条約や協定に調印した。

姫鵬飛（在任1972年～1974年）　駐東ドイツ中国外交使節団大使兼団長に就任し、在ドイツ初代大使、外務次官、外相などを務めた。1979年に中国共産党中央対外連絡部部長、国務院副首相兼秘書長に就任した。国務院香港マカオ弁公室主任や、中華人民共和国香港特別行政区基本法起草委員会主任委員、マカオ特別行政区基本法起草委員会委員を兼任し、一国二制度の構想を元に制定した香港とマカオの問題を平和的に解決するという中国政府の政策を積極的に実施した。また、中国とイギリスの香港問題に関する共同声明の調印式に出席した。

喬冠華（在任1974年～1976年）　江蘇省塩城の出身。青年時代にドイツに留学し、哲学博士の学位を取得した。抗日戦争期間中は報道活動に従事し、国際論評を発表した。1942年の秋から抗日戦争勝利まで、重慶で「新華日報」の「国際コラム」を担当した。中華人民共和国が成立した後、外務省外交政策委員会の副主任、外相補佐官、外務次官などを務めた。外務省在任中に重要な外交文書の起草や作成業務を担当し、1976年以降、中国人民対外友好協会の顧問に就任した。主な著作に『国際論評集』、『ミュンヘンからダンケルクへ』などがある。

黄華（在任1976年～1982年）　1971年に中国の国連での合法的な地位が回復した後、中国の初代の国連常駐大使および安全保障理事会の代表となり、1976年に外相に就任した。中国代表団を率いて、29回、32回、33回、35回、37回の国連総会に出席した。1978年8月に日本の外相園田直と北京で「日中平和友好条約」に調印した。1978年にアメリカ代表と国交樹立交渉に取り組み、1982年にアメリカのヘイグ国務長官とアメリカの台湾への武器輸出問題を解決するため「八・一七コミュニケ」に調印した。1985年から1995年にかけて、国際行動理事会総会に出席した。中国国際友人研究会会長、中国国際友好連絡会会長、中国福祉会主席、宋慶齢基金会主席などを務めた。

呉学謙（在任1982年～1988年）　中華人民共和国国務院の副首相、国務委員兼外相などを務め、就任期間中に朝鮮、マレーシア、日本、エジプト、ギニア、ザンビア、ルーマニア、フランス、ドイツ、アメリカ、カナダ、アルゼンチン、ブラジルなどアジア、アフリカ、ヨーロッパ、アメリカの50か国を訪問した。

銭其セン（在任 1988 年〜 1998 年）　　1928 年上海嘉定生まれ。1942年上海大同大学付属高等学校在学中に中国共産党に入党し、党グループの責任者や党支部の書記などを務めた。1954 年から 1955 年まで旧ソ連共産主義青年団学校で就学し、その後、駐旧ソ連中国大使館の二等書記官、留学生課主任、研究室主任、高等教育省留学生局部長、対外局副局長を務めた。1966 年文化大革命で批判され、"五七" 幹校学校で労働に従事した。1972 年から駐ソ連大使館の参事官、駐ギニア大使、外務省情報局局長などを務めた。1988 年外相、外務省共産党委員会書記、国務委員に就任した。1993 年からは中国共産党中央政治局委員、国務院副首相兼外相を務めた。

唐家セン（在任 1998 年〜 2003 年）　　1938 年上海市生まれ。高等学校卒業後、上海復旦大学で英語を専攻した。1970 年から 1978 年まで中国人民対外友好協会、中日友好協会の理事、対外友好協会の副部長を務めた。その間、1973 年に中国共産党に入党した。1988 年から駐日中国大使館の公使級参事官、公使、1991 年から外務省補佐官を務めた。1993 年から外務次官を務め、1998 年 3 月に外務相、2003 年 3 月に国務委員に就任した。

李肇星（在任 2003 年〜 2007 年）　　1940 年生まれ、山東省の出身。1964年に北京大学を卒業した。1970 年から 1977 年まで駐ギニア中国大使館の職員、随員を務めた。1985 年から 1990 年まで外務省情報局の副局長、局長、外務省報道官などの職についた。1993 年から 1995 年まで中華人民共和国の国連駐在大使、特命全権大使を務めた。2001 年から外務次官を務め、2003年 3 月に外相に就任した。

楊潔篪（チ）（在任 2007 年〜 2013 年）　　1950 年生まれ、上海の出身。1971年 12 月に中国共産党に入党した。南京大学歴史学部で世界史を専攻し、歴史学の博士号を取得した。1968 年から 1972 年まで上海浦江電気計器工場に勤務した。1972 年から 1973 年まで外務省海外学習養成クラスに参加した。1973 年から 1975 年までイギリスのバース大学やロンドン・スクール・オブ・エコノミクスで学ぶ。1975 年から 1983 年まで外務省翻訳室に勤務した。1983 年から 1987 年までアメリカ駐在大使館の二等書記官、一等書記官、参事官を歴任した。1987 年から 1990 年まで外務省翻訳室参事官兼処長を務めた。1990 年から 1993 年まで外務省北米・オセアニア局参事官兼処長、副局長（1990 年 8 月）を歴任した。1993 年から 1995 年までアメリカ駐在大使館公使を務めた。1995 年から 1998 年まで外務次官補と外務省中国共産党委員会委員（その間、1995 年 8 月から 1996 年 3 月まで北米・オセアニア

局局長を兼任。1996年9月から1996年11月まで中国共産党中央党校の省級幹部学習クラスに参加）を務めた。1998年から2000年まで外務次官と外務省中国共産党委員会委員を務めた。2000年から2004年までアメリカ駐在全権大使を務めた。2004年から2005年まで外務次官と外務相中国共産党委員会委員を務めた。2005年から2007年まで外務次官と外務省中国共産党委員会副書記を務めた。2007年から2013年まで外務相と外務省中国共産党中央委員会副書記を務めた。2013年に国務委員に就任した。

王毅（在任2013年～現在）　1953年北京市生まれ。経済学修士号取得した。1982年から1989年まで外務省アジア局随員、副局長、局長を歴任した。1989年から1994年まで日本駐在大使館参事官、公使級参事官を歴任した。1994年から1995年まで外務省アジア局副局長を務めた。1995年から1998年まで外務省アジア局局長（そのうち、1997年8月から1998年2月まで訪問学者としてアメリカのジョージタウン大学に留学）を務めた。1998年から2001年まで外務次官補兼政策研究室主任を務めた。2001年から2004年まで外務次官を務めた。2004年から2007年まで日本駐在大使館全権大使を務めた。2007年から2008年まで外務次官を務めた。2008年から2013年まで中国共産党中央台湾事務弁公室、国務院台湾事務弁公室主任を務め、2013年に外相に就任した。

2章
歴史

■中国最初の王朝——「夏」

　中国最初の王朝である夏は、紀元前21世紀から紀元前16世紀まで、17人の王が在位してほぼ500年続いた。統治の中心地域は現在の山西省南部と河南省西部にあった。

　夏の創設者・大禹は治水安民の歴史的英雄である。伝説によれば、大禹は毎年氾濫して水害を起こしていた黄河の治水に成功し、部族民に擁立されて夏王朝を築いた。夏の創立により長く続いた原始社会は私有制社会に変わり、ここから中国は奴隷社会に入った。

　夏の末期、王室の政治が乱れ、階級の対立が日増しに激しくなった。夏の最後の王・夏桀は改革の気概もなく、民の困苦を顧みず贅沢三昧で節度のない生活を送っていた。来る日も来る日も一日中自分の気に入った妃と酒を飲み享楽に耽る日々であった。そんなとき、機に乗じて諸侯国の1つ「商」が決起し、夏桀の軍隊を破った。桀は逃亡したが南巣で死亡し、夏は滅んだ。

　今日まで伝わる夏の史料は非常に乏しい。そのため、夏が実在したかどうか、学界の議論は分かれている。しかし、『史記』の「夏本紀」には夏王朝の系図がはっきり記されている。そこで、考古学者は夏の遺跡を見つけ、夏の歴史を復元しようとしている。

　1959年から中国の考古学界は夏の遺跡を求めて発掘調査を始め、夏文化探索の幕が開いた。現在、大多数の学者は、河南省偃師の二里頭遺跡にちなんで命名された「二里頭文化」が夏文化研究の主な対象であると考えている。この文化が存在していたのは紀元前1900年前後と推定されており、夏の時代と重なる。夏文化の遺跡である直接的な証拠はまだ確認されていないが、その豊富な考古史料は夏に関する研究を大きく前進させた。

　二里頭文化遺跡で出土した生産道具は石器が主で、骨角器や貝器も含まれる。一部家屋の敷地には灰の跡があり、古墳の壁には木で作った耕具で掘った跡が

残されている。当時の人々がこうした原始的な道具を使いながら、勤勉さと知恵を発揮して、水を治め土をならし農業生産を発展させたようすがうかがわれる。現在まで、夏の遺跡からはそれほど大きい青銅器は見つかっていないが、青銅で鋳造された刀・錐・手斧・鑿・鏃・鉾・爵などの道具や武器・容器は出ている。また、銅を鋳造していた遺跡があり、鋳型・銅のくず・るつぼの残片も発掘された。このほか、優れた技術水準の玉の工芸品やトルコ石をちりばめた装飾品、磬などの楽器も大量に出土している。手工業の制作技術と内部の分業が大きく進歩していたことがわかる。

古文書の記載で最も注目すべきは夏の時代の暦である。『大戴礼記』に記録されている「夏小正」は現存する「夏暦」に関する重要な史料で、夏の人々がすでに北斗七星の回転するひしゃくが指す方位で12か月を確定していたことがわかる。これは中国最古の暦である。夏暦は12か月の順序に従い、月ごとの星回り・気象・物の現象および農作業と祭祀を記述している。その暦は夏王朝の農業生産の発展水準を反映しており、中国最古の大変貴重な科学知識が記録されている。

■歴史的記録のある最古の王朝——「商」

中国の学界では夏が中国最古の王朝とされているが、夏に関する歴史資料のほとんどは後世の文献に記載されたもので、考古学的な裏づけはまだ見つかっていない。古代中国で確実な考古学資料を得られる最古の王朝が「商」である。

紀元前16世紀ころに始まる商は約600年続いて紀元前11世紀に滅んだ。前期には数回遷都し、最後は「殷」(現在の河南省安陽付近)に落ち着いた。考古学的な研究によれば、商朝早期、甲骨文字と青銅器文化に代表される文化はすでに相当高いレベルにまで発展していた。

甲骨文字は偶然発見された。20世紀初頭、河南省安陽北西部にある小屯村の農民が拾ってきた亀甲と獣骨を漢方薬剤として売っていた。ある学者がその

上に古代文字が彫られていることを発見し、甲骨の研究が始まった。その後、中国の古文字学者がこれらの亀甲と獣骨に刻まれた文字を商時代の文字と鑑定し、甲骨が出土した小屯村こそ古文書に書かれた商朝の都「殷」の遺跡＝殷墟であると断定した。

殷墟の発見と発掘は、20世紀の中国で最も重要な考古学的発見であるといわれる。1928年初めて発掘作業が行われて以来、この村で甲骨文字・青銅器を含む貴重な文化財が数多く出土している。甲骨文字は亀甲と獣骨に彫られた古代の文字である。

商代では、国王は何をするにもその前に必ず占いをした。甲骨はその占いの道具であった。甲骨は使用される前に甲骨についている血と肉を綺麗にとり、切ったり削ったりして平らに磨き上げる。そして亀甲の裏もしくは獣骨の裏側に、刀などで順番に凹みを作っておく。占いをする人（巫師）は自分の苗字や占う日、聞きたい内容などをすべて甲骨に彫っておく。そして、甲骨の裏に彫られた凹みを火であぶる。すると熱で凹みに裂け目ができる。それを「兆」と呼び、巫師はその向きや模様を見て占いの結果を得る。占いが的中したかどうかも甲骨に彫刻される。これら占いの詞が彫られた甲骨は政府の記録文書として保存された。

現在までに殷墟から16万点あまりの甲骨が出土している。完全な状態で保存されているものもあれば、文字が記載されていない破片もある。これらの甲骨には全部で4000字以上のさまざまな文字が彫られている。そのうち学者が考証・研究をした文字が3000字あまりで、その中の1000字については学者の解釈が一致しているが、残りは解読できないか学者により意見の食い違いが甚だしいものである。しかし、その1000字あまりの文字も、人々に商朝の政治・経済・文化など各方面のことを知る手がかりを提供している。

甲骨文字に関する最初の専門的な著述は、1913年に出版された劉鄂の『鉄雲蔵亀』である。中国の有名な歴史学者・文学者である郭沫若が1929年に出版した『甲骨文字研究』も大変重要な専門書である。現在は、北京大学の裘錫圭教授と中国歴史研究所の李学勤教授が甲骨文字研究の権威である。

青銅器も商朝の代表的な器具である。商の青銅器鋳造はすでに相当高いレベルに達していた。殷墟で発掘された青銅器はすでに数千点に上っている。中でも1939年殷墟で出土した「司母戊大方鼎」は重さ875キログラム、高さ133

センチメートル、長さ110センチメートル、幅78センチメートルで、雄大な形は中国古代青銅器文化が最高峰を迎えた時代の代表作とされている。

考古学的発掘および学術研究で実証されたように、商朝ではすでに国家が誕生し、私有制も基本的に確立されていた。中国の歴史は商朝から文明時代に入った。

■西周と春秋戦国

　夏、商に次ぐ中国3番目の古代王朝は周である。周は紀元前1027年ころ建立され、紀元前256年に秦に滅ぼされるまで770年あまり続いた。周は東への遷都を境に西周と東周に分けられる。前期が西周、後期の東周はさらに春秋・戦国という2段階に分けられる。

　西周は紀元前1027年ころから紀元前771年まで257年ほど続いた。周代初の王である周武王は国都を鎬（後の長安北西部）に遷した後、連合軍を率いて大挙して商に攻め入り、周王朝を建てた。幼い周成王が王位を継いだ後、叔父の周公旦が摂政となった。周公は内部を安定させた後、大軍を率いて東征し反乱を平定した。周公が国を取り仕切っていた時代に、後の一連の勝利を固める重要な措置が講じられた。周の成王・康王が在位していた期間は、政治が安定して平和な世の中が続き、後世から「成康の治」とたたえられた。

　周朝の国家制度や法律体系には明確な特色がある。中でも井田制・宗法制・国野制・礼楽が最も重要なものである。

　紀元前770年から紀元前476年は春秋期である。経済の発展と人口の増加に伴い、大国が覇権をめぐって激しく戦い、社会状況は大きく変わった。農業生産では鉄製農具が現れ、牛耕が徐々に普及し、水利事業が発達したことで、農作物の生産高が上昇した。春秋は西周の伝統的政治・社会秩序が徐々に解体する過渡期であった。

中国史上最初の思想家であり偉大な教育者でもある孔子は、春秋後期に生まれた。孔子はこれまでの文化・思想を総括した上で、春秋後期の激動する社会情勢と結びつけ、倫理道徳・社会と政治の問題をめぐって独自の理論と観点を打ちたて古代の儒家学派を創設した。

　中国の戦国（紀元前403年～紀元前221年）時代は、東周の列国と新たな諸侯が割拠し、覇権を争った時代である。戦国と春秋は明確な境界がなく、今日の習慣に従い紀元前403年、「三家分晋」により趙・韓・魏の3国に分かれたときから、紀元前221年、秦が6国を統一する前までを戦国時代と称することにする。

　戦国時代になり、中国の情勢に変化が起きた。数多くの中小諸侯の国が併呑され、生き残った秦・楚・燕・韓・趙・魏・斉の7国が戦国時代の主な諸侯国家となった。戦国時代、各国は相次いで改革に乗り出したが、中でも最も徹底して影響力が大きかったのは秦の「商鞅の変法」であった。

　戦国時代の中国は毎年戦が絶えなかったが、古代文化の発展はそれでも途絶えることはなかった。社会に学術・文化・知識を身につけた新たな知識人層が現れ、学術文化の繁栄を一層推し進めた。この間、中国古代の思想文化は有史以来最高の高潮期を迎えた。その中で孔子・孟子を代表とする儒家、老子・荘子・列子を代表とする道家、韓非子を代表とする法家、墨子を代表とする墨家などの理論は後世の人に高く評価された。これらの学派の出現により、戦国の思想界は「百家斉放・百家争鳴」の様相を呈した。これらの理論は当時の政治・経済を前進させる役割を果たしただけでなく、その深遠な影響力は今日まで継続しており、中国思想史の不滅の1ページとなった。

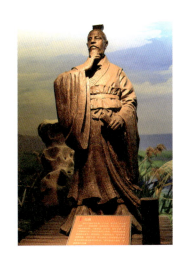

　紀元前230年、秦王嬴政は全国統一の遠征を初め、9年の間に相次いで6国を滅ぼし紀元前221年に全国を統一した。これにより600年近く続いた中国の分裂状態が終わった。

■中国初の封建王朝——「秦」

　2000年余りの奴隷制社会を経て、紀元前221年、中国では史上初の統一中央集権の封建王朝・秦が誕生した。秦の誕生は中国の歴史においてきわめて重要な意義を持っている。

　紀元前255年から紀元前222年の戦国時代は、奴隷制社会の末期でもあった。当時、数多くの小国が分立していたが、互いに併呑し合った結果、最後は比較的大きい秦・斉・楚・魏・燕・韓・趙の7国だけが残り、「七雄」と称された。7国の中では、北西部の秦が早くから軍事および農業の改革を進めたため、国力が急速に強まった。紀元前247年、わずか13歳の嬴政が王位を継ぎ秦王となった。22歳で親政するようになった秦王は、他の6国を吸収し天下を統一する雄大な戦略に取り掛かった。彼は広く人材を求め、能力のある者はすべて起用した。例えば韓国の間諜・鄭国を重用し、「鄭国渠」を建造したことがその一例である。鄭国渠の開通により、4万ヘクタールあまりのアルカリ性土壌の土地が肥沃な良田に変わり、秦が中国を統一する十分な物質的条件を提供することになった。

　紀元前230年から紀元前221年の10年足らずの間に、嬴政は相次いで韓・趙・魏・燕・楚・斉の6国を滅ぼし、統一の大業を成し遂げた。これにより中国の歴史は割拠状態を脱し、統一的・専制的な中央集権国家として秦王朝が誕生し、嬴政は中国初の皇帝となり、「始皇帝」と称されることになった。

　秦の中国統一は、中国の歴史に大きな貢献をした。まず政治では、始皇帝は分封制を廃止して郡県制を敷き、全国を36の郡に分け、郡の下に県を設置した。中央・地方の官吏は世襲ではなく、すべて皇帝が自ら選抜・任免した。秦が創設した郡県制はその後、2000年あまりにわたる中国封建社会の歴史に定着し、現在も多くの県が2000年以上前に秦朝が定めた名称を使っている。

　秦の中国統一のもう1つの重要な貢献は文字の統一である。それまでは国ごとに文字があった。同じ源を持ち書き方も似ていたが、文化の伝播や交流に際しては大きな障害になっていた。秦の統一後、秦の小篆体が全国に通用する文字とされた。その後、中国の漢字の変化には準拠すべき規則ができ、これが中国史の形成と文化の伝承に与えた意義は計り知れないものがある。

　このほか、秦は全国の度量衡を統一した。文字と同様、統一前は各国の長さ・

容積・重さの単位が異なっていたので、経済発展の大きな障害となっていた。そこで始皇帝は度量衡・貨幣・法律を統一し、国全体の経済発展の条件を作るとともに中央政権の地位を強化した。

　一方、思想面における専制統治を強めるため、始皇帝は紀元前213年に政府が所蔵する『秦史』以外の他国の歴史書や儒家の経典をすべて焼却するよう命令し、これらを密かに収蔵したり伝播した人間は処刑した。さらに北方からの少数民族の侵入を防ぐため、始皇帝は秦・趙・燕などの国が国境に建造していた長城を修復し、西の砂漠から東の海岸まで続く「万里の長城」を築き上げた。始皇帝はその他数多くの土木工事を起こし、70万人あまりの人夫を徴用し巨額の資金を注ぎこんで驪山に陵墓を造営した。今日、世界遺産として世に知られる秦陵と兵馬俑である。

　始皇帝の中国統一は、長い間分裂・割拠した中国史の構図を変え、漢民族を主体とする強大な多民族封建大帝国を作りあげ、中国の歴史に新たな1ページを開いた。

■漢

　紀元前206年から紀元8年は、中国では前漢時代にあたる。

　漢の高祖・劉邦が漢を建て、都を長安に定めた。高祖は在位7年の間に中央集権統治を堅固にし、「与民休息」という緩和的な政治方針を定める一方、自身の統治を強化した。紀元前159年、高祖の死後、恵帝が王位を継承したが、実権は皇后の呂雉の手中にあった。呂皇后は16年にわたって権力を握り、中

国史では数少ない女性統治者の一人となった。紀元前183年、王位を継承した文帝は息子の景帝（紀元前156年～紀元前143年）とともに緩和政策を継続し、租税を軽減し、漢帝国の経済の活性化を図った。歴史学者はこれを「文景之治」と呼ぶ。

「文景之治」により漢の国力は次第に強くなっていった。紀元前141年、王位を継承した武帝の在位期間中、武将の衛青や霍去病を派遣して匈奴を打ち負かし、王朝の統治範囲を拡大して北方の経済・文化の発展をうながした。武帝は晩年になると戦闘を停止し、農業の発展に重点を移し、経済はさらに発展した。その後、昭帝も経済発展に力を入れ、前漢は隆盛期の頂点に押し上がっていった。

昭帝・宣帝の2代の皇帝は、38年間にわたり「与民休息」の政策を実行したので国力は増強された。しかし地方勢力もそれに伴って強くなり、漢帝国の統治に深刻な影響を与えるようになった。紀元8年、王莽が王位を簒奪して国号を「新」と改め、前漢の統治が終わった。

中国の歴史では、前漢王朝は大変栄えた帝国の1つで、歴代の皇帝が「与民休息」の政策を実施したため、人々は衣食に満ち足りて安穏な生活を送り、王朝の政治はとても安定した。武帝は大臣・董仲舒の儒教的国造りの提案を受け入れ、漢代以降の歴代中国王朝にとって儒教・儒学が一貫して治国の方策となった。

政治・経済の安定により、手工業・商業・人文芸術・自然科学はいずれも長足の進歩を遂げた。科学技術の発展に従い、冶金・紡績を主体とする前漢の手工業は生産性が大幅に拡大した。手工業の発展は商業の繁栄をもたらし、シルクロードを経由して西アジア諸国と外交や商業貿易などで盛んに交流が行われた。

紀元25年から220年の後漢は光武帝により建てられた。

紀元25年、劉秀は緑林軍の助けの下で王位を簒奪した王莽を破って帝位を奪い返し、国号を漢に戻すとともに都を洛陽に定めた。光武帝は王莽の政策を全面的に改め、官吏制度を整頓した。三公（太尉、司徒、司空）の権限を弱めるために六人の尚書を設け、国の大事を分担させた。このほか、「官奴」を廃止し、土地を徹底調査するなどしたため、人々の生活は徐々に安定してきた。1世紀半ばの光武帝・明帝・章帝の3代の統治を経て、後漢王朝は次第に往年

の隆盛を回復し、後世から「光武中興」と呼ばれた。

　後漢前期では、政権の一層の強化と地方勢力との融合が図られ、国が徐々に安定すると、経済・文化・科学技術などがいずれも前漢を上回るレベルに達した。105年、蔡倫は製紙技術を改造し、これにより中国の文字の記録は竹簡の利用から脱出した。製紙術は中国の4大発明の1つとして現在にまで伝わっている。自然科学面でも張衡を代表とする後漢の学術界は大きな業績を残した。張衡は「渾天儀」・「地動儀」などの科学計測器を作った。また、後漢末期の名医・華佗は記録の上では、手術に麻酔技術を初めて導入した外科医師である。

■魏晋南北朝

　魏晋期は紀元220年から589年である。2世紀末、後漢の統治が衰微し、中国史は長い分裂期に入った。最初は魏・蜀・呉の3国が鼎立した（189年～265年）が、後に西晋により統一された。しかし西晋は短期間しか存続できず（265年～316年）、再び分裂状態に入った。その後、江南では西晋の一族が東晋（317年～420年）を建てたが、北方はさまざまな民族が混戦し、数多くの政権が続出して「十六国」と称される。

　この時期、南方の経済は大きく発展した。少数民族が西部・北部から相次いで内地に移転し、各民族の移動と雑居は融合と交流を促した。文化では玄学（老荘の学問）が盛んで、時の統治者は仏教を保護していたが、仏教・道教が互いに争いながら拡大発展した。文学芸術では、建安七子・陶淵明などの詩文や王

義之の書・顧愷之の絵画・敦煌石窟の石窟芸術などが不朽の名作である。

科学技術では、祖沖之が世界で初めて円周率を小数点以下7桁まで算出し、賈思勰の農学書『斉民要術』が世界的な大著として知られている。

南北朝期（420年～589年）の北朝では、まず北魏が建立されたが、後に東魏と西魏に分裂した。その後、東魏は北斉に、西魏は北周にそれぞれ取って代わられ、その北斉も北周に滅ぼされた。一方、南朝の流れは単純で、宋・斉・梁・陳が相次いで交代した。

南北朝時代の経済は南方に偏っていた。中原の人々が戦乱を避け南へ移り続けたことで、江南の労働力が増大した上、先進的な技術も伝来した。これにより現地の経済発展は大幅に進み、揚州周辺は当時の南朝では経済的な先進地区となった。

この時代、文化面で最も際立ったのは玄学思想の発展で、乱世は思想の自由に肥沃な土壌を提供した。文学では詩歌がとりわけ素晴らしい展開を見せた。

この時期は対外交流が非常に盛んで、その足跡は東は日本・朝鮮、西は中央アジアや大秦（ローマ）、さらに東南アジアにまで及んだ。

東晋が滅びた後の南北朝時代は、中国の歴史において南北に分裂した数少ない時期の一つである。それは経済の発展を停滞させたが、一方、異民族による中原地区の統治で形成された黄河流域の民族大融合は比類のないものであった。その中で中国北方の諸民族は徐々に漢族に同化し、最終的には同一民族になっていった。南北朝期の分裂は、民族の統一を加速する上できわめて重要な役割を果たし、中華民族の発展過程において不可欠な大変重要なプロセスで

あった。

■隋唐

　紀元581年、隋の文帝・楊堅が隋朝を建ててから、618年に煬帝が楊広に殺されるまで隋朝はわずか37年しか続かなかったが、その中では文帝の貢献が最も大きい。まず、官僚制度を改革した。北周の六官制度を廃止し、三省六部制を作った。次に、法整備をした。新たに作り出された法律では、刑罰が南北朝時代ほど残酷ではなくなった。そして科挙を創設した。これにより官僚選抜の新しい方法が確立された。一方、煬帝の大運河開鑿は半分は自分が遊びに出かけるためだったとはいえ、結果的には功労を残したといわれている。しかし、それ以外の面では後世に良いイメージが伝わらず、暴君としてしか知られていない。煬帝は苛斂誅求により民の恨みを買い、最後は江都で絞殺され、隋朝も滅びた。

　唐王朝は紀元618年に建立され、907年、朱温に滅ぼされるまで289年存続した。唐は安史の乱を境に、繁栄した前期と衰退した中期に分けられる。高祖が唐朝を建立した後、太祖・李世民は兵を率い、10年かけてようやく統一の大業を成し遂げた。李世民は玄武門の変を経て即位した後、精励して国を良く治めたため、唐朝は中国の封建社会で空前の繁栄を実現した。これが「貞観之治」で、政治・経済・文化などで世界の最先端の位置に立った。その後、玄宗の時代に再び「開元盛世」が現れ、国が栄え民が豊かになり太平の世が再現した。しかし玄宗年間の終りに安史の乱が起き、唐朝は一気に衰退していった。

　隋唐では、法令制度の分野で数多くの成果が現れた。三省六部制・科挙制度・両税法などはいずれも後世に深い影響を及ぼした。隋と唐は対外向けには比較的開放的な政策を講じ、海外と経済や文化の交流を頻繁に行った。文学では唐詩が最大の成果である。初唐の陳子昂、盛唐の李白・杜甫、中唐の白居易・元積、晩唐の李商隠・杜牧がその優れた代表である。韓愈・柳宗元の唱導した古文運動は後世に大きな影響を与えた。このほか、顔真卿の書、閻立などの画、『霓裳羽衣舞』などの音楽や舞踊、数多くの石窟芸術も後世に長く伝わっている。科学技術では、中国の4大発明中の印刷術と火薬はこの時期に発明されたものである。

後期の唐王朝は牛李党争から宦官専制まで政治が乱れ、農民蜂起が絶えず、ついに黄巾蜂起が勃発した。蜂起のリーダーの一人だった朱温は唐朝に取って代わって自ら帝と称し、唐と宋の間に続いた五代の最初の王朝・後梁を建てた。

■宋

紀元960年、宋の太祖・趙匡胤が宋を建て、五代十国の分裂は終わった。宋は1279年元に滅ぼされるまで319年間存続した。宋は北宋と南宋の2つの時期に分けられる。北宋の政権と鼎立する形で、ほぼ同じ時期に契丹人が北部で遼（947年～1125年）、党項（タングート）人が北西部で西夏（1038年～1227年）、さらに1115年、女真人が北方で金（1115年～1234年）をそれぞれ建てた。金は1125年遼を滅ぼした後、1127年、宋の都・開封に攻め入り、徽宗・欽宗を連れ去り北宋を滅ぼした。宋の高宗・趙構が南京応天府（現在の河南省商丘）で即位したが、後に臨安（現在の杭州）に逃れて江南を仮の都として南宋を建国した。北宋は遼・夏・金と対峙していた時期を指し、南宋は江南に逃れて衰亡していく時期を指す。

北宋が北方地区を統一した後、社会・経済・文化に大きな発展が見られ、海外との貿易も盛んに行われた。範仲淹の「慶暦新政」、王安石の新法などの政治改革は一部の社会的矛盾を解決したが、北宋の長期的な繁栄を完全には実現できなかった。方臘・宋江による農民蜂起は、徽宗時代の腐敗した暗黒の統治に反抗したものである。

北宋が金に滅ぼされた後、南宋は基本的に江南地区の地方政権に甘んじ、北上して再び北方を統一する雄大な意欲を失っていた。有名な武将の岳飛が北伐して金を攻撃した行動さえ、統治者の目から見れば自己保身のために過ぎなかった。南宋末期の賈似道の腐敗政治は南宋の滅亡を加速した。

　この時期、科学技術の成果が顕著であった。羅針盤・印刷術・火薬の3大発明は引き続き開発と応用が進み、中でも畢昇の発明した活字印刷術はヨーロッパより400年も早いものであった。蘇頌は世界初の水力で動く天文観測時計塔「水運儀象台」を作り、沈括の著した『夢渓筆談』は科学技術史上、きわめて高い地位を有している。文化面では理学が盛んで、朱熹・陸九淵などの理学者が現れ、道教や仏教、外来の宗教も非常に盛んであった。北宋・欧陽修の編纂した『新唐書』は唐の歴史研究に大きな貢献をし、司馬光の編集した『資治通鑑』は編年史の典範となった。文学では、欧陽修・蘇軾など散文の大家が現れた。宋詞はこの時期の文学の最高峰をなし、晏殊・柳永・周邦彦・李清照・辛棄疾などの代表的な詩人が現れた。宋・金の時代では話本や戯曲が盛んであった。絵画は山水花鳥が有名であるが、張択端の『清明上河図』は中国絵画史不朽の名作である。

■元

　1206年、モンゴルのテムジンが建国された。1271年、フビライが国号を「元」と定め、1279年、宋を滅ぼして都を大都（今日の北京）に置く。

　モンゴル族はもともと大砂漠の北に住む民族であった。テムジンは各部族を打ち破り、モンゴルを統一してモンゴル帝国を築き、自らチンギスハンと名乗った。その間モンゴル軍は西方へ向かい、中央アジア・東ヨーロッパ・ペルシャに侵入した。ユーラシア大陸にまたがるこの大ハン国はまもなくいくつかのハン国に分裂したが、モンゴル皇帝が名目上の「大ハン」とされていた。

　長く続く戦乱により北方が著しく破壊されたため、元の初代皇帝・世祖は農耕と黄河の治水を奨励した。

　唐・宋・元の時代の中国は当時の世界で最も発達した国であり、その経済と文化は周辺国の憧れの的であった。この時期、各国の使節や商人・学者が頻繁に中国を訪れ、中国と域外との交流はこれまでにない隆盛ぶりを見せた。元の時代には、東西を往き来する使節や商人は過去のいかなるときも上回り、その数はたいへん多かった。元朝は日本・東南アジア諸国とも数多くの連携を結び、中国とインドの間の海上では数多くの中国船が航海していた。印刷術・火薬・羅針盤の3大発明も、元の時代にアラビア経由で中国からヨーロッパに伝わった。またアラビアの天文学・医学・数学も相次いで中国に伝えられ、イスラム教も広範に広まった。アラビアとの交通は海上航路のみならず、雲南を経由した陸の通路もあり、東アフリカに運ばれた中国の磁器は北アフリカのモロッコでも売られていた。1275年、ヴェネツィア商人の子・マルコ・ポーロは父親に同行して中国を訪れ、その後、中国に17年滞在した。その著書『東方見聞録』はその後数世紀にわたり、西洋人が中国とアジアを知る上での貴重な文献の1つとなった。

元の時代を代表する完成度の最も高い文化が元曲である。代表的な作者は関漢卿・王実甫・白撲・馬志遠であり、代表作としては『竇娥怨』・『西廂記』などがあげられる。

　モンゴル政権は漢人に対し厳しく搾取と圧迫をしたため、漢人の強い反発を巻き起こした。1333年、宗教と秘密結社を絆とする農民蜂起が全国で発生し、1351年には黄河の治水工事にあたっていた農民が紅い布の頭巾を標とする「紅巾の乱」を起こした。1341年、濠州の紅巾軍の首領である朱元璋は「駆逐胡虜、回復中華」をスローガンに掲げ、大都を攻め落として元を倒し、明王朝を設立した。

■明

　1368年、朱元璋は南京で即位し、明を建てた。朱元璋は初代皇帝・太祖として31年間在位し、封建専制主義中央集権の強化に努めた。太祖は功臣を殺害し、意見の異なるものはことごとく排除し、皇帝の権力を高め反対勢力を鎮圧した。太祖の死後、孫にあたる建文帝が即位したが、叔父の朱棣に倒された。朱棣は帝位について明の成祖となり、1421年、都を北京に遷した。

　明は中央集権を強化したものの、皇帝の多くが愚昧であったり幼少であったりしたため、朝政を司ることができなかった。政治の権限は宦官の手に握られ、彼らは一族で金銭と財宝を貪り、誠臣を迫害した。そのため朝政は日増しに腐敗し、社会の矛盾がますます先鋭になっていった。明代の半ばから数多くの農民蜂起が起きたが、いずれも鎮圧された。

明代の有名な政治家・張居正は、社会の矛盾を緩和し、明王朝の統治を挽回するため改革を行った。地方官の治績と行政のやり方を粛正し、農業と養蚕業を振興する一方、河川の治水工事に取り組み、各種の租税と雑役を1つに合併するなどした。これらの措置は、ある程度人々の負担を軽減した。

　明代の農業は前代より一定の進展が見られ、シルク・織物産業・磁器産業が発達し、鉄の採掘・銅の鋳造・製紙・造船などの産業も大きく発展した。対外的にも経済や文化の交流が盛んになり、航海家の鄭和は7回にわたり南海やインド洋方面に遠征し、アジア・アフリカの30あまりの国や地域を歴訪した。一方、明の半ば以降、中国は日本・スペイン・ポルトガル・オランダなどの国に侵入された。

　明代には商品経済が成長し、資本主義の芽生えが見られた。明の初め中国には数多くの未耕作地があり、太祖はそこに流民を集め租税を減免することにより自作農の数を大幅に増やした。海外からはタバコ・サツマイモ・トウモロコシ・ピーナッツなどの新しい作物が相次いで伝わってきた。この時期、中国では磁器製造業や紡績業などの手工業が比較的高いレベルにまで発展し、とりわけ、シルク・織物産業では数十台の織機を保有する工場経営者や機織の専門技術を有する職人が現れ、中国における資本主義の初歩的な芽生えを物語っている。明代には商品の種類は非常に拡大し、取引も頻繁に行われていた。物産が豊かで交通も便利なところには数多くの商業センターが現れ、北京・南京・蘇州・杭州・広州などが都市として発達した。

　明代の科挙試験では「八股文」が用いられていたが、一方、長編小説が大変盛んで、『三国演義』・『西遊記』・『金瓶梅』などの代表作がある。その他地理学の『徐霞客遊記』、医学の『本草綱目』（李時珍 著）、農学の『農政全書』（徐光啓 著）、工芸学の『天工開物』、文献類の『永楽大典』などの古典的な大作が生まれた。

　明代の後半になると土地の集中が一段と進み、皇室と藩王の荘園が各地に分布するようになった。政府の税も日増しに重くなり、社会の矛盾がますます激化した。一部の役人や士大夫は社会の矛盾を緩和するため、宦官や貴族の特権を抑制しようとした。学問を重んじ政治を議論する彼らは「東林党人」と呼ばれていた。しかし、彼らは権力をもつ宦官に迫害され、社会の不安は増す一方であった。

農村の紛争が激化し、1627年陝西省に大飢饉が発生したが、官吏は相変わらず厳しく税を取り立て、人々の大きな不満を引き起こした。飢餓に陥った幾千万の農民は蜂起軍を結成し、1644年北京を攻め落とし、明の最後の皇帝・崇禎は自害した。

■清

　清朝は紀元1644年から1911年まで続いた。ヌルハチから数えれば最後の皇帝の溥儀まで12人の皇帝がいたが、山海関を越えた年から数えれば10代・268年になる。

　清朝の最大の版図は1200万平方キロメートルあまりに達していた。1616年ヌルハチが後金を作り、1636年ホンタイジが国号を「清」と改めた。1644年李自成の率いる農民軍が明朝の統治を倒し、明の崇禎帝は自害した。清の軍隊は機に乗じて山海関に入り、農民軍を打ち負かして都を北京に定めた。清王朝は各地の農民蜂起と南部に残存していた明の抵抗勢力を次々に鎮圧し、徐々に全国を統一した。

　清は階級の矛盾を緩和するため、開墾奨励・租税減免の政策を講じたので、国内と辺境地区の社会・経済はどこも一定の進展を遂げた。18世紀半ばになると封建経済は新たなピークを迎え、「康雍乾盛世」と呼ばれる繁栄の時代を迎えた。中央集権の専制制度はさらに強化され、国力が強く秩序も安定し、人口は18世紀後半には3億人に達したと見られている。

　1861年、日本生まれの鄭成功は軍艦を率いて台湾海峡を横断し、台湾を38年にわたって不法占拠していたオランダ人入植者を打ち破った。翌年、オランダ人入植者は投降し台湾は返還された。

　16世紀後半、帝政ロシアは東への拡張政策を続けていた。清の軍隊が山海関の内側に入ったとき、帝政ロシアは機に乗じてヤクサやネルチンスクなどを占領した。清政府は再三にわたり帝政ロシアの侵略者に中国の領土から撤退するよう求めた。1685年とその翌年、康熙帝は2回にわたり、清軍にヤクサ駐屯の帝政ロシア軍隊の攻撃命令を下し、ロシア軍は中ロの境界線問題を協議により解決することに同意せざるをえなくなった。1689年双方の代表はネルチンスクで交渉を行い、中ロ初の境界区画協定である『ネルチンスク条約』が結

ばれた。

　その後、乾隆帝はジュンガル部族のジュンルタン勢力および回族の大和卓と小和卓の反乱を相次いで平定し、新疆を統一して辺境地区の経済・文化と交通を発展させる一連の政策を講じた。

　清朝・道光帝までの大きな文化的成果として、王夫之・黄宗羲・顧炎武・戴震のような優れた思想家や、曹雪芹・呉敬梓・孔尚任・石涛などの著名な文学者・芸術家が現れたことがあげられる。このほか、歴史学では考証学派の名家が輩出し、『四庫全書』・『古今図書集成』など政府が編纂した大型叢書が現れた。また、科学技術分野でも建築をはじめ、数多くの成果が収められた。

　清朝は、経済的には依然として農業を立国の元としていた。文化思想面では封建的な綱常礼教を提唱し、「文字の獄」をたびたび起こした。外交的には長期にわたり鎖国し、盲目的に自らを尊大なものにしていった。

　清朝の半ばから各種の社会的矛盾が日増しに明るみに出て、清に反対する争いが相次ぎ、中でも白蓮教徒の乱は清朝の全盛時代に終止符を打つものであった。

　1840年のアヘン戦争とその後の帝国主義的侵略により、清朝政府は一連の不平等条約を締結させられ、土地の割譲・賠償金の弁済・通商港の開放などで中国は徐々に半封建半植民地社会に陥っていった。清代後期になると衰弱期に入り、政治が腐敗して思想が硬直化し、軟弱卑怯の上に自信を喪失するようになっていった。人々の生活は苦難に満ち、太平天国・捻軍蜂起など一連の反帝・反封建運動が起こった。統治者階級の内部では、自身の延命のために、洋務運動・戊戌変法などのような改革の動きも一部見られた。しかし、これらの上か

らの改革により中国を豊かで強い独立国に変えようとする運動はいずれも失敗に終わった。数多くの正義感あふれる人々は民族を滅亡の危機から救い出すため血を浴びて奮戦し、先人の屍を乗り越えて戦った。愛国主義の波は中国の近代史で初めて激しい勢いで湧き上がり、空前の高まりを見せた。1911年辛亥革命が起きて清朝の統治が覆され、2000年あまり続いた中国の封建主義帝政は終わり、中国の歴史は新たな時期に入った。

■中国の史書

●『史記』

『史記』は中国史上の偉大な歴史学の著書であり、紀伝体の文学作品であり、後世の史学と文学に深い影響を与えた。『史記』は紀元前1世紀の西漢時代に誕生した。中国の上古時代から前漢まで3000年にわたる政治・経済・文化・歴史を記している。『史記』は中国初の人物を中心にした紀伝体の通史であり、中国の紀伝体文学の始祖でもある。

『史記』の著者は歴史学者であり、作家の司馬遷である。司馬遷は前漢の人で、父親は朝廷の史料・史書を整理・編纂する太史令であった。司馬遷は子供のころから思慮深く、典籍に掲載された歴史上の人物や事件に独自の考え方を持っていたという。若いころ、司馬遷は各地を歩き、社会風土・人情風俗・経済物産の情況を調査し、各地の名所旧跡を訪れて有名な歴史の人物や事件の伝記と資料を収集していた。その後、司馬遷は父親の仕事を継ぎ朝廷の史官になった。当時、前王朝に

関する歴史はすべて諸侯国が割拠していたころに記録されたもので、記述者により違いが大きく視野も狭かった。司馬遷は古代の文献を整理するために、自ら歴史全書を編纂することにした。そのころ、司馬遷は政治活動に参与した罪で宮刑に処された。司馬遷は肉体と精神に大きな傷を負った後、朝廷に再び重用されたが、その心境はまったく変わり、『史記』の編纂を完成することが生きる目的だと考えるようになった。司馬遷が13年をかけて編纂した『史記』

は130巻・50万字あまりに及ぶ著作である。

『史記』は本紀・表・書・世家・列伝という5つの部分からなり、帝王など政治的な人物を中心に歴史を分類している。「本紀」は歴代の帝王の盛衰と重大な事件の記録、「表」は図表で各歴史的な時期の重大な事件の記録、「書」は天文・暦法・水利・経済・文化などに関する歴史の記録、「世家」は歴代の諸侯・貴族の活動と実績の記録、「列伝」は歴代の各階層における影響力のある人物の伝記の記録で、一部は少数民族に関連する内容である。人物を中心に歴史を記録する本紀・世家・列伝の3部分が全体の大部分を占めており、それはみな人物を中心に歴史を記述するものである。このことから、司馬遷は史書の新しい形式である「紀伝体」の創始者であるといわれる。

『史記』は事実の記録であるといわれる。司馬遷は一般の史官と違い、帝王の偉大な功績を記録し王朝を褒め称えることを目的としていない。『史記』が記録した内容はほかの「正史」より幅広く、政治だけでなく経済・軍事・文化・天文・地理・風俗習慣などからなる社会の全体像を描いている。自分の運命が悲惨だったこともあって、司馬遷は個人の生命力と自己の価値実現に注目している。ゆえに、『史記』は封建王朝の正史とは違って愛憎が鮮明で、封建社会の統治階層、特に漢代の最高統治集団を風刺するだけでなく、封建社会の暴政に反抗する人々の蜂起なども記録し、愛国者についても描写している。

『史記』は文学的な価値が高い。真実の歴史資料を元に性格の鮮明な人物を多く作り出した。例えば庶民の出身で王になった蜂起者、臆病者に見えるが大志を抱く英雄、高位に就かなかったが名高い侠客、胆力と識見が人並みでない将軍、財力が国を凌ぐ未亡人などである。これらの人物は『史記』で最も精彩を放ち、最も重要な内容になっている。

『史記』は記述が簡潔で、重要な情景の描写が生き生きとしており、使われている言葉は素朴で平易であるのに内容豊かで変化に富んでおり、中国古典の最高の達成点とされている。

● 『孫子兵法』

『孫子兵法』は中国古代における最も偉大な軍事理論書であり、中国の古典の中で世界で最も名を知られ、最も影響力が大きい書物である。『孫子兵法』に論述された計略や哲学思想は今でも軍事・政治・経済などの分野で活用されている。

『孫子兵法』は今から2500年前に著された軍事理論書で、欧州プロイセンの軍人クラウゼヴィッツが書いた『戦争論』より2300年も早いものである。

『孫子兵法』の著者・孫武は春秋時代の大軍事家で、中国史では「兵聖」または「武聖」と尊称されている。当時、戦乱を避けるため呉国に逃れた孫武は呉王に才能をかわれ、将軍に任じられた。その後、孫武は3万の兵で20万もの楚国の軍隊を打ち負かし、その名が各諸侯国に知られるようになった。孫武は春秋末期までの戦争を研究し、その経験をまとめて『孫子兵法』を編纂した。『孫子兵法』の中で孫武は普遍的な軍事法則をまとめ、1つの軍事理論体系を完成した。

『孫子兵法』は13篇・6000字からなり、各篇1つのテーマが語られている。例えば、「計篇」では戦争を進められるか否かの問題を論じている。戦争と政治・経済の関係を掘り下げ、戦争の勝敗を決める5つの要因（政治・天候・地の利・将帥・法制）の中で最も大切なものは政治であると指摘している。「作戦篇」ではいかに戦争を続けるかを説いている。「謀攻篇」では「いかに敵を攻めるか」を説く。孫武は「最小の代償で最大の成功を収めるには、戦わずして勝つことだ。正面から攻めずに敵の城を奪い、戦わずして敵を滅ぼすことが重要だ」と主張する。この目標を実現するために、特に謀略で勝利を得ることを強調する。そして、「最上の戦い方は政治的な謀略で勝利することであり、その次は外交手段で勝つこと、その次が武力を行使することであって、城攻めは最も下策の行為である」と説く。また、謀略で敵を攻めるには、自れの実力を知るだけでなく、相手の情況も知るべきであるとも主張している。「用間篇」では「敵の情報を知るには各種のスパイを活用し、広範な情報を収集すべきだ」と指摘している。

『孫子兵法』には価値のある哲学思想が含まれている。例えば、「彼を知り己を知れば、百戦して危うからず」は中国の成語になっている。『孫子兵法』には弁証法的な考え方が多く、戦争と係わる一連の矛盾、例えば敵味方・主客・

衆寡・強弱・攻守・勝負・利と災いなどの対立と転化を検討している。『孫子兵法』はこれら矛盾の対立と転化の条件を検討した上で、戦略と戦術を打ち出したものであり、中国の弁証法的論理の発展史において重要な位置を占めている。

　『孫子兵法』は軍隊の配置や戦術の実施を取り上げ、「兵法と謀略の極意」を集大成したものであり、歴代の軍事専門家に援用された謀略と典故は中国の多くの人々によく知られている。『孫子兵法』は周密な軍事・哲学思想体系である。変化の尽きない戦略・戦術を取り上げた本で、読むたびに新しい発見があるといわれている。世界の軍事思想界にも広範な影響を与えており、英語・ロシア語・ドイツ語・日本語など29の言語に訳されている。全世界で数千種類もの訳本が出版されており、多くの国の軍学校で教科書に採用されている。報道によれば、1991年の湾岸戦争中、交戦していた双方はいずれも『孫子兵法』を参考にしていたという。

　『孫子兵法』は民間のビジネスにおいても応用されている。内外の企業やビジネスマンは『孫子兵法』の軍事理論をビジネスに用い、経営管理・マーケティング・セールスなどに生かし、積極的な効果を発揮させている。

■太古の謎

●徐福東渡の謎

　秦の始皇帝は皇帝になってから、一心に不老長寿を願っていた。東海に蓬莱・方丈・瀛洲という三神山があって仙人が住んでいるということを聞き、方士を不老長寿の薬を探しに行かせた。最初に薬を探す旅に立ったのは燕の国の人・盧生であった。盧生は碣石山（現在の秦皇島）から出発したが、探しあてることができなかった。今でも秦皇島市内の東山公園には、「秦の始皇帝が仙薬を求めた出発地」とされる遺跡がある。1992年ここに高さ6メートル、重さ80トンのみかげ石で作られた秦の始皇帝の彫像が立てられた。

　盧生に次ぎ、徐福が始皇帝に派遣され不老不死の薬を求める旅に立った。最初の旅から戻った徐福は始皇帝に、「蓬莱の仙山に登って不老不死の薬を見つけたが、優れた男女と職人を連れて行かないと仙人が薬をくれない」と伝えた。始皇帝は若い男女3000人のほか、優れた職人を選び、徐福と共に不老不死の

薬を探す旅に行かせた。2回目の旅も徐福は失敗したが、竜と鯨に阻まれてたどり着けなかったと始皇帝に報告し、仙山に行くには優れた射手と最新の武器がいると言った。3回目の旅には秦の始皇帝自身も参加し、海上で大魚を自ら射たが、結局、不老不死の薬を見つけることはできなかった。徐福はそのまま中国に戻らず、今の日本にたどり着き富士山の麓で没したといわれる。

日本には、徐福にまつわる伝説や記録が数多く伝わっている。徐福が神武天皇であるという説もあるほか、徐福の墓・徐福宮・徐福岩・徐福上陸記念碑などの遺跡が今も残っている。1991年に、佐賀県諸富町には「徐福の道」という公園が建てられた。現在も毎年秋、佐賀県の人々は徐福に「初穂」をささげ、50年ごとに盛大な式典を行っている。

● 敦煌莫高窟の謎

敦煌の莫高窟は、世界で最も大きく最も保存状態の良い仏教遺跡である。世界に注目される芸術の宝庫がどうして西北の砂漠地帯にあるのだろう。

伝説によれば、敦煌莫高窟を最初に開いたのは楽僔という僧侶である。紀元366年、楽僔は敦煌の三危山を訪れた。夕方になっても宿が見つからず困っていたが、ふと頭を上げると向かいの鳴沙山が金色に輝き、千万の仏の姿が現れたように見えた。この不思議な光景に魅了された楽僔は「こここそ聖地だ」と感じ入り、人を集めて経典を納める洞窟を掘り始めた。やがて唐の時代になるころには、敦煌には1000以上の洞窟ができていた。

しかし、専門家の研究によれば莫高窟

の開削は偶然のことではなく、古人の知恵の結晶である。場所を砂漠のオアシスにしたのは世俗と隔離し大自然と融合するという仏教の思想に基づいたものであるし、山腹に穿たれた洞窟は水に面し、その前を流れる川が周辺の林を潤し、独特の風景を作り出している。莫高窟は蜂の巣の形をしており、最も高いところでも高さは40メートルを超えない。冬に洞窟の背面の西から吹いてくる砂嵐は洞窟の上を通り過ぎて中には入らず、夏は東風が莫高窟の向かいにある三危山にさえぎられ、直接洞窟の中に到達しない。こうして莫高窟はゴビ砂漠の中で最も安全なところになり、1000年以上の風雨に耐えて、11の王朝の492の洞窟と大量の壁画や彫刻が完全に保存され、きわめて貴重な文化財が残されたのである。

● **秦の始皇帝陵の謎**

　秦の始皇帝の陵墓は陝西省西安の郊外にある。驪山の北、渭水の南にある始皇帝陵を空から見ると、まるでエジプトのピラミッドのようなスケールである。始皇帝陵内部の区画と構造は秦の都・咸陽とそっくりで、地下宮殿や、内外の城壁もすべて咸陽を真似て建造されたものである。始皇帝陵の本体と周辺の副葬地区は66.25平方キロメートルに及び、現在の西安の市街地面積の2倍に当たる。

　始皇帝は13歳で即位してから驪山に自分の墓を修築し始め、中国を統一した後にさらに各地から10万人以上を徴用して墓を築いた。それは、彼が50歳で死去するまで37年間続いた。史料によると、始皇帝陵には珍しい宝物がたくさん安置されており、盗掘を防止するために矢を自動発射する弓の仕掛けもあった。墓室の天井には星辰を表す宝石と真珠が飾られ、床には中国の五大山などの模型が置かれ、その間を河と海を象徴する水銀が流れ、黄金で作った雉子が浮かんでいた。墓室には鯨の油を燃料とする「長明灯」が燃え続け、墓室の周りは大規模な兵馬俑の軍隊に囲まれていた。

　紀元前210年、始皇帝が今の河北省平郷で急死し、遺体は咸陽に運ばれた。2か月後に葬儀が行われたが、始皇帝の女官と墓を建造した職人も共に埋められた。

　『漢書』と『水経注』には、始皇帝陵は紀元前206年に項羽によって破壊されたという記録がある。北魏の『水経注』によると、項羽は咸陽に突入した後、30万人を動員して始皇帝陵内の宝物を運び出したが、30日かかっても運び終

わらなかったという。その後、羊飼いが行方不明になった羊を探してたいまつを持って墓に入り、誤って火が移り墓が燃えてしまった。

しかし、始皇帝が死んで100年ほど後に完成した司馬遷の「史記」には、始皇帝陵の火災に関する記録が何も残されていないため、そのさらに500年後に完成した『水経注』の記録は疑わしいという声も聞かれた。

1949年、新中国の誕生後、中国の考古学者は始皇帝陵の探査を続けてきた。1974年に兵馬俑が発見された後、始皇帝陵本体の周囲に200基以上の探査孔を掘り、盗掘の跡を2か所見つけた。それぞれ陵墓の東北と西にあり、直径約90センチメートル、長さ9メートルに達していたが、墓の中心からはまだ250メートル以上離れていた。

さらに、地下宮殿の城壁が破壊されていないことや水銀の流れが崩れていないことなどから、始皇帝陵本体は盗掘されておらず、ほぼ完全に保存されいるという結論が出された。

■中国歴史解説

● シルクロードの基礎知識

シルクロードは中国古代文明が西方へ伝わった重要なルートであり、中国と西方の経済文化交流をつないだ掛け橋であった。

シルクロードといえば、普通は漢の時代に張騫が切り開いたオアシスルートを指す。東の長安（今の西安）から出発し、中央アジアの乾燥地帯を抜けて西

のローマにたどり着く。このほかシルクロードには南北2本の支線がある。南の支線は敦煌から陽関を出て西へ崑崙山脈を越え、大月氏（今の新疆・アフガニスタン周辺）・安息（今のイラン）・条氏（今のアラビア半島）を経由してローマ帝国にたどり着く。北の支線は敦煌から玉門関を出て、天山南部に沿って大宛・康居（今のカザフスタ南部に当たる）を経由して南西へ進み南の支線と合流する。このシルクロードは「陸のシルクロード」として知られている。

実は、ほかにも2本のシルクロードがある。1本は「西南シルクロード」である。四川から雲南を経てミャンマー北部を通りインド東北部に着き、そこから川を経由してインド西北部へ進み、イラン高原にたどり着く。このシルクロードの歴史は陸のシルクロードより早い。1986年、四川省の広漢市三星堆遺跡で3000年前の西アジアとギリシヤ文化の特徴がある文物が出土した。長さ142センチメートルの金の杖や仮面「青銅縦目面具」、高さ4メートル近い「青銅神樹」、2.6メートルの「青銅立人像」などは東西の文化交流で中国に伝わってきたものであると専門家は見ている。3000年前にすでにシルクロードはあったといえるだろう。

もう1本は、アジア大陸の南の海を結ぶ「海のシルクロード」である。海のシルクロードは広州から海に出て、満刺加海峡（今のマラッカ海峡）を通り、錫蘭（今のスリランカ）、インドなどを経由して東アフリカにたどり着く。東アフリカのソマリなどで出土した文物によって、海のシルクロードが宋朝（960年～1126年）にすでにあったことがわかった。

海のシルクロードを通じて中国はほかの文明国や文化の発祥地とつながり、経済と文化の交流を進めたことから、海のシルクロードは「東西対話の道」と

いわれている。史料によると、イタリアのマルコ・ポーロも海のシルクロードを通って中国に着いたという。

● 長城の関の名前のエピソード

　長城の険しいところには関が設置されている。多くの関の名前の由来はとても興味深いものである。

　「長城第一関」と呼ばれる山海関は、河北省と遼寧省の境界に位置し、長城の東の出発点でもある。山海関の北には燕山があり、南には渤海がある。山海関に登って眺めると、壮大な山と海の景色が一望できることから、山海関という名前がつけられた。

　山海関を建てたのは明代の有名な将軍・徐達である。軍事的な観点から、山と海の両方を抑えられるこの地に山海関を築いた。山海関には4つの門があり、東門の門楼には「天下第一関」と書かれた巨大な扁額が掲げられている。この額は長さ約6メートル、幅1.6メートル、1文字の大きさが1.45メートル×1.09メートルある。明代の進士で有名な書家の肖顕の筆であるが、作者の署名がない。言い伝えでは、肖顕はこの額を一気に書いたが、中の「一」という文字がどうしても満足できない。何回も書いたがそれでも満足できない。そこで居酒屋に行き、一休みしながら考えていた。そのとき、店員が来てテーブルを拭いた後に水の跡が残った。肖顕はこれを見て突然立ち上がり、大声で「いいぞ。いいぞ」と叫んだ。何とこの水の跡が絶好の「一」となっていたのである。肖顕士は、テーブルの水の跡を思い浮かべながら改めて額に字を書いた。こうして今の巨大な額ができた。このため肖顕は署名をしなかったので、この額は珍しい署名なしの大額となった。

　長城の西の起点は、甘粛省嘉峪関市の嘉峪関である。明の洪武5年（1372年）に建てられた嘉峪関は嘉峪山に位置することからこの名がつけられた。また嘉峪関は戦乱に遭ったことがないので、和平関とも呼ばれる。

　山西省平定県にある娘子関は険しい山の中にあり、守るにやさしく攻めるに難しいことから、「三晋門戸」と呼ばれている。この関の元の名は葦沢関である。唐代初期、李淵の3番目の娘の平陽姫が兵士数万人を率いてここに駐留した。武術に優れた平陽姫が率いる軍は娘子軍といわれていた。そこで人々は関の名前を娘子関に変えた。今も娘子関の城の東門には「直隷娘子関」という5文字が刻まれている。

　甘粛省敦煌の西北部にある玉門関は、その昔、新疆和田で産出した玉を内陸に送る際にかならず通ることから、この名が与えられた。

　北京市昌平区にある居庸関は、長城を修築するとき、傭兵たちを住まわせたことから、竣工後そう呼び始めた。

　山西省偏関県にある偏頭関は、ちょっと奇妙な響きの名であるが、偏頭関の周囲は地形が平らではなく東が高く西が低くなっており、おまけに斜めになっていたのでその名がついた。

　山西省代県の谷間にある雁門関の両側にある山は険しくて、雁もなかなか超えられず谷間の下を通って関の前を通るしかないほどだった。このため人々は雁門関という名をつけた。

● **漢字の起源と変化**

　漢字は、世界で最も歴史が長く、最も広い範囲で使用され、最も使う人が多い文字である。漢字の誕生と応用は中国の文化だけでなく、世界の文化の発展にも深い影響を与えている。

　今から、約6000年前の半坡遺跡で50種あまりの符号が発見された。それには一定の規則性があり、簡単な文字の特徴を持っている。これは漢字の萌芽である可能性が高いと専門家たちは見ている。

　漢字が系統的な文字になるのは、紀元前16世紀の商の時代である。商の初期には中国文明はすでに相当高いレベルに達していたが、その特徴の1つは甲骨文字の誕生である。甲骨文字は亀の甲や獣の骨に刻まれた古い文字である。商の時代には国王は何をするにもまず占いをしたが、甲骨文字は占いをするときの道具であった。

甲骨は使う前に加工される。まず甲骨の上についている血や肉を取り除き、磨いてから、甲や骨の裏に刃物で文字を刻む。刻まれた文字の配列にも順序がある。占いをする人や巫術を行う人は、自分の名前と占いの期日、また聞きたいことをすべて甲骨に刻み、火で焼く。熱を受けて甲骨の表面に出てきた裂け目を「兆」という。巫術を行う人は裂け目の形を分析し、占いの結果を出して刻む。そして、占いが当たったかどうかも刻む。もし占いが当たったら、この甲骨は政府の文献として保存される。

今まで、考古学の専門家は合わせて16万枚あまりの甲骨を発見した。ほぼ完全なものもあれば、文字の記載がない破片もある。甲骨に刻まれている文字は4000字あまりあり、そのうち3000字ほどを専門家が研究対象にして、1000字あまりが解読された。この1000文字から商の政治・経済・文化などの情況を知ることができる。甲骨文字は系統的な文字で、商の後の漢字の基礎となった。この後、漢字は、銅銘文（金文）・小篆・隷書・楷書などに変化しながら、現在まで人々に使用されてきた。

漢字が変化してきた過程は、漢字の字形と字体が規範化・安定化してきた過程である。小篆は1つひとつの文字の筆画数を固定した。隷書は新しい筆画システムを構成し、字形が平たい方形となった。楷書が誕生してからは字形と字体が安定し、「横・縦・撇・点・捺・挑・折」という基本の筆画が定められた。書き方も規範化され、各文字の筆画数と筆順も定められた。この1000年来、楷書はずっと漢字の基準と見られている。

漢字は象形文字を基礎に形成文字を主体とした表意文字システムで約10000字ある。そのうち通常よく使われるのは3000字ぐらいであるが、この3000字あまりの漢字は数え切れないほどの単語を構成し、さらにさまざまな文を構成する。

漢字は誕生してから日本やベトナム、朝鮮など周辺諸国に大きな影響を及ぼした。

コラム2　中国古代の偉人伝 1

堯と舜　4000年あまり前、古い華夏族が形成されていく過程で、中華民族に相次いで現れた偉大な人物は堯、舜、禹である。

堯は華夏民族の始祖・黄帝の子孫で、天性聡明、仁愛なる人物であったので多くの人々に尊敬され、16歳にして部落の首領に推挙された。堯が帝位についてから、才徳ある人材を登用し、氏族を団結させた。すべての文官と武官の仕事を監督し、賞罰が厳正であった。また各部族間の関係をとりもち、庶民の生活を安定させた。国は穏やか、政治は清明、世相は和やかであった。

堯の時代に初めて暦法が制定され、労働者は暦法に基づいて時機を失うことなく季節ごとの農事に励んだ。堯の時代は農耕文化が飛躍的に発展した時代でもあった。

堯の時代は洪水に悩まされた時代であり、人間の生活に深刻な影響を与えていた。堯は各部落の首領の意見を聞き入れ、鯀に治水を命じた。

堯が即位してから70年に後継者選びが始まり、各部落の首領は一様に舜を推挙した。これを受けて堯は舜を試してみることにした。

堯は「五典」、すなわち父は義、母は慈、兄は友、弟は恭、子は孝という5つの美徳を以って人民の行為を指導するよう舜に求めた。人民は喜んで従った。堯はまたすべての文官と武官の管理と政務の処理を命じた。さらに国都の4つの門で、謁見に来た諸侯への対応をさせ、最後に堯を一人で山麓の森林へ行かせ大自然を体験させた。

3年の期間を経て堯は帝位を舜に譲った。

舜は生産をおおいに発展させ、水路を整備した。舜の時代に農業技術と工業技術は共に飛躍的に発展した。国を治める面で、舜は庶民と苦楽を共にした。庶民たちの衣食問題を解決するだけでなく、国事を批判することで処罰を受けることも撤廃した。この時代に庶民の生活は安定し、礼儀が重んじられた。政治は明朗であり、物質は豊富で、政治、生産、芸術いずれも輝かしい時代であった。その後、舜は帝位を治水で成功を収めた禹に譲った。

堯と舜は聡明な人や才能のある人を選んで重要な仕事を任せた。心を広く持ち、

高尚な徳行が後の世まで伝えられている。

大禹　4000年前の黄河流域は大洪水が頻繁に起きる地域であった。大禹は、洪水を治めたことにより大衆からの信望が厚かったため、当時の華夏族の首領・舜は帝位を大禹に譲った。大禹治水の物語は後世にまで伝わっている。

堯帝の時代、川は氾濫し、農作物は浸水被害を受け、家屋も倒壊した。人々は高いところへ行かざるを得なかった。堯は部落会議を開き、洪水をなんとか治めようと話し合い、鯀に治水を命じた。しかし9年後、鯀は塞ぐという方法で洪水を治めようと

したがこれに失敗したため、堯帝の後を継いだ舜帝に殺されてしまった。舜帝は、鯀の息子である禹に治水を命じた。禹は水路を整備し、川の水を海へ流す方法をとった。禹は庶民と同じように懸命に働いた。自分の家の前を通っても寄ることなく仕事に没頭した。治水の過程で、禹は多くの測量道具と製図方法をあみだした。

30年間の努力を経て、ようやく水を海に流すことに成功した。土地はまた農作物を栽培できるようになった。この治水の功績を讃えるため、禹は後に大禹と呼ばれるようになった。

3章
観光

■観光資源の概況

　中国は国土が広く、美しい山河があり、輝かしい文化を持っている。民族も多いので、風俗習慣は、場所によりそれぞれ異なる。また特産物も豊富で、工芸品が素晴らしく、各地の名物料理も海外で広く知られている。このような中国の観光資源は豊かで、大きな発展の可能性を秘めている。近年、中国経済の発展と対外開放が進むにつれ、観光業も経済発展の新しい成長ポイントとなっている。現在、中国各地で観光地は増え続け、それに伴いインフラ設備も完備され、中国を訪れる海外の観光客も年々増えている。

　中国の観光資源は豊富で多種多様である。地形的には、海抜マイナス155メートルのトルファン盆地にある「アイディン湖」から、海抜8848.13メートルの世界最高峰の「チョモランマ」まで、高低差は9003メートルに及ぶ。これは、ほかには例を見ない稀な数字である。気候的には、横断山脈地帯では、「一つの山に四季があり、十里ごとに違う空がある」といわれている。

　また、中国は世界文明発祥地の1つで、素晴らしい歴史と輝かしい文化を併せ持ち、現代に伝わる遺産は貴重な観光資源になっている。1949年に新中国が成立して以来、34の省クラスの行政地区に29か所もの旧石器時代の遺跡が発掘されている。

　この数々の名所旧跡の中でも「秦の始皇帝陵」と「兵馬俑」、それに「銅馬車」は世界八大奇跡とされ、「兵馬俑博物館」は毎年100万人の観光客が訪れている。また、敦煌にある「莫高窟」の壁画は世界芸術の宝庫と呼ばれている。さらに、世界に名を知られる「万里の長城」は、中国人にとっても憧れの地である。

　2013年6月22日時点で、中国の世界遺産は45か所にのぼり、そのうち文化遺産が31か所、自然遺産が10か所、文化と自然の複合遺産が4か所となっている。これらの世界遺産には中国の山水、棚田、鍾乳洞、廟祀、殿堂、石窟、皇帝の園林、巧みな建築物なども含まれている。また、これらには中国人の美

意識、信仰と風情が含まれている。併せて5章「世界遺産」を参照されたい。

このほか中国には、56の民族がいるが、それぞれの民族独特の歴史文化と風俗習慣も色彩豊かな人文景観となっている。

■中国の著名な自然景観

●桂林山水

桂林市は中国南西部の広西チワン族自治区にあり、気候は温暖で、湿度も高い。冬は寒くなく、夏も暑くなく、四季もあり緑に溢れ、年間平均気温は19℃である。

豊かな生態環境に恵まれている桂林は、研究によると、約3億年あまり前、一面海であったが、地殻変動により、石灰岩が地上に隆起し、長年にわたる風化と侵食により、美しい峰、神秘的な鍾乳洞などが形成された。これらの特殊な地形と景観、および周囲の美しい田園風景が一体となった絶景は世界にその名を馳せている。美しい山河、神秘的な鍾乳洞や奇峰で形成される桂林山水は、「天下第一」と称賛されている。

また、桂林は2110年の歴史を持つ古城で、悠久の文化を育んできた。国家、自治区、市クラスの重要文化保護財が109か所あり、歴代の文人墨客が残した桂林の山水を詠った詩や仏像彫刻などが至るところに点在している。中でも「桂海碑林」・「西山摩崖石刻」などが有名である。このほか、桂林市の有名な観光

名所は「碧蓮峰」・「七星公園」・「竜勝温泉」・「芦笛岩」・「象鼻山」などがある。

現在、ホテル（星付き）は28、国際旅行社は18社で、外国語の通訳は1000人あまりいる。桂林の観光施設は整備が進み、国内外の各都市を結ぶ直行便も40便を超える。

● 長白山

長白山は中国東北部の吉林省と朝鮮の境界線上にあり、「図門江」・「鴨緑江」および「松花江」などの大河の源である。一面に広がる樹海や、そこに生息する珍しい動物などは1980年に国際生物圏保護区に指定された。

中国東北地区の最高峰と称される長白山は、歴史的には満州族発祥の地でもあり、清朝時代には聖地として崇められていた。ここは著名な観光名所であり、満州族発祥の地、そして朝鮮族の聖山として広く名を知られている。

常に白い雪に覆われた長白山は休火山で、文献によると、16世紀以降3度の噴火が記録されている。また、独特な地形はとても美しく、山頂にある「天池（火山湖）」や「岳樺林」、噴火口付近にできた「地下森林（谷底森林）」をはじめ、「美人松」・「大峡谷」・「高山花園」・「主峰」・「温泉」・「黒風口」・「浮石林」などが有名である。

長白山の特産は、東北の三宝と呼ばれる朝鮮人参、貂（テン）（イタチ科の動物）の毛皮、鹿茸（鹿の袋角を乾燥したもの、漢方で増血・強壮剤などに用いる）がある。また、山には美人松・山葡萄・野生きのこ・東北虎・丹頂鶴など珍しい動植物が数多く見られる。

長白山へは交通の便も良く、韓国のソウルや北京、上海、沈陽から飛行機で延吉に入り、延吉からはバスの便も利用できる。麓や山腹などにさまざまなラ

ンクのホテルもある。

■中国の著名な観光都市

　中国は広大な土地に多くの民族がいて、各都市それぞれに特徴がある。華北地区には中国の首都・北京があり、東部には経済の中心地・上海、西部には風光明媚で民族色豊かなラサ、南部には1年中春のように美しい昆明などがある。各都市は960平方キロメートルの大地に美しく輝く真珠のように散らばっている。

　中国には優秀観光都市が137あり、そのうちの主な都市は北京、天津、重慶、深圳、杭州、大連、南京、アモイ、広州、成都、沈陽、青島、寧波、西安、ハルピン、済南、長春、ラサなどである。また、ハルピン、吉林、鄭州、肇慶、柳州、青島などの10の歴史文化都市もある。

●北京

　北京は中国の首都で、政治、文化の中心である。華北平野の北部にあたり、地理的にはイタリアのローマ、スペインのマドリードと同じ緯度上に位置し、温帯大陸性モンスーン気候である。夏と冬が長く、春と秋は短く、非常に乾燥している。年間平均気温は11.8℃である。

　また、北京は悠久の歴史を持ち、都市としての歴史は3000年前まで遡ることができる。春秋戦国時代（紀元前770年～紀元前221年）に北京に都が置かれ、秦、漢、三国時代には中国北方の重要な都市と位置づけられていた。北京の首都としての歴史は金の時代から始まり、その後、元、明、清の各時代を通して首都として繁栄してきた。過去に34人の皇帝がここで行政を行った。

　1949年の新中国成立後、特に改革開放政策実施以来20年あまりにわたり、北京は日進月歩の変化を遂げ、街には近代的な建物が立ち並び、海外との交流も拡大し、国際都市の仲間入りを果たした。現在は、歴史あるたたずまいと現代的な建物が融合した街並みが多くの観光客を引きつけている。ここ数年、毎年外国からの観光客、数百万人と国内の観光客、数千万人が訪れている。

　悠久の歴史を持つ北京には、多くの名所旧跡や豊富な文化財がある。雄大な「万里の長城」、広大な「紫禁城」、あるいは「頤和園」、「北海」、「香山」、「天壇」など、美しい景色や荘厳な建物を見学していると時間が経つのを忘れるほ

どである。古来からの文化や人物に興味があれば、故居が数多くあり、京劇などを鑑賞することもできる。また、中国の政治、経済、科学技術、軍事などの各分野の発展を知りたい場合は、数百もある博物館などを見学することもできる。自然景観を楽しみたければ、北京近郊の山河を訪ねるのもお勧めである。

現在、北京で有名な観光地は「故宮」・「天壇」・「明の十三陵」・「頤和園」・「八達嶺長城」・「北海公園」・「景山公園」・「圓明園」・「香山」・「中華民族園」・「北京動物園」・「北京植物園」などである。その他にも、「国家博物館」・「中国美術館」・「首都博物館」などは展示品が豊富である。また、2008年北京オリンピックの会場となった「鳥の巣」と「水立方」も人気を集めている。北京を訪れる海外の観光客は後海、南鑼鼓巷、五道営などの観光地で北京の胡同(フートン)文化を楽しむことができる。

● 西安

西安は陝西省の省都で、中国の西北部に位置している。西北内陸部および陝西省の政治、経済、交通の中心地である。

また、歴史上、西安の知名度はほかの都市とは比べものにならないほどで有名で、中国の六大古都（西安、洛陽、南京、開封、杭州、北京）の中でも最も早く都が置かれ、王朝が最も多く存在した。西周、秦、西漢、前趙、前秦、後秦、西魏、隋、唐の王朝がここに都を定め、1000年にわたり古都西安が築かれた。これにより、中国の歴史に多くの影響を与えたことは、ほかの都市には例を見ない。

西安は世界の四大古都でもあり、有名な観光地でもある。世界八大奇跡といわれている「秦の始皇帝の兵馬俑」は臨潼区にあり、6000体あまりの兵馬俑は20世紀の最も偉大な発見といわれている。このほか「大雁塔」・「碑林」・「華清池」・「華山」などの風景区もある。西安は特色ある軽食も多く、「羊肉泡饃」をはじめとする名産を味わうことができる。

● ラサ

ラサはチベット自治区の首府（区都）で、総面積2万9052平方キロメートルである。ヒマラヤ山脈北部に位置し、年間を通じて晴天の日が多く、降雨量が少ないのが特徴である。高原気候で、年間平均気温は7.4℃、降雨量は7月〜9月に集中し、年間平均降水量は500ミリリットル、年間日照時間は3000時間以上で、「日光の城」とも呼ばれている。風光明媚な上に空気もきれいで、

昼は暖かく、夜は涼しいため夏の避暑地にもなっている。

　また、ラサは「世界の屋根」と呼ばれている青海チベット高原にあり、海抜3600メートル以上で、気圧が低く、酸素の含有量は内陸部よりも平均で25～30%少ない。このため、初めて訪れる人は、頭痛や呼吸が乱れるといった高山病特有の症状が出ることもある。旅行のベストシーズンは4月～10月までである。

　チベット語でラサは仙人が住む聖地という意味で、歴史も古く、宗教文化が色濃く残る場所である。市街地の主な観光地は「大昭寺」・「八郭街」・「ポタラ宮」などである。

■中国の魅力的な町（鎮）

　中国の各都市は歴史も古く、なかでも100年近くの歴史を持つ鎮と呼ばれる集落や、完全な状態で保存されている地方の小都市はとても魅力的である。例えば、雲南省の麗江はすでに世界文化遺産に登録されており、小さな町の歴史や文化、古来からの集落の変遷の様子などが多くの観光客を引きつけている。ほかにも周荘、鳳凰古城、陽朔、烏鎮、南潯、大理などが国内外の観光客に注目されている。

●周荘

　周荘は中国東部の江蘇省にあり、蘇州から38キロメートルに位置する。中国の著名な画家である呉冠中は「黄山には山河の美が、周荘には水郷の美がある」と称賛している。海外のマスコミも周荘を中国一の水郷の町と報道しているほどである。

　登湖、白硯湖、淀山湖、南湖などに囲まれ、30あまりの大小さまざまな河川が流れている。家屋は川に沿って建てられ、古典的な庭など、素朴で安らぎを感じさせる佇まいを持っている。60%以上の家屋が明や清の時代に建てられたもので、0.4平方キロメートルしかない周荘には数百もの古典的な庭園と60あまりのレンガ彫刻が施された門がある。また、14の古い橋があり、江南地区の典型的な「橋、水、民家」の古鎮である。この地の静寂な環境は、静かに本を読んだり勉学に励むのにとても良く、古代の役人試験である科挙の合格者を20数人輩出したほか、多くの文人が文学、芸術などの面で功績を残すな

ど、この地の歴史に花を添えている。西晋の文学者・張翰、唐代の詩人・劉禹錫、陸亀蒙なども周荘の人である。

周荘の主な観光スポットは全福寺・澄虚道院・沈庁・富安橋・迷楼などである。

位置的には、周荘は蘇州と上海の間にあり、交通の便も良く、上海、蘇州から直行バスもある。上海からはとても近く、日帰り観光も可能である。そのため周荘には高級クラスのホテルは少ないが、普通のホテルでも衛生面は比較的良好である。

● 鳳凰古城

鳳凰古城は中国中部、湖南省の西にあたるトチャ族ミャオ族自治州に位置し、ニュージーランドの作家・ルイアイリは「中国で最もきれいな古鎮の１つ」と称賛している。清の康熙皇帝の時期にでき、ここには大通りが１本しかない。

また、鳳凰古城は新区と旧市街に分けられ、山に沿って広がる旧市街には沱江も流れており、水も豊かである。南華山にある古い城楼は清の時代に建てられたもので、北の城門の下を流れる川は、人がすれ違うのもやっとという狭い木の橋がかかっている。この橋は昔、城門を出る唯一の通路であった。

中国の現代作家・沈从文の故郷としても有名で、古城内の石畳の路地に故居がある。青いレンガ、白い壁、木の格子窓など文化的な息吹が漂っていて、建物は北京の小さな四合院に似ている。彼の作品の多くは鳳凰古城を描いており、少女の切ないラブストーリーや風習、純粋な人情など描いた最も有名な小説『辺城』は、ここが舞台である。このほか、有名なのは、鳳凰八景と呼ばれる「東嶺」・「南華」・「寺の鐘」・「龍潭漁火」・「美しい嶺」・「小道の木こり歌」・「梵閣

の波」・「渓橋の夜の月」などである。交通アクセスは、まず飛行機で湖南省の吉首市に入り、そこからバスや車を利用する。

■中国の料理

　中華料理は多くの系統に分けられる。そのうち代表的なものとして社会的に認められているのは、山東（魯菜）、四川（川菜）、広東（粤菜）、福建（閩菜）、江蘇（蘇菜）、浙江（浙菜）、湖南（湘菜）、安徽（徽菜）で、"中華八大料理"といわれている。

　中華料理の系統は、長い歴史、こだわりの調理方法と切り離して語ることはできない。またその地方の地理的・気候的条件、特産食材、飲食習慣などの影響も受けている。

　八大料理は擬人化して表現されることがある。江蘇、浙江料理は清楚な江南美人、山東、安徽料理は古風で純朴な北方の男性、広東、福建料理は風流優雅な貴公子、四川、湖南料理は知識や才気あふれる紳士と表現されている。

● 中国八大料理

山東料理
　　　系統　　：済南、膠東両地方の料理が発展したものである。
　　　特徴　　：味は濃厚で、ネギとニンニクを多用し、特に海鮮、コンソメと動物の内臓などの調理法に長じている。
　　　有名料理：油爆大蛤（ハマグリの殻つき炒め）、紅燒海螺（巻貝の煮込み）、糖酢黄河鯉魚（黄河の魚の甘酢あんかけ）

四川料理
　　　系統　　：成都、重慶両地方の料理に代表される。
　　　特徴　　：多彩な味付け、濃厚なだし味が特徴とされる。
　　　有名料理：宮爆鶏丁（鶏肉唐辛子炒め）、一品熊掌（熊掌）、魚香肉糸（細切り肉の甘辛炒め）、干燒魚翅（フカヒレのチリソース煮）、香辣炒蟹（蟹の唐辛子炒め）

江蘇料理
　　　系統　　：揚州、蘇州、南京の料理で構成されている。
　　　特徴　　：調理法は煮込み、蒸し焼き、油炒めに長じる。煮汁など調理し

た際の汁を重視し、素材を生かした味付けをする。
　　有名料理：鶏湯煮干糸（干し豆腐のスープ煮）、水晶肴蹄（豚肉の煮凝り）、清炖蟹粉獅子頭（蟹味噌の肉団子煮込み）

浙江料理
　　系統　　：杭州、寧波、紹興などの地方料理を基にしたもので、中でも有名なのは杭州料理である。
　　特徴　　：淡白、香りと歯ざわりが良く、あっさりとした旨みがある。
　　有名料理：龍井蝦仁（龍井茶と海老の炒め物）、叫花鶏（若鶏を泥に包み蒸し焼きにしたもの）、西湖醋魚（西湖産の魚の甘酢あんかけ）

広東料理
　　系統　　：広州、潮州、東江の三地方の料理で構成され、広州料理が代表的なものである。
　　特徴　　：ソテー、揚げ物、餡かけ、煮込みなどに長じ、味はすっきりと淡白である。また歯ざわり良く、材料の持ち味を重視する。
　　有名料理：三蛇龍虎鳳大会（蛇、猫などの料理）、燒乳猪（子豚のあぶり焼き）、冬瓜盅（冬瓜を器にしたスープ）、古老肉（酢豚）

湖南料理
　　特徴　　：香ばしく、酸味辛味が強く、しびれるような辛さがある。
　　有名料理：冰糖湘蓮（蓮の実の氷砂糖煮）、紅煨魚翅（フカヒレ料理）

福建料理
　　系統　　：福州、泉州、アモイなどの地方料理で構成され、中でも福州料理が代表的である。

特徴　　：海鮮が豊富で、酸味、甘み、塩味、旨みを引き出している。
　　有名料理：雪花鶏（鶏肉と卵のメレンゲ）、桔汁加吉魚（魚のオレンジ煮）、
　　　　　　　太极明蝦（エビ料理）、

安徽料理
　　系統　　：主に長江沿岸、淮河沿岸、徽洲の三地方料理で構成され、中でも徽洲料理が代表的なものである。
　　特徴　　：ハム、氷砂糖による味付けや煮込みに長け、火加減を重視している。
　　有名料理：葫芦鴨子（キノコやもち米をダックに詰め瓢箪の形に整えたもの）、符离集焼鶏（鶏の丸揚げ）

■四川料理

　中国八大料理のなかでも四川料理は最も分布が広い料理である。川菜と呼ばれる四川料理は四川省の郷土料理で、長い歴史を持ち、独特な風味で国内外に知られている。

　独特の味を持つ料理で、色、香り、味、形にこだわり、工夫され、料理の幅広さで知られている。味は主に「痺れる辛さ」・「ピリピリした辛さ」・「塩辛さ」・「甘味」・「酸味」・「苦味」・「香り」と7つの味があるほか、これらを組み合わせ変化に富んだ数十種類の独特の味もある。味の多さ、調理の妙で国内外でも評価の高い料理である。「1つの料理が1つの風格を持ち、百の料理は百の味がある」といわれている。

　調理方法は、食材を生かし、気候や食べる人に合わせて具体的な料理を作る。炒める、あぶる、揚げる、焼く、塩漬けにする、塩水に調味料を加えて煮る、短時間で炒める、漬け込むなど30種あまりの調理法がある。

　また、社会の発展と経済の繁栄に伴い四川料理も本来の形を基に、南方や北方料理の長所および古来からの家庭料理の優れたところを吸収し、北方料理の四川風、南方料理の四川風という味も確立し「食は中国にあり、味は四川にあり」といわれるほどになっている。

　四川料理は味の変化を非常に重視しており、味の濃さの違いだけでなく、薄さの違いもある。唐辛子、山椒、胡椒は欠かせないもので、唐辛子の使用方法

はとってもたくさんある。食材として使われるほか、調味料としても使われる。幅広い味はさまざまな変化があり、お客の好みだけでなく、気候によっても異なる。例えば、冬や春などの寒い時期は辛さがたっぷり必要で、夏や秋の暑い時期には、辛さを弱める。この料理の最も特筆すべきところは、味がハッキリしていることである。濃い場合は濃く、薄い場合は薄く、濃さの中に薄さがあり、薄さの中に濃さがある。濃い味でもしつこくなく、あっさりしていても薄くはない。この厚みのある味は、食べた人を魅了し忘れがたく、絶賛される。

■中国旅行でのビザ

　中国旅行の第一歩として、ビザ取得は非常に重要である。外国から中国へ来る前に、所在国にある中国大使館や領事館で旅行ビザを申請する必要がある。

　2013年9月から新たな規定が実施され、ビザはC、D、F、L、G、J、M、R、Q、S、X、Zの12種類に分けられ、就労、留学、訪問、旅行、通過、乗務、記者、親族・知人訪問などである。そのうち、Lビザは観光ビザで、団体で観光する際には、「団体L」のビザが発行される。

　9人以上から団体として「団体旅行ビザ」の申請ができる。2013年10月1日から実施された中国旅行法には、観光客は違法滞在してはならず、団体観光客は団体を離れてはいけないことが定められている。

　深圳、珠海、厦門などの経済特別区に行く場合、直接これらの地区のビザ申請機関で「特別区旅行ビザ」が申請できる。海南省を観光する場合、滞在期間

が15日間を超えなければ、臨時に海口、あるいは三亜で入国ビザを取得できる。香港にいる外国人が団体で深圳を旅行する場合、72時間以内ならばビザは必要ない。

チベット自治区では、交通、インフラ施設や接客能力などを考慮し、ここを旅行する際は確認書を必要とする。海外の団体がチベットを観光する際には、チベット自治区国際旅行社による手続きが必要で、10～14日間の申請期間が必要である。また、チベットで観光や登山をする海外の観光客は、自国が発行したパスポートと中国大使館が発行したビザが必要となるが、中国とノンビザ協定を結んでいる国の観光客はこれに含まれていない。このほか、チベット山南、阿里、林芝、シガツェなどにある多くの村へ旅行する際は、辺防証が必要となる。また、アメリカ、カナダ、ロシアなどを含む45か国の観光客は第三国のビザと航空券を持っている場合、北京、上海、広州、成都などの都市で72時間以内のトランジットビザ免除を受けることができ、指定行政区域内での活動が可能になる。旅行ビザを持つ外国人は必ず指定された外国人用の入国境審査を受けた後、入国する。

パスポートと旅行ビザがあれば「外国人開放地区」へ旅行でき、中国政府は国内に滞在する外国人の合法的な権益を保護する。ただし、ビザの範囲を超えた活動をしてはいけない。例えば、旅行ビザで、就労、宗教活動、違法取材などを行った場合、処分を受けることになる。また、中国の法律を遵守し、中国の風俗習慣を尊重しなければならない。

もしビザの在留期間を超え、引き続き旅行したい場合は、現地の公安機関でビザの延期を申請できる。旅行終了後、延期したビザの有効期限までに出国検査を受け出国しなければならない。

中国の新しい法律によると、最長滞在期間は180日間、就労と非就労の最短滞在期間はそれぞれ90日間と180日間で、最長滞在期間は5年までとされている。

中国は各国からの観光客を心より歓迎する。しかし、入国後にビザの認定事項に合わない活動を行った場合、中国政府は国際慣例に基づき、当事者の再入国を許可しない。

■中国での輸出入に関する注意

　中国に出入国する場合、必ず中国税関の規定を遵守しなければならない。手続きがスムーズに進み、良い旅ができるよう以下の事項に注意する。

●申告

　旅客が次のような荷物を持って出入国する際は、税関に申告しなければならない。

　　課税対象となるもの、免税範囲を超える量を所有する場合。

　　規定の範囲を超えているが旅行途中で必要な旅客個人用品。

　　中国で輸出入禁止のもの、持ち出しに制限のある文化財、通貨、金銀類やその製品、印刷物、録音録画製品、商用物品やサンプル品、旅客荷物許可範囲を超えたもの。

●レッド・グリーンライン

　申告の必要があり、納税や検査手続きをする場合はレッドライン（赤色の申告検査台）へ進む。申告の必要のない旅客はグリーンライン（緑色の検査台）へ進み通関する。

●一般規定

　すべての荷物は、税関で検査を受ける。税関が許可しない荷物は受け取りや輸送をしてはいけない。

　別送した荷物も「旅客荷物申請報告」にはっきりと記入しなくてはならない。旅客の入国日から6か月以内に輸送される場合、税関検査の上、手続きをする。

税関の検査を経て、認証印が押された「旅客荷物申告報告」は、出入国手続きの際に必要な可能性があるため大切に保管する。

　旅客が骨董品などの文物を持って出国する場合、必ず税関に申告しなければならない。旅客が文物の取り扱い営業証を持つ店（友誼商店など）から文物を購入した場合、税関は「文物古典籍輸出統一出荷証明」と中国文物管理部門の鑑定印章の有無により持ち出しを許可する。旅客が中国国内でほかのルートで入手した文物、例えば友人・知人から贈られた骨董品などは事前に必ず中国文物管理部門の鑑定を受けなければならない。現在、北京、上海、天津、広州など8か所の港に鑑定機構が設けられている。鑑定を経て持ち出しが許可された文物は、文物管理部門が発行する「輸出許可証明書」を取得できる。文物を輸出する場合、税関はこの「輸出許可証明書」で判断する。

■中国での通貨

●中国の通貨

　中国の通貨は人民元で、中国人民銀行が発行する。人民元の単位は元、角、分とあり、1元は10角に相当する。額面は元が1、2、5、10、50、100、角の額面には1、2、5、分の額面には1、2、5がある。RMB¥と表記する。

●外貨両替

　中国で現在両替できる外貨は、英ポンド、ユーロ、米ドル、スイス・フラン、シンガポール・ドル、スウェーデン・クローナ、ノルウェー・クローネ、日本

円、デンマーク・クローネ、カナダ・ドル、オーストラリア・ドル、フィリピン・ペソ、タイ・バーツ、韓国・ウォン、香港ドル、マカオ・パタカ、台湾・ニュー台湾ドルなど17種類がある。また、一部の中国銀行では韓国・ウォン、ロシア・ルーブルおよびインドネシア・ルピアの現金両替サービスも提供している。

　中国での外貨管理規定によると、中華人民共和国内では外貨の流通が禁止されており、外貨で決算してはいけないとなっている。中国に観光に来る外国人や香港、マカオ、台湾の同胞の便宜を図るため、中国銀行およびその他の外貨指定銀行はトラベラーズチェックの取り扱い、国際クレジットカードによる人民元両替などを取り扱う。このほか、上述の20種類の現金外貨の両替も取り扱っている。また、銀行以外にホテル、あるいは商店内でも両替サービスを行っている。両替した人民元が残った場合、出国前後6か月以内有効の外貨両替書があれば人民元を持って出国できる。両替はそれぞれ、その都度レートが異なる。トラベラーズチェック、クレジットカードからの両替や、送金をする場合は購入価格のレートを使い、外貨を人民元に両替する場合などは売却価格のレートを使う。また人民元を現金外貨に両替する場合は、購入価格のレートを使用する。

　注意事項として、1日に両替できる金額は5000ドル以内で、口座残高、あるいは送金金額は5万ドル以内と制限されている。

● **中国で利用可能なクレジットカード**

　現在、中国で使用できる外国のクレジットカードは主に、マスターカード（Master Card）、ビザカード（Visa Card）、アメリカンエクスプレス（American Express Card）、JCBカード、ダイナースカード（Diners Card）である。

コラム3　中国古代の偉人伝2

専制主義中央集権国家の創立者―秦始皇帝　　秦の始皇帝は秦の初代の皇帝であり、本名を政という。戦国時代の末期、秦は最も実力を持った国で、6国を統一する条件を備えていた。即位当初、政は幼かったため、秦の朝政は当時の宰相・呂不韋の手に握られた。紀元前238年、政は自ら国事を行い、呂不韋にかわって尉繚、李斯などを登用した。紀元前236年から紀元前221年にかけて秦は韓、魏、楚、燕、趙、斉を滅ぼし、諸侯割拠の戦国時代を終結させ、中国の最初の統

一多民族の専制主義中央集権国家・秦を成立させた。

紀元前221年、政は自らを始皇帝と称し、全国範囲で分封制、すなわち貴族世襲支配を廃止し、郡県制を実施した。また皇帝の直接統治の下、中央から郡県まで官僚機構を設けた。秦の従来の法律法令を基礎に、6国の法律条文を参考にして、統一した法律を制定した。6国貴族を関中、巴蜀に移住させ、その勢力が再び力を持たないようにした。また民間人の武器の所有を禁止し、手に入れた武器は没収し廃棄することを決定した。

経済では農業を重視し、商業を抑制する政策を実行し、封建土地私有制を支援した。紀元前216年に土地私有制度が確立された。戦国時代の商鞅が制定した度量衡を基準とし、全国の度量衡制度を統一させた。さらに全国の貨幣制度を統一し、全国の水陸交通を発展させた。

文化思想では、秦で使用されていた文字を基に小篆を制定し、全国に広めた。

始皇帝は即位後、蒙恬将軍を派遣し匈奴と戦い、戦国時代の秦、趙、燕3か国の北部の長城を1つにつなげ、臨洮（今甘粛岷県）から遼寧省東部までの万里の長城を修築した。長城の修築は北方の匈奴の侵入を効果的に防ぐことができ、秦王朝の統治を一層強化し、国境の安定を守ることができた。百越地区を占領した後、桂林、象郡、南海などに郡を置いた。秦の末までにその数は36か所から40か所に拡大された。

紀元前210年7月、始皇帝は病死した。

劉邦　劉邦は西漢（紀元前206年〜220年）の初代皇帝であり、中国史上において平民出身の皇帝二人のうちの一人でもある。劉邦は農家の出で、秦の地方の小役人であったが、生産的なことは何もしなかった。服役中の人々を逃がしてしまったため自らも芒、碭山に逃亡した。紀元前209年、劉邦は故郷で農民反乱・陳勝・呉広の乱に呼応した。その後、劉邦は軍を率いて秦の首都・咸陽を征服し、秦は滅亡した。劉邦は秦の苛酷な法を廃止し、「殺人犯は死刑、傷害犯と強盗は処罰する」という法律を定め庶民に歓迎された。

それから、劉邦はもう1つの反秦軍・項羽の軍隊と4年間にわたる楚漢戦争を繰り広げた。紀元前202年、劉邦の軍隊30万人が項羽を包囲し、項羽は自ら命を絶った。紀元前202年、劉邦は山東で帝位につき、漢を建てた。

　劉邦が天下を取る過程で、最も危険にさらされたのは鴻門の宴である。そのとき、項羽の軍事勢力は劉邦より遥かに強く、項羽は劉邦を殺そうとしていた。劉邦は策士・張良とともに項羽の軍隊の駐屯地・鴻門に入り、項羽に和議を求めるが、宴会前に項羽の策士・範増は項羽に劉邦を殺すよう進言した。この計画を実行するために、宴会中に範増は項羽の従弟の項荘に剣舞を命じ、項荘は舞いながらチャンスをうかがい劉邦を殺そうとしたが、この緊迫した状況の中、張良は急いで劉邦の衛兵・樊噲に剣と盾を持たせ軍門の衛士を突き倒して宴会場に突入させた。劉邦は厠へ行くふりをして樊噲に護衛されながら自分の軍に戻った。残った張良は項羽に「沛公は酔ってしまい挨拶ができなかったので、項王に白璧一対を、範増に玉斗一対を奉ずるように私に命ぜられた」と伝えた。これが歴史に残る有名な鴻門の宴である。劉邦は逃げた後、大軍を率いて項羽を打ち負かし、漢王朝を建てた。

孔子　中国の伝統文化を語るとき、欠かすことのできない人物がいる。それは孔子である。1970年代、アメリカのある学者が人類の歴史上で重要な影響を持つ100人を選出した際、中国の孔子をイエスや釈迦などに次いで、第5位に選んだ。一方、中国人にとっては、孔子の影響力は最も大きい。すべての人は多かれ少なかれ孔子学説の影響を受けているといえるであろう。

　孔子は中国儒学の創始者である。2000年来、中国では儒教思想の影響は政治、文化などの面だけでなく、中国人の行動と思考にも及んでいる。儒教思想を中国の宗教思想としてみなす外国の学者もいる。実際には儒教はただ中国古代に流行った諸学派の1つ、一種の哲学思想であり、宗教ではない。ただし、儒教は中国の2000年にわたる封建社会の中で、正統な思想として位置づけられ、長い間その地位を独占していた。

　孔子の思想は中国文化に深い影響を及ぼしただけでなく、アジアの一部の国にも影響を与えた。今日も、華僑をはじめ中国人の海外進出によって、孔子の思想の影響力は世界に広がっている。

孔子は紀元前551年に生まれ、紀元前479年に死去した。古代ギリシヤの有名な学者アリストテレスより100年あまり早い。孔子はまだ3歳のときに、父親に死なれ、その後、母親とともに現在の中国東部の山東省に定住した。孔子の名前は孔丘という。「孔子」は尊称である。昔の中国では、苗字の後に「子」という字をつけることで、その人物への敬意を表したのである。

　孔子が生きた時代は、中国では春秋時代である。その時期、統一した国家体制が破壊され、数多くの諸侯国が現れた。孔子は魯の国に生活していた。魯の国は、当時最も文化が発達した国であった。

　孔子の学説が現れた当初、すぐには主流思想とはならなかった。紀元前2世紀、当時の中国はすでに強大で統一した中央集権の国であった。統治者は孔子の理論が封建社会の安定維持に役立つことに気づき、国の正統的な学説思想として定めた。

　『論語』は孔子の言行を記したものである。内容は主に孔子の語録とその弟子たちとの会話録である。昔の中国では、この本は経典として尊ばれていた。普通の平民であれば、この本の思想を自分の生活の規範としなければならなかった。また出世しようとする人も、この本の真髄をよく理解しなければならなかった。昔の中国では「『論語』半冊で天下を治める」という言い方があった。つまり、『論語』にある半分の理論を覚えることができれば、国を治める十分な才能が備えられるという意味である。

　孔子の学説は内容が非常に豊かで、今でも高い価値を持っている。『論語』の中の一部の言葉は、今日、中国人がよく用いる俗語になっている。例えば、子曰く「三人歩けば、必ずわが師あり」。これは人それぞれが長所を持っていることから、お互いに学ばなければならないということを教えている。

道家思想の創始者—老子（聃）　老聃は姓は李、名は耳で、「老子」と呼ばれる。その出生と死去の年月については不詳であるが、春秋（紀元前770年～紀元前476年）末期楚の国の人であるということがわかっている。言い伝えによると老聃は背が高く、福耳、大きな目、大きな額と厚い唇という顔をしていたそうである。老聃は書物を管理する周の「守蔵室之史」という職務を務めたことがある。そのため、非常に豊富な知識を持ち、当時から名声は大きかった。儒教の創始者・孔子も若いころにわざわざ老聃を訪ね、周の時代の礼儀などについて教えを請うた。後に、周王室が日々衰えていくのを目にした老聃は当時の都・洛陽を後にした。途中、函谷関を通りかかったとき、代表作の『道徳経』上下篇を著作した。その後、牛の背に乗り国境を出た。行き先は誰も知らなかった。60歳まで生きていたと

いう説もあるし、200歳まで生きたという説もあるが、かなり長寿であったといわれている。これは老聃が雑念を払い欲を捨て、道徳の道を修行し続けたことに深く関係している。

『道徳経』は『老子』ともいわれる。全書合わせて5000字を超え、内容が豊富で、中国の重要な古代文化遺産である。老聃は素朴な唯物論の思想家であり、「道」を哲学の最高の型とする第一人者である。「道」はもともと人の歩む道で、四通八達の意味を持っており、当時の人に「法則」の意味で転用されている。老聃は自然の変化と人間の関係をよく観察した上で、「道」に新たな意義を与えた。老聃は「道」は非常に現実的・具体的であり、すべての具体的な事物が生まれる最終的な源であると主張している。

老聃は『道徳経』で万物流転の法則を述べた。福と禍は相互に転化できるものとし、禍は福を育み、福には禍の芽生えがあると主張した。老聃はさらに事物の量の累積による質の変化という点に注目し、「小さな種が大木に育ち、ばらばらの細かい土も高い土台を築くこともできる。困難に負けず、小さな努力を蓄積すれば、最終的には困難を克服し、偉大な事業を成すことができる」と説いた。

老聃は戦争に反対し、「軍隊があるところにはイバラが生え、大きな戦が終われば、必ず飢饉が起こる」と主張した。また統治者の度を超えた重税にも反対した。

老聃の哲学思想は中国の哲学史上において重要な地位にあり、その政治思想は後の先進的な思想家や空想的社会主義の改革者にも大きな影響を与えている。

孟子　孟子は中国戦国時代（紀元前5世紀～紀元前3世紀）の偉大な思想家であり、中国の主流学説である儒教思想を代表する一人である。

孟子の名前は軻といい、紀元前4世紀に実在した鄒の国（現在の山東省鄒城市）の人である。言い伝えでは孟子は魯国の貴族・孟孫氏の末裔だといわれている。孟子が生きた時代は、

百家争鳴の時期であった。孟子は儒教思想の創始者である孔子の思想を継承・発展させ、完全な思想体系を打ち出し、後世にきわめて大きな影響を及ぼしたことから、孔子に次ぐ「亜聖」と称えられている。

孟子は孔子の「徳を以って治める」と言う思想を受け継いだ上、さらに仁政学説にまで発展させ、その政治思想の中心とした。孟子は「親しい人を大切にすること」と「年寄りの長所を認めること」を原則として政治に取り入れ、それによって、階級間の矛盾を緩和させ、封建統治者の長期的な利益を維持しようとしていた。

孟子は一方で、統治者と被統治者の階級を厳格に区別し、「頭脳労働の人は人を治め、肉体労働の人は他人に治められる」と主張し、昔の周の国を模して、天子から庶民までの等級制度を制定した。もう一方で、統治者と被統治者の関係を親と子の関係にたとえ、統治者は両親のように人民の苦難に関心を寄せ、人民は自分の両親に接するように統治者に親しく仕えるべきであると主張している。

孟子の思想は、後世の中国歴代社会の政治や思想、文化、道徳伝統などに大きな影響を及ぼしたが、当時、孟子の学説は権力者には認められなかった。

孟子はかつて「士」の身分で諸侯を遊説し、自分の「仁政」論を推し進めようとした。梁（魏）国、斉国、宋国、滕国、魯国に行ったことがあるが、当時、これらの大国はいずれも富国強兵に力を入れ、暴力的な手段による統一を企んでいた。孟子の仁政学説は「時代遅れ」とされ、なかなか現実のものとする機会を得られなかった。しかしその過程で、孟子もはっきりと個性を表した。孟子は統治者を軽視し、権勢を軽蔑し、戦乱をなくし、民衆を苦難から救い出すことを願った。そして各国の君主と交流を持った際にも終始、剛直で大胆洒刺な態度を変えなかった。

孟子は晩年、教育に力を尽くし、弟子と一緒に『孟子』七篇を著作した。この本には主に孟子の談話のほか、ほかの学派の代表的な人物との弁論などを記録している。孔子に次いで儒教の巨匠として儒教思想に対する継承と発展を反映している。全書は力強さと豊かな感情を持ち、明確に道理を説き、順を追って反駁している。過激な言葉やユーモラスな風刺、激しい罵りも見られる。したがって2000年あまりたった今でも、人々は孟子の激しい情感と素直な個性を感じ取ることができ、偉大な思想家のイメージを生き生きと思い浮かべることができる。『孟子』の魅力は尽きることなく、現在も経典として尊ばれている。

兵家の元祖—孫子（武）　孫子（武）は紀元前6世紀に生まれた中国の偉大な軍事家で、その著作『孫子兵法』は、中国古代において最も名高い軍事理論の名

作であり、世界に最も影響を与えた兵法書でもある。孫武は、古今東西の軍事家が崇拝した兵家の元祖である。

『孫子兵法』は13篇合わせて6000字ほどのものであるが、孫武の軍事思想の体系を体現している。後世、世界古典第一の兵書、兵学の聖典と評された。この本が述べている兵法の思想と哲学思想は軍事、政治、経済などの幅広い分野で利用された。

玄奘　中国で誰もが知っている小説『西遊記』は、四人の仏教徒の弟子がインドにお経を取りに行く物語である。旅の途中、彼らは多くの危険に遭いながら、たくさんの妖怪や鬼、怪物を打ち負かし、ついに成功を収めるのである。この小説の主人公の一人、唐の三蔵法師のモデルとなったのは、中国古代の著名な文化の伝達師である玄奘和尚である。

玄奘は紀元600年、唐の時代に生まれた。幼いころから頭が良く、当時一種の流行でもあった仏教をこよなく愛していた。玄奘は11歳ですでにお経を読み、13歳のとき、当時の文化要地であった洛陽で出家した。その後全国各地の師を訪ね、仏経理論の研究に努めた。18歳のときには仏経界でその名が知られるようになっていた。彼はインド仏教学にある「経蔵」・「律蔵」・「論蔵」を精通したことから、人々から「三蔵法師」と言う名で呼ばれるようになった。

627年、玄奘は唐の都であった長安、現在の西安を出発し、インドのナーランダに向けて旅に出た。ナーランダは仏教の最高学府で、当時すでに700年以上の歴史があり、インド仏教学の権威、また世界各国の仏教徒が目指した場所といえる。

1300年以上も昔、人類は地理に対する知識を持たず、交通の便も良くない情況のなか、徒歩で中国中部からはるか彼方のインドまで行くことは、きわめて困難なことであった。途中、荒れ果てて人気のない砂漠や原生林を通るだけでなく、中国北西部の雪山も越えなければならないのであった。このような困難にも関わらず、敬虔な仏教徒であった玄奘は最後には苦しみや危険を乗り越え、629年の夏、インド北部に着いた。その後インド中部に入り、仏経の6大聖地を訪れた。

631年、玄奘はインドのナーランダで勉強を始めた。彼はそこで5年間学び続け、経典をあまねく読んだ。その後6年をかけてインド各地を遊学した。その間、10人以上もの仏教学の師に学び、多くの深い境地を得て当時一流の仏教学者の一人となった。そして全インドの仏教理論大会をとりしきる身分にまでなり、あらゆる仏教徒の問いに答えた。彼はインドにいた当時から仏教界での名声は高かった。

　643年の春、玄奘は長年かけて集めた仏経と仏像を手に帰国した。当時の中国の皇帝・唐太宗は人を派遣してこれを迎えた。玄奘は、皇帝に役人になるよう求められたがこれを断り、長安の弘福寺に移り住んだ。唐太宗の支持の下、彼は各地の高僧、学者を集め大規模な経典翻訳の場を作り、19年に及ぶ経典の翻訳作業を始めた。

　玄奘の業績は人々の注目を集め、歴代の文人の心情やインスピレーションを呼び覚ました。唐の時代から文人たちは芸術的手法で、彼の業績を神格化し、宋の時代には『大唐三蔵取経詩話』が出版された。その後、明の時代に小説『西遊記』が出され、世に広まったのである。1000年以上経った今でも、彼の物語は人々を魅了し続けている。

鑑真　鑑真は中国東部・江蘇省揚州江陽県の出身で、仏教徒の家庭に生まれた。紀元708年、21歳のとき、長安で受戒し正式に僧侶になると、その後40年にわたり、読経や寺院・仏像の建立に携わった。彼が授戒した僧侶の数は4万人を超え、中には著名な高僧となった者もいる。中国東部における授戒大師と称えられ、その地位は非常に高かった。

　743年、日本人僧の栄叡と普照が揚州に赴き、日本で仏教を広めるよう鑑真に求めた。鑑真はこれを快諾し、航海の準備に入った。彼の呼びかけに対し、21人の弟子が随行したが、1回目の航海は政府の干渉を受け失敗に終わった。2回目の航海は、軍艦を購入し仏像や仏具、薬品、食料などを調達した。弟子をはじめとする随行人の数は85人となった。しかし中国大陸を離れてまもなく、嵐によって船が破損し、帰港を余儀なくされた。修理を終え3回目の航海を試みたが、沖合で座礁しまたも失敗に終わった。

　3度の失敗にもかかわらず、鑑真はあ

きらめなかった。744年、彼は再び航海を試みたが政府の反対によって引き返すことになった。748年、61歳になった鑑真は楊州を出発し、4回目の航海を試みた。しかし台風に遭い、中国南部・海南島に流されてしまった。やっとのことで楊州に戻り、再び5回目の航海に出たが、これも失敗に終わった。この5回目の航海は損失も大きく、日本人僧の栄叡と鑑真の弟子である祥彦が相次いで病死した。鑑真自身も過労により両眼を失明した。

　それから5年の年月が流れ、66歳になった鑑真は失明という困難にも負けず再度日本へ向かった。753年10月19日、楊州を出発し12月20日、ついに日本の土を踏んだ。そして朝廷から庶民まで、熱烈な歓迎を受けた。日本の朝廷は鑑真をねぎらい、戒壇の設立と授戒を全面的に任せた。756年には大僧都にも任命した。かつてないほどの厚い待遇であった。その後、鑑真は弟子たちとともに唐律招提を建立した。現在日本では、唐招提寺として親しまれている。763年5月、鑑真は76歳で円寂し、日本で埋葬された。

　鑑真は日本で10年を過ごし日本文化の発展や中日文化交流に大きく貢献した。鑑真が日本へ来たころ、中国ではちょうど唐文化が繁栄していた。鑑真も来日の際、刺繍職人や画家、玉職人などを同行させ、絵画や刺繍、玉器、銅鏡などといった工芸美術の珍品や、大量の真筆法帖(ほうじょう)を持ち込んだ。鑑真が伝えた中国の文化と芸術は、日本の天平文化に影響を与えた。

　天平文化の核心にあるのは仏教文化であるが、鑑真はこの仏教分野において、最も日本に貢献している。鑑真が中国流に建設した唐招提寺は、その後の日本における仏教建築の手本となった。仏像製作でも、それまでの日本には銅鋳造や木彫の技術しかなかったが、鑑真の来日後は大きく変わり、唐の仏像のような写実主義へと向かう。また乾漆像は、天平芸術のなかで最も誇れる芸術品となった。鑑真の死後に作られた鑑真像も乾漆像であるが、この製造技術は鑑真の弟子たちが伝えたものである。

　また鑑真は中国医学を日本に伝えた。自ら光明皇太后の治療にもあたった。両眼を失明していたが、薬の知識は確かなものであった。

　鑑真は日本で過ごした10年間、中日人民の友好のために尽力し、中日文化交流史において大きな業績を残した。1973年、当時の中国の副総理・鄧小平が日本の唐招提寺を訪ねた際、寺の長老たちから「鑑真和尚座像を里帰りさせてはどうか」との申し出を受けた。1980年4月19日、鑑真座像は楊州で公開され人々から熱烈な歓迎を受けた。

4章
建築

■中国建築の概況

　中国建築は西洋建築とイスラム建築と共に世界三大建築に数えられている。中でも、中国建築は世界で唯一、木質構造を主にした建築であり、中国人の倫理観、美意識、価値観、自然観を具現化したものである。長い歴史と奥深い文化に根ざした中国建築は、主に次の点でその芸術性を表している。具体的には、皇帝の権力を至上とする思想と厳密な序列観を反映し、宮殿や都市計画面での成果が最も高いこと、組み合わせの美を重要視し、建築群は中軸対称式の配置を主とすること、自然を尊重し、自然環境との高度な調和を重んじること、中和・親近感・含蓄といった深みのある美への追求を重要視していることである。

　建築は、歴史と文化を高度に凝縮した芸術的表現である。儒家の伝統思想の影響を受け、中国の古代建築は完璧を求め、中庸で調和的な美学的特徴を持っている。また、「道法自然（道は自然にのっとる）」、「反者道之動（反る者は道の動なり）」という道家の思想により、山水草木、鳥獣虫魚、亭台楼閣といった知識人が好む庭園スタイルが形成された。南宋時代から、世界では唯一無二の「風水説」もまとめられ、建築の場所の選定や間取り、工事期間の決定、または禁忌の回避などで役割を果たしている。

　歴史から見て、中国建築は芸術において特色と技法についての国際交流を重んじ、日本や朝鮮、ベトナム、モンゴルといった国の建築に大きな影響を与えている。現代の中国建築は伝統を守りながら、他国の芸術の特色を取り入れ絶えず発展している。

　漢民族の建築のほか、中国の少数民族の建築にも特徴があり、中国の建築体系を多彩なものにしている。

　中国建築は大きく宮殿建築、寺院建築、庭園建築、陵墓建築と民家の5種類に分けられる。

宮殿建築

　宮殿建築は宮廷建築ともいう。皇帝が統治をさらに強固にし、自分の権力を見せつけ、精神面と物質面の生活を満足させるために造ったスケールの大きい建築物である。この種の建物は壮観そのものである。

　秦の時代から「宮」は皇帝および皇族の住まいとなり、宮殿は皇帝が朝廷の政務を執る場所となった。歴史上で有名な「宮」としては秦の阿房宮、西漢(前漢)の未央宮などがある。その後、中国の宮殿建築の規模はますます大きくなった。その特徴は大きな斗拱(柱の上にある、縦の部材と横の部材を結ぶ木を組み合わせるもの)や黄金色の瑠璃瓦の屋根、綺麗な浮き彫りが施された天井、漢白玉の土台や壁、柱などである。

　皇帝の権力を至上とする思想と序列観を表すため、中国の宮殿建築には厳格な中軸対称の配置方式が採用されている。中軸線にある建物を大きく華麗にして、その両側の建物を小さく、シンプルなものにすることである。また中国の礼儀思想には祖先への尊敬、親孝行の提唱、五穀を重んじ土地の神を祭るといった内容が含まれ、宮殿の左前方に祖先を祭る「祖廟」(太廟ともいう)を設け、右前方に土地と食糧の神を祭る社稷(社は土地、稷は食糧の意)壇を置く。このような配置を「左祖右社」という。宮殿自体も2つの部分に分けられ、これを「前朝後寝」という。「前朝」は皇帝が政務や式典を行う場所で、「後寝」は皇帝と皇后、妃らが住む場所である。

● 北京の故宮

　中国の宮殿建築を代表するものといえば、北京の故宮である。故宮は「紫禁城」とも呼ばれ、明から清の時代の皇帝合わせて24人が暮らした宮廷である。敷地面積は72万平方メートルで、部屋の数は900あまりある。高さ数メートル、全長3400メートルあまりの赤い壁に囲まれており、壁の外はお堀となっている。

　故宮は前後2つの部分からなっている。前の部分は皇帝が大きな式典を行い、命令を発する場所である。主な建築は太和殿、中和殿、保和殿で、漢白玉で造られた高さ8メートルの土台の上に建てられている。故宮の後ろの部分は「内廷」といい、皇帝が政務を執り、妃らが住む場所である。主な建築は乾清宮、坤寧宮、御花園などであり、いずれも生活感に溢れている。このほか花園や書

斎、築山などが造られ、それぞれ独立した庭園となっている。

　時代の移り変わりや戦乱により、現在も残っている宮殿建築はそれほど多くはない。北京の故宮、瀋陽の故宮のほか、西安に漢や唐の時代の宮殿遺跡が数か所残っている。

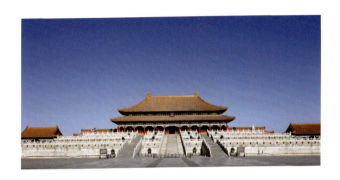

寺院建築

　寺院は中国の仏教建築の1つである。寺院建築は、最初はインドで造られ、中国では北魏時代に盛んになった。これらの建築は中国の封建社会の文化の発展と宗教の盛衰の記録であり、重要な歴史的、芸術的価値を持っている。

　中国の古い時代の人々は、陰陽宇宙観や対称性、秩序、安定を求めるといった美意識をもとに建築物の配置を決めた。このため中国の寺院は先祖と天地を祭るという中国特有の機能を持ち、四角い形で、南北に中軸線を引くという配置を取り、対称式で安定感のある建築群となっている。また庭園式の寺院もよく見られる。この2種類の配置により、中国の寺院は穏やかな雰囲気をたたえ、自然の趣に富み、奥深いものとなった。

　昔の寺院はほとんどが正面の真ん中が山門となっていて、山門を入って左には鐘楼、右には鼓楼、正面には天王殿がある。殿内には四天王の像が置かれ、天王殿の後ろには大雄宝殿、蔵経楼があり、その両側に僧舎、斎堂が置かれている。境内の中で最も重要で大きな建物は大雄宝殿である。「大雄」はお釈迦様の意味である。隋や唐の時代より前の時代の寺院は寺院の前か境内の中心部に仏塔が造ってあるのが一般的であるが、それ以降の時代は仏塔の代わりに仏殿を造り、境内の別のところに仏塔を置いていることが多い。

●洛陽の白馬寺

　河南省洛陽にある漢時代に建てられた白馬寺は、中国の朝廷が造った初めての寺院である。白馬寺の敷地は長方形で、広さは約4万平方メートルある中国、東アジアおよび東南アジアの仏教の発展を強く推進した寺院であるため、今でも多くの信者が白馬寺を礼拝の聖地としている。

●五台山の仏教建築

　山西省の五台山は中国で有名な仏教の聖地である。この山には58か所の古代仏教建築が保存されているが、中でもよく知られているのが唐の時代に建造された南禅寺と仏光寺である。南禅寺は中国で現存のものとして、最も早く建造された木構造の寺院である。仏光寺の建物には中国の各時代の建築様式が取り入れられており、寺院の建物と像、壁画、墨跡は「四絶（4つの絶妙）」と呼ばれ称えられている。

●ポタラ宮

　ラマ教（チベット仏教）は中国仏教の宗派の1つである。ラマ教の寺院の特徴として広い仏殿、高さのある経堂、建物がほとんど山を背にしていることがあげられる。チベットのラサにあるポタラ宮は典型的なラマ教の寺院である。唐の時代に建てられたポタラ宮はいく度もの修繕を経て、膨大な建築群となった。建物全体が山の地形に合わせて造られており、素晴らしいものとなっている。建築面積2万平方メートルあまりで、中には殿堂が20数か所ある。正殿には、お釈迦様が12歳のときの等身大の金メッキの銅像が据え置かれている。ポタラ宮は典型的な唐代建築の要素を持ちながら、ネパールやインドの建築の

特色も備えている。

このほか、承徳の「外八廟」や北京の雍和宮も有名なラマ教建築である。

庭園建築

中国の庭園建築は歴史が長く、世界の庭園史上にもその名をとどろかせている。今から3000年以上前の周の時代に、中国初の宮廷庭園が造られた。庭園造りは魏や晋の時代以降に盛んになり、庭園を造って楽しむという意識が広まった。その後、各時代の都や地方の有名な都市ではいずれも庭園が造られた。中国の都市の庭園は多彩で、世界の3大庭園体系において輝かしい地位を占めている。

山水を主とした中国の庭園は独特で、変化に富んだ配置になっている。人工の美を自然の美と一体化させ、建築物を山水の中に隠して、自然の美をさらに高いレベルへ引き上げている。中国の庭園建築は雄大な皇室庭園と巧みな造りの個人庭園からなっており、庭園のイメージで分類すれば"治世の境"、"神仙の境"、"自然の境"の3種となる。

実際を求め、社会的責任感を強く持ち、道徳倫理の価値と政治的意義を重んじるという儒学の思想が庭園造りに反映されると"治世の境"となる。"治世の境"のようなイメージはよく皇室庭園に見られる。自然と心身の落ち着きを重んじる道家の思想が庭園造りに反映されるとロマンチックな美意識となり、"神仙の境"のようなイメージになる。"神仙の境"は皇室庭園と寺院庭園によく反映されている。円明園の蓬島瑶台、四川省青城山の古常道観、湖北省武当山の南岩宮などがその例である。また"自然の境"は写意を重んじ、庭園所有者の感情の表現に重点を置いている。このような庭園は文人の庭園に多く見られる。例えば、宋の時代の蘇舜欽の滄浪亭、司馬光の独楽園などである。

中国と西洋の庭園の違いといえば、西洋の庭園は幾何学のルールに従い、建築物そのものを重んじるが、中国の庭園は自然景観と鑑賞者の感覚を中心とし、天と人の融合を重んじる点である。

●蘇州庭園

1997年に世界遺産に登録された蘇州の古典庭園は中国の庭園建築の芸術的特色を数多く備えている。蘇州庭園は2000年を超える歴史を持ち、現存の名園は10数か所ある。ほとんどがせまい敷地の中に変化に富んだ芸術的な要素

を用いる手法をとっている。中国の山水と花鳥の趣があり、唐詩と宋詞のイメージを表現し、限られたスペースに築山や樹木、亭台楼閣、池、橋などを据え置き、小さな風景から大きな風景が見えるという芸術的効果を出している。中でも有名なのは、滄浪亭、獅子林、拙政園、留園などである。

● 円明園

　中国で最も有名な皇室庭園で、「万園の園」とも呼ばれる北京の円明園は、中国各地の異なった庭園芸術を一身に集めているほか、一部では西洋の建築様式を参考にしている。園内の建物は技巧に優れ、形はさまざまで無限の趣が表されている。華やかで美しい庭園であったが、1860年に中国を侵略した英仏連合軍の放火により破壊された。現在、人々は残された垣根や瓦からしか、名園のかつての風貌を思い描けなくなってしまった。

　円明園の遺跡は北京の北西郊外にある。一般的には円明園と呼ばれるが、実際はその付属の庭園である長春と綺春園（万春園）も含んでおり、「円明三園」とも呼ばれている。清の時代、北京の北西郊外には5か所の離宮庭園、すなわち"三山五園"（香山静宜園、玉泉山静明園、万寿山清漪園、円明園、暢春園）があったが、このうち円明園が最大であり、広さは347ヘクタールである。

　円明園は当時、中国で最も立派な離宮であった。乾隆帝から「天と地の優れたものを吸収した場所であり、帝王の巡遊には最高の場所」と称賛された。また、宣教師の手紙や報告などによってヨーロッパにも広く知られ、18世紀のヨーロッパの自然風景園の発展に影響を与えた。

陵墓建築

　陵墓建築は中国古代建築の重要建築の1つである。中国の古代の人は、「死んでも魂は滅びない」という考えから葬式を重んじ、どの階層でも陵墓造りに工夫した。長い歴史の中、中国の陵墓建築は大きく発展し、世界でも稀に見る膨大な皇帝・皇后陵墓群が生まれた。同時に絵画や書道、彫刻などの芸術と徐々に融合し、多様な芸術の成果を反映する総合体となった。

　陵墓建築は中国の古代建築の中で、特に雄大で規模の大きい建築群の1つである。そのほとんどが自然の地形に合わせて、山を背にして造られているが、少数ながら平原地帯に建造されたものもある。陵墓建築はだいたい四面に壁が築かれ、壁ごとに入り口が設置され4つの角には角楼が置かれている。陵墓の前には参道が敷かれ、その両側には人間や動物の石像がある。園内には松や柏が生い茂り、慎み深く静かな雰囲気をつくっている。

●秦の始皇帝陵

　陝西省西安の驪山の北麓にある秦の始皇帝陵は中国で最も有名な陵墓であり、今から2000年以上前に建てられた。「世界で8番目の不思議」とも呼ばれる兵馬俑が、この陵墓を守る"部隊"である。秦の始皇帝の兵馬俑は雄大であり、彫刻や俑の技術レベルも高い。1987年に世界文化遺産に登録された。

秦の始皇帝の兵馬俑

　陝西省の西安付近は中国の帝王陵墓が比較的集中している場所であり、秦の始皇帝陵以外にも、西漢（前漢）の11人の皇帝と唐の18人の皇帝の陵墓がある。西漢の皇帝陵墓のうち、漢武帝劉徹の茂陵が最大で、埋蔵された宝物も最

多である。また唐の皇帝陵墓の中では、太宗李世民の昭陵がとりわけ広い。園内には功績の大きい大臣や親族の陵墓が17か所あり、地上のみならず地下も貴重な文物となっている。最も有名なのは彫刻「六駿図」である。

● **明と清の皇帝陵**

明と清の皇帝陵は中国の帝王陵墓の中で保存状態が最も良い。明の皇帝の陵墓は主に北京の昌平にあるもので、「十三陵」と呼ばれている。明が北京に都を置いた後の13人の皇帝の陵墓群である。敷地面積40平方キロメートルで、陵墓には13人の皇帝のほか、皇后23人、および妃や王子、王女、女中なども数多く埋葬されている。

明の十三陵は雄大で、景色が素晴らしく、中国で現存するものとしては最も集中的で完成度の高い陵墓建築群である。規模が最も大きいのは長陵（明成祖朱棣）と定陵（明神宗朱翊鈞）である。考古学によれば定陵の地下宮殿の石構造は非常に強固で、周りの排水設備も良好であり、浸水がきわめて少ないという。また石の構造で崩れているところは1か所もなく、昔の職人の技術の高さを証明している。

中国現存の陵墓建築のうち、最も規模が大きく、建築体系が完全な皇室陵墓といえば清東陵である。敷地面積は78平方キロメートルで、清の皇帝5人、皇后14人のほか、妃100人あまりが埋葬されている。陵墓内の主な建物はいずれも洗練され、精巧なものばかりである。

中国の民家

中国各地の住宅建築は最も基本的な建築であり、最も早く出現し、かつ最も広く分布している。このため数も一番多い。中国各地の自然環境や文化の違いにより、住宅にはさまざまな違いが現れている。

● **北京の四合院**

中国の漢民族の地域で伝統的な民家といえば、まとまった形の住宅が主流であり、中でも中軸対称式の配置を取る北京の四合院が代表格である。北京の四合院は前後2つの庭からなり、中央にある「正房」の格が最も貴く、家庭内の儀式を行ったり、来客を迎える場所となる。四合院の部屋はすべて庭に面しており、回廊でつながっている。北京の四合院は中国の封建社会の規則と家庭制度が建築として具現化されたものである。庭が広く、暮らしやすい大きさで、

静寂の中にも温かみを感じさせる。庭には花や木が植えられ、理想的な室外空間となっている。華北、東北地域の住宅のほとんどがこのような広い庭付きの家となっている。

● 堂屋と土楼

中国南部地域に見られる住宅はコンパクトで、2階建て以上の建物が多い。その代表格は面積が小さく、長方形の天井を中心とした「堂屋」である。この種の住宅の外観は簡素な四角形で、特に南部の省でよく見られる。

福建省の南部、広東省の北部、広西チワン族自治区の北部に住む「客家」の人の多くは大型の集合住宅に住んでいる。形は丸いものも四角いものもある。住宅の中心には平屋があり、周りを4階から5階建ての建物で囲まれている。このような建築は防御性が高く、福建省永定県の客家土楼が有名である。永定県の客家土楼は方形、円形、八角形、楕円形などの形があり、合わせて8000棟以上ある。規模が大きく形も綺麗で、実用的でありながら特色を帯び不思議な空間となっている。

福建の土楼は地元の土、砂、石、木材を使ってまず個々の部屋を造り、そしてそれらの部屋を縦、横につなげ、固く閉ざされた防御目的の城郭のような住宅様式を形成する。土楼は強固で安全であり、密閉性が高く強い宗族的特徴も持っている。楼内には井戸や食糧倉庫があり、戦争や強盗などに遭った場合は門を閉じれば侵入されず、数か月は食べ物や水の心配がない。また冬は暖かく夏は涼しく過ごしやすいほか、地震や強風にも耐えられることから、客家の人々が代々暮らす伝統建築となった。

● 少数民族の居住用建築

中国の少数民族地域の居住用建築も多様である。例えば、北西部にある新疆ウイグル自治区の住宅は平屋根と土壁が多く、1階から3階建てで庭もある。チベット族の典型的な住宅である「碉房」は、外壁は石で築かれ、内部は木構造の平屋根の家屋である。蒙古族は一般的には移動可能な「パオ」に住んでいる。また南西部の少数民族は、山を背にし川に面した木構造の欄干式の楼閣に住んでおり、楼閣の下は開放的である。中でも一番特徴があるのは、雲南のタイ族の「竹楼」である。南西地域の民家ではミャオ族、トゥチャ族の「吊脚楼」が独特である。「吊脚楼」は一般的に斜面に建てられており、土台がなく柱に支えられている。2階か3階建てで、最上階の天井は低く、食糧の貯蔵に使わ

れる。楼の下は物を置いたり、家畜を飼う場所となる。

● 北方の窰洞と古城の民家

　中国は土地が広く、民族も多く、各地の民家は様式、構造、装飾、色遣いなどでさまざまな特徴を持っている。ここでは主に、明らかな個性を持つ北方の窰洞と古城の民家を紹介する。

　中国北方の黄河中流・上流地域では、窰洞式の住宅が多い。陝西、甘粛、河南、山西などの黄土地域では、天然の土壁の内部に洞窟を掘り、いくつかの洞窟をつなげた後、洞窟内にレンガと石を築いて窰洞を造る。窰洞は防火、騒音防止機能があるほか、冬は暖かく、夏は涼しく、土地の節約にもなり経済的である。また自然と生活をうまく融合させ、その土地の条件に合わせて造った完璧な建築様式である。黄色い土地に対する人々の愛着を現している。

　また中国には、よく保存されている古城もある。これらの古城の中にはたくさんの古代民家がある。このうち山西の平遥古城と雲南の麗江古城は1998年に世界遺産に登録された。

● 平遥古城

　平遥古城は、現存するものとして最も完全に保存された明、清の古い県都であり、中国の漢民族が中原地区に造った古い県都の代表ともいえる。現在もこの古城の城壁、街道、民家、店舗、寺院などは完全な形を保っており、その建築配置と風貌もほぼ昔のままである。平遥古城は中国の政治、経済、文化、軍事、建築、芸術などの歴史を研究するのに「生きた標本」となる。

● 麗江古城

　南宋時代に建造された麗江古城は、ナシ族の伝統建築と外来の建築の特色を融合させた唯一のものである。麗江古城は中原地区の都市建築の礼儀制度の影

響を受けておらず、道路網は不規則で、城壁もない。黒龍潭はこの古城の主な水源であり、その水はいくつかの細い川となって城内に流れ込み、水網を形成した。城内には細い川が至るところにあり、川岸には柳が垂れている。

■中国古代建築の概況

　中国の古代建築は漢民族の木造建築を主体とし、各少数民族の優れた建築も含まれている。紀元前2世紀から紀元19世紀の半ばまで、閉鎖的かつ独立した体系を形成し、高い審美的価値と工芸水準を持ち、深い文化的意味もある。中国の古代建築芸術は世界でも歴史が長く、分布が広く、個性ある独特な芸術体系となっている。日本や朝鮮、ベトナムの古代建築に直接的な影響を与え、17世紀以降にはヨーロッパの建築にも影響を及ぼしている。

　中国は土地が広く、民族も多いため古代の人たちは異なる自然や地理条件に合わせ、さまざまな構造や芸術スタイルの建物を建造した。北方の黄河流域では、風雪と寒さを遮るために木材と黄土で家を建て、一方南部では、土と木材のほか、竹とアシも建築材料となっている。また南部の一部では、湿気を防ぎ、風通しを良くするために、家の下に欄干式の構造を取り入れている。さらに山間部の建築物には石材が多く使われ、林地では井戸式の建物が多く見られる。

　中国の古代建築の発展は3つのピーク期があった。秦から漢の時代、隋から唐の時代、明から清の時代である。この3つのピーク期には共通点がある。それは宮殿、陵墓、都城、防御施設、水利施設など代表的な建築物を大量に造り、建築様式や材料選びなどの面で後世に影響を与えていることである。中でも秦の時代の始皇帝陵や隋の時代の趙州橋、明と清の時代の紫禁城などは、今日でも中国古代建築の芸術的魅力をアピールしている。

　しかし風や雨の浸食、戦争による破壊などにより古代建築は消えてしまった。現存するのはほとんどが唐の時代（紀元7世紀）以降のものである。

唐代の建築

　唐代（紀元618年〜907年）は中国の封建社会の経済、文化発展のピーク期であり、この時代に建築面の技術や芸術も大きく発展した。唐代の建築の特徴は雄大なことと、厳密で整っていることである。

中国の建築群の全体計画はこの時期を境に日増しに成熟していった。唐の都である長安（現在の西安）と東都である洛陽では巨大な宮殿、庭園、官署が造られ、建築の配置もさらに規範化し合理的なものとなった。当時、長安は世界最大の都市で、その都市計画も中国の古い都の中では最も整っている。長安城内の帝王宮殿である大明宮はきわめて雄大であり、その遺跡の広さは明と清の故宮である紫禁城の3倍以上である。

　唐代の木造建築は芸術加工と造形の統一を実現させており、斗拱、柱、梁なども含め、すべての部分が力強さと美しさの融合を表している。唐代の建築は素朴かつ穏やかで、色遣いは簡潔で明るい。山西省五台山の仏光寺大殿は典型的な唐代建築である。

　また、石やレンガ造りの建築も唐代に大きく進展した。この時代の仏塔はほとんどレンガや石で造られている。例えば西安の大雁塔と小雁塔、大理の千尋塔など現存する唐代の塔は、すべてこのような造りである。

宋代の建築

　宋代（紀元960年～1279年）は中国の政治や軍事が比較的衰弱した時代であった。しかし経済や手工業、商業などは発展し、科学技術も進歩したことから、建築レベルは一層高まった。この時代の建築は唐代の雄大なものから繊細かつ秀麗なものに変わり、装飾を重んじるようになった。

　宋代の都市は通りに面して店が設けられ、同じ業界の店が集中する配置となり、消防、輸送、商店、橋梁などが新たに発展した。例えば「清明上河図」では、

北宋の都である汴梁（現在の河南省開封）の商業都市としての風景が描かれている。この時代、中国各地では規模の大きい建物は建造されなくなり、その代わりに建築の構造に力を入れた。主体となる建物を目立たせるため、奥までの空間を層に分け、装飾や色遣いにも工夫も凝らした。また実用性があり、綺麗で外壁が多様である楼閣も飛躍的な発展を遂げた。黄鶴楼や膝王閣などに保存されている絵画から、当時の楼閣の様子を垣間見ることができる。山西省太原市の晋祠の本殿および「魚沼飛梁」は宋代建築の典型である。

　宋代の建築の成果は、主に次の点に反映されている。まずレンガや石造りの建築レベルが絶えず高められたことである。この時代のレンガや石造りの建築は主に仏塔と橋梁である。浙江省杭州の霊隠寺塔、河南省開封の繁塔、河北省趙県の永通橋などがその代表となる。また経済、社会がある程度成長したことから、この時代を境に趣を重んじる庭園が流行り始めた。代表的なものは蘇舜欽の滄浪亭、司馬光の独楽園である。さらに宋代には、建築設計と施工に関する中国唯一の規範的な書籍『営造法式』が発行された。これは建築技術を全面的に説明した専門書籍である。

元代の建築

　元代（紀元1206年〜1368年）の中国は蒙古族の統治者が作った広い国土を持つ軍事帝国であった。しかしこの時代の中国は経済、文化の発展が遅く、建築の発展もほぼ停滞状態にあり、建築物のほとんどが粗末なものであった。
　元代の都である大都（現在の北京北部）は規模が大きく、その形も継続され

た。明と清の都である北京の大きさはこの時代に固まったもので、正方形の街づくりは幾何学の概念を表している。現存する元代の太掖池万歳山（現在は北京の北海の瓊島）は当時、絶景とされた。

元代の統治者が宗教、とりわけチベット仏教を信仰したことから、当時は宗教建築が盛んであった。北京の妙応寺の白塔は元代のチベット仏教の塔で、ネパール人が設計、建造したものである。

明代の建築

明代（紀元1368年～1644年）から中国は封建社会の末期に入った。この時代の建築様式はほとんどが宋代のものを受け継いだもので、はっきりとした変化はない。しかし建築の設計では規模が大きく、雄大であることが特徴である。

この時代の都市計画と宮殿建築はすべて後世に受け継がれた。都である北京、および中国に現存する最大の古城である南京は明代の都市計画と運営に恵まれ、清代の帝王の宮殿も明の宮殿を基にしたものであった。明代の都・北京はもとの街を基礎に改築された。完成後は、外城、内城と皇城の3つの部分からなっている。社稷壇（現在の中山公園）、太廟（現在の労働人民文化宮）と天壇はいずれも明代の傑作である。

明代は広大な防御建築である万里の長城の修築を続けた。長城の多くの重要な区間の城壁と関所はレンガ造りで、建築水準は最高であった。明代の長城は、東は鴨緑江から西は甘粛の嘉峪関まで長さ5660キロメートルである。山海関、嘉峪関などの有名な関所は中国の建築芸術のオリジナルの傑作であり、北京の八達嶺長城、司馬台長城なども比較的高い芸術的価値を持っている。

　明代の建築は木質構造の芸術と技術が発展した。公的な建築は比較的、厳密で穏やかであり、その装飾なども定型化しつつあった。また部屋の装飾品にはレンガやガラス、木材など異なる材質が使われた。レンガや陶器を焼く窯が発展したことから、レンガは民家の壁によく使われるようになった。

　中国の建築群の配置は明代になって徐々に成熟期を迎えた。南京の明孝陵と北京の十三陵は地形と環境をうまく利用して、陵墓の荘厳な雰囲気を持つ傑作となった。また、明代には江南地域の官僚や地主の個人庭園造りも非常に発達したほか、家具も世界に名を馳せた。特に風水が明代に最盛期を迎えた。これは中国の建築史上では独特な文化現象で、その影響は近代にまで及んでいる。

清代の建築

　清代（紀元1616年～1911年）は中国最後の封建王朝である。この時代の建築はほとんどが明代の伝統を受け継いでいるが、発展や革新も見られ建物はより巧みで綺麗になった。

　清代の都である北京は明代の風貌をほぼ継続している。城内には20の高く雄大な城門があり、中でも内城の正陽門が最も迫力がある。明代の宮殿をそのまま使った清代の皇帝は大規模な皇室庭園を造った。それらの庭園建築は清代の建築の真髄であり、その中には円明園と頤和園が含まれている。

　清代の建築の特徴といえば、まず建築群の配置や装飾、設計が成熟したことである。特に庭園建築は、地形または空間に合わせた造形のレベルが高い。また建築技術も刷新され、主にガラスの導入やレンガ造りの建築の進歩などの面に反映されている。さらに中国の民家も豊富多彩で、自由な様式が見られる。

北京の雍和宮

　同時に、独特なチベット仏教の建築も盛んになった。従来の単一な処理法にこだわらず、多様な建築様式を造った。北京の雍和宮、および承徳に建造されたいくつかのチベット仏教の寺院がその代表である。

■中国の近代と現代建築の概況

　中国の近代建築は、アヘン戦争から1949年の新中国建国までの時期の建物を指す。歴史上、中国の伝統的な建築文化は20あまりの王朝を経て受け継がれてきたが、1840年のアヘン戦争勃発後、その営みは寸断の危機にさらされた。

近代建築の特色

　新中国建国前、中国の古い建築体系はまだ数的な優位性を持っていたが、新たに劇場や酒場、旅館などの娯楽、サービス業の建築、および百貨店、野菜市場などの商業建築も現れ始めた。西洋の建築スタイルも見られるようになり、上海、天津、青島、ハルビン、大連などの租界あるいは占領された都市には外国の領事館、商店、銀行、ホテル、クラブなどの外来建築も建てられた。そのうち最も早く出現した西洋建築は教会であった。

　この時期の重要な特徴は住宅の変化である。近代の住宅様式は大きく2種類に分けられる。1つは伝統的な住宅に由来するもので、例えば里弄、里院、竹筒屋、騎楼などである。もう1つは西洋の一戸建てか長屋住宅に由来したもので、例えば別荘やマンションなどである。この代表格は上海の石庫門の里弄に

ある住宅である。

　このほか近代の民族建築も相次いで現れ、新たな機能や技術、造形と民族文化との融合が実現した。中国で初の建築家と建築学者もこの時期に登場し、現代における中国の古典建築の伝承と発展を研究し続けた。1928年に中国建築士学会が成立した。

● **南京中山陵**

　南京中山陵は、中国の偉大な民主革命の先駆者である孫中山の陵墓であり、南京市・東郊外の鐘山にある。陵墓は1つの建築群となっている。山の地形に合わせて徐々に上がっていくような造りで、非常に雄大である。敷地は大きな鐘のような形をしていて、鐘の先端は麓にあたり、半月状の広場となっている。中山陵は南から北へ中軸線が徐々に高くなり、広場、石坊、参道、陵門、碑亭、祭堂、墓室の順に建築物が置かれている。建築スタイルは中国と西洋の融合で、鐘山の雄大さと陵墓内の建物が、広い緑地と階段によって一体となり、壮観そのものである。「中国の近代建築史上の第一陵」とも呼ばれている。

● **上海和平飯店**

　上海和平飯店は1929年に建てられ、当初は華懋飯店と呼ばれた。シカゴ学派ゴシック式の建築で、高さ77メートルの12階建てである。花崗岩で造られた外壁、ピラミッド形で青銅瓦の塔楼や回転ドア、広いロビーと廊下、大理石の床と柱、銅製のシャンデリア、9か国のスタイルを集めた唯一無二のスイートルームなどがある。建物全体は重厚かつ華やかで、「極東の第一楼」とも呼ばれた。

コラム4　新疆の歴史と観光

歴史　新疆の旧名は西域で、2000年あまり前から、統一された多民族国家である中国の一部となっている。紀元前60年、漢王朝が西域都護府を設立したことから、新疆は前漢の直轄地となった。現在のバルハシ湖とパミール地区も当時の西域都護府の管轄範囲に入っている。その後1000年の間、新疆地区は中国中央政府と付属関係になり、中央政府が新疆を管轄する諸行政機関を設置してきた。

今から300年あまり前の清代の中央政府は、新疆のイリー地区の恵遠城にイリー将軍府を設立して全新疆を支配した。後の1884年、新疆は省クラスの行政区となり、新疆と内地各省との連絡もより緊密になった。

1949年9月、新疆は平和解放され、同年の10月1日、中華人民共和国の成立によって、ほかの一級行政区とともに民族自治権を持つ行政区域となった。

観光　新疆は豊富で独特な観光資源に恵まれている。珍しい自然風景としては、雪山の銀世界と炎天下の盆地、それに砂漠とオアシスを一気に楽しめる。そして歴史にゆかりのある名所旧跡もあれば、異文化が味わえる民族エリアもある。2010年現在、新疆の国際レベルの景勝地と観光モデルエリアは106か所で、5A級観光地は4か所、4A級観光地は7か所である。有名な観光地には天池、カナス湖、ナラティ草原、ボステン湖、サリム湖、バインブルック草原などがある。

新疆の文化系観光資源も豊かで、5000キロメートルあまりに及ぶ古代シルクロードにおける南、北、中と3本の主要路線上には数多くの古城、墓、千仏洞、古田遺跡などがある。交河故城、高昌故城、楼蘭遺跡、キジル千仏洞、香妃墓などは国内外に名を馳せており、中外文化交流の証であると同時に、輝かしいシルクロード文化をアピールしている。

・カナス湖：アルタイ密林の奥にある高山湖—カナス湖は、ブルチン県の県庁所在地から 150 キロメートル離れたところにある。「カナス」とはモンゴル語で「峡谷の中の湖」という意味である。湖面の海抜は 1374 メートル、深さ 188.5 メートル、水面面積は 45.73 平方キロメートルである。

カナス湖の周りには、雪峰が聳え立ち、湖や山の景色に混じってすばらしい景観を見せている。中国唯一の南シベリア系の動植物保護区で、落葉松、赤松、トウヒ、モミなど 800 種類もの珍しい木々とたくさんのポプラが茂り、39 種類の獣類、117 種類の鳥類、4 種類の両生爬虫類、7 種類の魚類と 300 種類の昆虫類がそれぞれ生息している。また、ここにしか生息していない種類も含まれている。区内は自然環境が美しく森や草原が広がり、川もあれば湖もあるため、観光、自然保護、科学的調査や歴史と文化に非常に高い価値がある。

・楼蘭古城：楼蘭古城は新疆南部のロプ・ノールの北西岸に位置し、昔はシルクロードの要衝であったが、今は砂漠やヤルダン地形、塩殻地に囲まれ荒れ果てて閑散とした地となった。

史書の記載によると、紀元前 2 世紀、古代の西域地区で最も栄えていた楼蘭は、その 500～600 年後に突然姿を消した。楼蘭古城が一体どのように消えていったのかは、長い間、内外の考古学者や科学者の課題となっている。神秘的な環境にある楼蘭は世界の探険家たちの憧れの場所である。

考古学的結果によると、楼蘭古城は自然の変化と人類による破壊のため河川の流れが変わり、砂嵐に浸食され徐々に砂漠に埋もれていった。敷地面積は 12 万平方メートルで、城壁は泥や葦、枝などでできていたことがすでに解明されている。また当時、川は北西から東南へと城内を流れていた。城内には仏塔やその周辺の建物だけが残っており、古城の周りにはのろし台や穀倉、古墳などの遺跡

がある。その古墳からは3800年前のミイラ「楼蘭美女」が出土している。今、古城内には陶器、フェルトやシルクの破片、古代の銅銭や武器など多くの文化財が保存されている。

・千仏洞：新疆地方に延々と続くシルクロードには、世界でも名高い関所、砦、石窟、宿場、古墳とのろし台などが残っている。キジル千仏洞とベゼクリク千仏洞は有名な石窟で、石窟内の彫刻壁画は中国、インド、ペルシアの文化的要素が融合し、独特な芸術的風格を呈している。また、当時の各民族の生産様式と生活様式を表している。

　ベゼクリクとはウイグル語で「山の中腹」という意味で、この千仏洞はトルファン市の東北に位置し、6世紀から14世紀にかけて造られたものである。また壁画の構図は綿密で色彩も素晴らしく、人物はふくよかに描かれ、莫高窟の唐代画風を受け継いだものとされている。石窟内の壁画はひどく破壊されてしまったものの、なおも面積1200平方メートルあまりに達する壁画が残っている。これはウイグル仏教芸術の中で最も重要で、保存度の良い代表的な芸術の宝庫として、西域地区の歴史、文化と芸術を研究する上での貴重な素材であると公認されてい

る。
・トルファン：新疆中部の低い盆地の中に「火の洲」と呼ばれるところがある。ここは、優れた葡萄がたくさん採れる「葡萄溝」で有名になったトルファンである。地下水資源が豊富な独特の地理条件に恵まれていることから、トルファンでは葡萄やスイカなど多くの果物が栽培されている。また、乾燥した気候で雨量が少ないため果物の糖度がかなり高い。こうした美味しい果物を食べることも、トルファン観光の大きな楽しみである。

「城は葡萄の中に、人も葡萄の中に」といわれるように、トルファンは「葡萄の王国」であり、人々の話題に上ってきた。史書によると、2000年前からすでに葡萄の栽培が始まっていたという。

トルファンの街を歩いていると、至るところに昔ながらの素晴らしい葡萄園があり、どの民家でも葡萄棚を見ることができる。そして、特殊な方法で作られる干し葡萄も名産である。通気性の良い土で造られた「蔭房」と呼ばれる建物で、自然の熱風を利用して葡萄を干すと、みずみずしい緑色で少し酸味を帯びた甘い干し葡萄ができ上がり、とても好評である。

トルファン市政府は観光客のために、「葡萄通り」を区画した。ここには多くの葡萄の道や、葡萄パーク、葡萄博物館もある。葡萄溝の美しい景色を楽しんだ観光客は、自分で摘み取った葡萄をここで味わうことができる。

・カシュガル：カーシーことカシュガルは「シルクロードの真珠」という美称を持ち、長い歴史を持つ文化の町である。

タリム盆地西端の最も古いオアシスの1つ、カシュガルは「塞外にある江南」といわれ、中国の重要な綿の集散基地の1つでもある。

カシュガルは豊かな天然資源に恵まれ、独特な自然景観、砂漠観光、氷河探検、高山観光などは全国から観光客を集めている。またカシュガルは、長い歴史を持

ち多くの文化遺産がある。エイティガール寺院やアパク・ホージャ墓地（香妃の墓）、マハマド・カシュガリ墓地、ヤルカンド・カーンの国の遺跡などはいずれも有名な景勝地で、これらの遺跡からウイグル文化と建築芸術の特徴を知ることができる。

「カシュガルに行かなければ新疆の魅力はわからない」という言葉があるように、歴史ある文化、庶民的な風情、独特な自然景観と文化遺産により、カシュガルは新疆地域で最も代表的な観光地となった。

・ホータン：ホータンは古くから「于闐」といわれる西域地区で有名な古国で、ユーラシア大陸の中心部に位置するシルクロード南端の要衝である。各国の使者、商人と旅人が行き交うこの地には各民族の人々が暮らし、東西の文化もぶつかり融合している。

ホータンは、北はタクラマカン砂漠に面し、南は崑崙山に接しているため神秘的な雪山と砂漠、奇異な湖と草原、密生した森、のどかな田園といったいろいろな絶景が見られる。玉石、絹、絨毯と果物が有名で、「玉城」・「絹都」・「果物の郷」などの美称がある

5章
世界遺産

■文化遺産

●竜門石窟

　竜門石窟は中国中部河南省洛陽市南郊外12.5キロメートルのところに位置し、竜門峡谷の崖の両側にある。両側の山が対峙し、伊水川は崖の真中を流れていることから、初めは『伊門』という名前がつけられ、唐代以降『竜門』と呼ばれるようになった。ここは交通の要所で、風景が美しく、気候が温暖で、文人墨客が好む地であった。良質の岩石は彫刻に適し、古代の人々はこの地を選び、石窟を開削した。

　竜門石窟は、甘粛省の敦煌莫高窟、山西省大同の雲崗石窟とともに、「中国の三大石刻芸術の宝庫」と称されている。竜門石窟は、北魏孝文帝（471年〜477年）の時代に開削され、400年あまりをかけて完成され、1500年の歴史を持つ。南北の長さは約1キロメートルで、石窟が1300か所あまり、窟壇が2345個、石碑などの彫刻が3600あまり、仏塔が50あまり、石仏が9700体あまりある。賓陽中洞、奉先寺および古陽洞が最も代表的なものである。

　賓陽中洞は、北魏時代（386年〜512年）の石窟で、24年間で完成された。洞内には大仏像が11体ある。本尊は釈迦牟尼像で、顔が端整、表情が優雅で、北魏中期における石刻芸術の傑作であるという評判がある。本尊の前に二頭の石獅子がある。釈迦牟尼像の両側には弟子が二人、菩薩が二体ある。洞中には、多くの菩薩と弟子の石仏があり、天井には飛天仙女が彫り込まれている。

　奉先寺は竜門石窟の中で最大の洞窟で、長さと幅はそれぞれ30メートルあまり、唐代（618年〜904年）の石刻芸術の風格を代表した。奉先寺の彫塑群は優れた芸術作品といえる。そのうち、盧舎那仏像が最も代表的な芸術作品とされている。高さ17メートルの盧舎那仏像は、顔がふっくらとし、目が秀麗、表情が優雅で落ち着いている。本尊の両側には菩薩、天王、力士と供養人がある。

　古陽洞は、竜門石窟の中で一番早く開削されたもので、内容が最も豊富で、

北魏時代のまた1つの代表的な洞窟である。洞内には、ぎっしりとした小仏壇、石仏がきちんと並べられ、仏壇と石仏には、彫刻者の名前や彫刻の年月およびその由来が刻まれてあり、どれも北魏の書道や彫刻技術を研究する上で最も貴重な資料である。中国の書道史における一里塚と称した『竜門二十品』のほとんどが古陽洞に集中している。『竜門二十品』は、竜門石窟の石碑彫刻による書道技術の精華である。

竜門石窟では、宗教、美術、書道、音楽、服飾、医薬、建築および内外の交通に関する実物や資料が大量保存されている。竜門石窟は大型石刻芸術の博物館ともいえる。

竜門石窟は2000年11月30日、世界の文化遺産として「世界遺産リスト」に登録された。世界遺産委員会は、「竜門地区の石窟と仏壇は、中国北魏後期から唐代（493年～907年）における規模が最も大きい、最も優れた造形芸術を表した。これら仏教をテーマとする芸術作品は、中国の石刻技術の最高レベルを示した」と語った。

● **雲崗石窟**

雲岡石窟は、中国北部山西省大同市西部16キロメートルのところにある武周山の南麓に位置している。石窟は北魏興安2年(453年)から開削し始められ、大部分の石窟は北魏がその都を洛陽に移す前に（494年）完成し、石仏の彫刻は正興時期(520年～525年)続けられた。石窟は山に沿って開削されたもので、東西に延々約1キロメートル伸びている。その気勢は雄壮で、彫刻の内容は豊富多彩である。現存された主な洞窟は45か所、大小仏壇は252か所、石仏は

5100 体を超え、そのうち、最大の石仏は高さが 17 メートルで、最小のものはわずか数センチメートルしかなかった。洞窟には菩薩、力士、飛天の姿が生き生きとしている。仏塔の柱の彫刻は精巧に施し、秦、漢時代（紀元前 221 年～紀元 220 年）の現実主義的芸術の風格を引き継ぎ、また隋、唐時代（581 年～907 年）のロマン主義のものを切り開き、甘粛省の敦煌莫高窟、河南省の竜門石窟とともに『中国の三大石窟群』と呼ばれ、世界にもよく知られた有名な石刻芸術の宝庫の 1 つでもある。

　雲岡石窟の石仏彫刻の気勢は雄壮で、彫刻の内容は豊富多彩であり、造形は生き生きとしており、5 世紀における中国の石芸術のベストだと称され、中国古代の彫刻芸術の宝庫であるとも見られている。開削の時期を見ると、早期、中期、後期に分けられ、異なる時期の石窟の石仏はそれぞれの特徴を持った。早期の『曇曜五窟』は、最初に著名な僧侶曇曜の指揮の下で彫刻されたものである。道武帝以後の北魏時代の五人の皇帝の容貌に基づいて真似して作った『曇曜五窟』の気勢は、壮観で、純真、質朴の西域の情緒を持っている。中期の石窟は精巧に施し、細かく彫刻され、その装飾の模様は華麗で、北魏時代の芸術風格を示した。後期の石窟の規模は小さいが、石仏の姿勢は痩せ、全身は比例して均衡がとれ、中国北方の石窟芸術の手本である。このほか、石窟で現存された音楽をしたり、踊りをしたり、また雑技をしたりした人物の彫刻も当時流行った仏教思想の体現であり、北魏時代の社会生活の反映でもある。

　雲岡石窟は、インドおよび中央アジアの仏教芸術が中国の仏教芸術に発展させる歴史を生き生きとして記録し、仏教の石仏が中国の民族的特徴を反映している。各種の仏教芸術の石仏は雲岡石窟で仏教芸術を集大成したものとなったから、形成された『雲岡パターン』は、中国の仏教芸術発展の転換点となった。敦煌莫高窟や竜門石窟の中の北魏時代の石仏は、いずれもある程度、雲岡石窟の影響を受けた。

　雲岡石窟は、中国の特徴を持つ石窟芸術の開始である。中期の石窟にある中国の宮殿式建築彫刻およびこれを基礎に発展してきた中国の特徴を持つ仏像壇は、後の世紀に、石窟寺の建造で幅広く活用された。後期の石窟の全体の配置と装飾模様は、濃厚な中国式の建築と装飾風格をよりよく展示し、仏教芸術の『中国化』の一層の深化を反映した。

　雲岡石窟は、2001 年 12 月、ユネスコによって『世界の文化と自然遺産リス

ト』に登録された。世界遺産委員会は、「山西省の大同市にある雲岡石窟は、5世紀から6世紀にかけた中国の優れた仏教石窟芸術を代表した。その中、『曇曜五窟』の配置や設計は厳密で、一体化され、中国仏教芸術の初めてのピーク期における経典的傑作であった」と評価した。

● 周口店『北京猿人』遺跡

　周口店の『北京猿人』遺跡は、北京市西南部48キロメートルの房山地区周口店村の竜骨山に位置している。この地区には山と平原があり、東南部は華北地区の大平原で、西北部は山間地区である。周口店付近の山間地区は石灰岩で、水により多くの異なる天然洞窟が形成された。山間地区の山頂には、東西の長さが140メートルの天然洞窟があり、『猿人洞』と呼ばれた。1929年、この洞窟で古代人類の遺跡が初めて発見され、『周口店第一地点』と称せられた。

　周口店遺跡は、華北地区の重要な旧石器時代の遺跡で、そのうち最も有名な遺跡は『周口店第一地点』で、すなわち『北京猿人』遺跡である、この遺跡は1921年、スウェーデンの地質学者アンターソン氏が初めて発見したもので、その後、多くの学者は、この遺跡の周辺で発掘を行った。1927年、カナダの学者ブダソンは、周口点遺跡に対して本格的な発掘を行うとともに、この遺跡で発見した猿人の3枚の歯を『中国猿人北京種』と正式に命名した。1929年、中国の考古学者斐文中は、発掘の中で『北京猿人』の初の頭蓋を発見し、世界の注目を集めた。

　周口店遺跡の発掘は80年間あまり続けられ、現在、科学的考古作業は依然として進められている。『周口店第一地点』遺跡で40メートル以上のものを発掘したが、洞窟で堆積されたものの半分しか占めていない。周口店第一地点で

発見された火を使った遺跡は、人類が火を使った歴史を数十万年繰り上げた。この遺跡で、5つの厚い灰燼層と3か所の灰の堆積物および生のとき焼いたと思われる大量の動物の骨が発見された。灰燼層の最も厚いところは6メートルに達した。これらの遺跡は北京猿人が火を使うことができるだけでなく、火種を保存する方法も覚えたことを物語っている。遺跡で数万件に上った石器が出土され、これらの石器の原料はいずれも遺跡の付近で取られたもので、小型の石器の数と種類は一番多い。早期の石器は粗雑で、形が大きく、叩き切る石器である。中期の石器は形がだんだん小さくなり、先のとがった刃物が大量に作られた。後期の石器は小型になり、この時期の石器であった。

　出土された物が立証されたように、北京猿人は、おおよそ今から70万年前から20万年前までは周口店辺りに住み、狩猟を主とする生活をしていた。北京猿人は古猿人シナントロプスからホモサピエンスに進化した中間段階における原始人類であった。この発見は、生物学、歴史学および人類の発展史における研究できわめて重要な価値を持っている。

　北京猿人やその文化の発見と研究によって、19世紀ジャワ人が発見されて以来、『直立歩行人』が一体、猿人であったか、それとも人であったかどうかという半世紀近くの間に残された疑問が解決された。事実が立証されたように、人類の歴史の夜明け時代、人類の体質形態、文化の性質から社会組織までなどの面で『直立歩行人』の段階が確かにあり、彼らは『南猿』の後輩で、ホモサピエンスの祖先であった。『直立歩行人』は、猿人から人類までの進化過程における重要な中間環節にある。今までに、「直立歩行人」の典型的形態は依然として周口店北京猿人を標準としており、周口店遺跡は依然として同じ時期に

発見した古人類の遺跡の中でその資料が最も豊富で、最も系統的、最も価値のある1つである。ユネスコ世界文化遺産機構によって、周口店北京猿人遺跡は1987年12月に『世界の文化と自然遺産リスト』に登録された。世界遺産委員会は、「周口店『北京猿人』遺跡の科学的考古作業は依然として進められている。現在までに、科学者はすでに中国猿人が北京猿人に属した遺跡を発見した。中国猿人は約更新世中期、いわゆる旧石器時代に生活をしていた。また、各種の生活用品および紀元前1万8000年から紀元前1万1000年の新人類の遺跡に遡ることができる。周口店遺跡は太古時代アジア大陸の人類社会でまれに見る歴史的証拠であるだけでなく、人類の進化過程をも反映した」と評価した。

● 麗江古城

麗江古城は、中国西南部雲南省麗江ナシ族自治県に位置し、宋代末から元代初期（紀元13世紀後期）に建設されたものである。麗江古城は、海抜2400メートルあまりの雲南・貴州高原にあり、面積は3.8平方キロメートル、昔からよく知られる市場と重鎮である。現在、6200世帯があり、人口が2万5000人、その中で少数民族ナシ族の人口が最多である。住民の30%は今も銅や銀を用いて工芸品を作るほか、毛皮、皮革、紡績および醸造業を主とする手工業と商業に従事している。

麗江古城の道路が山に沿い川の両岸にあり、彩色の石で敷き詰められていることから、雨季は泥化せず、乾季は埃が立たない。図は自然で古朴で、町の雰囲気とよくマッチしている。古城の中心にある四方街は町のシンボルである。

麗江古城内にある玉河には354を数える石橋が架けられてあり、1平方キロメートル当たり93の橋があるという計算になり、その中で鎖翠橋、大石橋、

万千橋、南口橋、馬鞍橋、仁寿橋などが最も有名で、明と清の時代に立てられたものである。

　麗江古城内にある木府は、昔土司木氏の役所で、元代（1271年〜1368年）の時代の建物で、1998年再建された後、博物院に改名された。木府の敷地面積は約3ヘクタール、中には、大小の部屋が162あり、歴代の皇帝から授けられた11の扁額が掲げられ、木氏家族の盛衰の歴史を反映している。

　城内にある福国寺の「五鳳楼」は、明代万暦29年（1601年）に立てられたもので、高さ20メートルである。建築物の形が飛んできた5匹の鳳凰とよく似ているため、「五鳳楼」と呼ばれた。楼内の天井には、さまざまな図案が描かれ、漢民族、チベット族、ナシ族などの建築芸術風格を受け継ぎ、中国古代建築の中でまれに見るもので、典型的なモデルとされている。

　白沙民家建築群は、麗江古城以北8キロメートルのところにあり、宋代における麗江地区の政治、経済、文化の中心地であった。建築群は南北線上にあり、中心には梯子型の広場があり、4本の道は整然として東西南北という4つの方向に延びている。白沙民家建築群の構築と発展は、その後の麗江古城の科学的配置に基盤を築いたと見られている。

　束河民家建築群は、麗江古城西北部4キロメートルのところにあり、周辺の小さい町の1つとされ、建築群の配置は入り混じっていて趣があり、「四方街」と似ている。「青竜」川は建築群の中心を貫き、川に架けられた青竜橋は明代（1368年〜1644年）に造られたもので、麗江古城内の最大のアーチ型の石橋である。

　麗江古城は長い歴史を持ち、自然で古朴であり、漢民族、ペー族、イ族、チベット族などの民族の精華を受け継ぎ、ナシ族の独特な風格を持ち、中国の建築史と文化史の研究にとって重要な遺産である。麗江古城は、豊富な民族の伝統的文化を持ち、ナシ族の繁栄と発展を具現し、人類文化の発展を研究する上で重要な歴史資料でもある。

　麗江古城は高い総合的価値を持つ歴史的文化都市で、地方の歴史的文化と民族の生活、風俗習慣、人情などを集中的に反映し、当時の社会進歩の特徴をも反映している。麗江古城は重要な意義を持つ少数民族の伝統的居住区で、都市の建設史と民族の発展史の研究に貴重な資料を提供し、貴重な文化遺産である。

　麗江古城は、1997年12月ユネスコによって、「世界の文化と自然遺産」に

登録された。世界遺産委員会は、「麗江古城は経済、戦略的要地を、険しい地勢と一体化させ、古朴の風情を完全に保存している。古城の建築は各民族の文化特徴を融合させていることは、世界によく知られている。麗江古城はまた、古い給水システムを持っており、縦横に入り組んでいるこの給水システムは今でも、重要な役割を果たしている」と評価している。

● **万里の長城**

『世界の7つの奇跡』の1つとされる万里の長城は、世界で建造の時間が一番長く、工事規模が最大である古代の軍事防御施設であり、その雄大な城壁は東から西へ山々を越え、砂漠を突き抜け、中国北部の地に延々と7000キロメートル以上も続く。万里の長城は1987年ユネスコによって『世界の文化と自然遺産』に指定された。

万里の長城の築造は紀元前9世紀から始まり、当時、政権を握った中原地区の支配者は北方民族からの侵入を防ぐため、境界にある関所、のろし台、あるいは城堡を城壁でつないで、長城を形成させた。春秋戦国時代まで、各諸侯国は覇を唱え戦争を頻繁に引き起こしたことから、相手を警戒するため境界付近の山脈を利用して長城を築造した。

紀元前221年、秦の始皇帝は中国を統一した後、北方の蒙古大草原の遊牧民の侵入を防ぐため、各諸侯国がそれぞれ築造した長城をつなぎ、東が遼寧省から西が甘粛省まで全長5000キロメートルに達した。秦の後、漢と明の時代にも1万キロメートル建造した。2000年あまりの歴史の中で、各時期の支配者はそれをもとにして修築を続け、全長5万キロメートルを超え、地球を一回りすることができる長さとなった。

現存された長城はほとんど明の時代（1368年～1644年）に築かれたものである。万里の長城は西が甘粛省の嘉峪関から東が東北地区の遼寧省の鴨緑江の川辺まで、9つの省や直轄市、自治区を経て全長7300キロメートルで、人々に「万里の長城」と呼ばれ、月から見える唯一の建造物とされる。防御施設であった万里の長城は、山を抜け、砂漠や草原、沼沢を越え、通った地形がきわめて複雑である。

　長城の城壁はほとんどがレンガで造られ、石積みを施したところもあり、また地形によって自然の断崖を利用したところもあり、重要な場所は内外両面を硬いレンガで覆いかぶせたこともある。城壁の大部分は山の一番高いところにあり、最高14メートル、平均は約7.8メートルで、城壁には100か所もの険しい関所、何千何万もの見張り台やのろし台がある。これらのものを城壁とつなげた万里の長城は起伏する地形を一層雄大で、素晴らしい芸術的魅力を持たせている。今日最も壮観な北京西北部の八達嶺付近にある長城は、その高さが9メートル、幅は上部4.5メートル、10人の隊列が横並びに移動でき、上には凸字形の女垣を築き銃眼を開いた。八達嶺にある長城はきわめて上質のレンガで特に強固に築造され、最も完全な形で保存されている。

　万里の長城はきわめて高い歴史的文化と観光の価値を持っている。中国には「長城に上らなければ、好漢とはいえない」という言葉がある。現在よく保存されている長城には、北京にある八達嶺、司馬台、慕田峪、長城の東端にある「中国の第一雄関」と呼ばれる山海関、および甘粛省にある嘉峪関などがあり、いずれも有名な長城遊覧の景勝地として知られ、国内外の観光客を引きつけている。

　万里の長城は中国古代の何千何万もの勤労者の知恵と汗で造られ、中華民族の精神のシンボルとなっている。1987年に、八達嶺長城は「世界の文化と自然遺産」に指定された。

●敦煌莫高窟

　中国西北部にある敦煌莫高窟は世界で現存する規模が最も大きく、保存が最も良い仏教芸術の宝庫である。1987年、敦煌莫高窟はユネスコによって「世界の文化と自然遺産」に登録された。世界遺産委員会は、「敦煌莫高窟は彩色塑像と壁画で世界によく知られ、1000年にわたって続いた仏教芸術を示した」と高く評価した。

中国西北部甘粛省敦煌市郊外には、「鳴沙山」という山がある。鳴沙山の東麓の絶壁の上に、南北全長約2キロメートルの山腹に5段階に分けて数え切れない石窟が掘られた。これが世界的に有名な敦煌莫高窟である。

　莫高窟の開削は、前秦の建元2年（366年）から始まり、歴代の王朝の修造を経て洞窟の数は絶えず増え、7世紀唐の時代に、莫高窟には1000個の洞窟があった。したがって、莫高窟は「千仏洞」とも呼ばれていた。洞窟には、大量の彩色塑像と壁画がある。敦煌莫高窟は、古代シルクロードの交通の要所に位置したことから、東西の宗教、文化および知識を融合しあう接点でもあった。外来のさまざまな文化芸術と中国の各民族の芸術が融合された莫高窟は、豊富多彩な芸術風格を持った。これによって、芸術宝庫といわれた莫高窟は素晴らしい景観を呈している。

　歴史の移り変わりと人的破壊にあったにもかかわらず、莫高窟には今なお500の洞窟があり、5万平方メートルの壁画と2000体あまりの彩色塑像が保存されている。その塑像の姿は各種各様で、服飾や表現の手法が異なり、各時代の特徴を反映した。莫高窟の壁画も壮観で、これらの壁画を繋げると、30キロメートル近くに及ぶ画廊ができ上がるようになる。

　壁画には、仏教に因んだ題材が最も多く、人々が祭っているさまざまな仏や菩薩、天王および説法像などがあり、その他、仏教の経典にちなんだ各種の連環画、経変画、インド、中央アジア、中国での仏教に関する伝説の物語、歴史

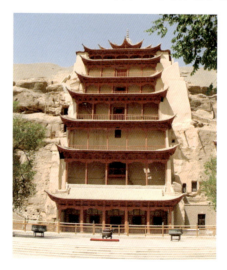

的人物と関わった仏教史跡画、供養する人たちの画像および昔の民族の神話を題材とした各種装飾の図案がある。各時代の壁画はその時代の各民族、各階層の社会生活、古代建築、造型および音楽、舞踊、雑技などを反映し、中国と外国との文化交流の歴史をも記録した。したがって西側の学者は、敦煌の壁画を「壁上の図書館」と称する。

　1900年、敦煌莫高窟では、大量の経文を保存した洞窟が偶然に発見され、「蔵経洞」と呼ばれた。長さと幅がそれぞれ3メートルであるこの「蔵経洞」には、漢語、チベット語などの文字で書かれた経典、古文書の巻物類、絹や紙、麻布に書かれた仏画類、拓本などまれに見る文化財などが5万件に上り、年代は、紀元4世紀から11世紀にかけ、その題材は中国、中央アジア、南アジア、欧州などの地域の歴史、地理、政治、民族、軍事、言語文字、文学技術、宗教、医学、科学技術などすべての分野に及び、「中古時代の百科全書」と称された。

　蔵経洞発見後、世界各国の「探検家」が群がってやってきた。20年も経ないうちに、これらの「探検家」は前後として4万件に及ぶ経書や珍しい壁画、塑像などを盗み出し、莫高窟に巨大な災難をもたらした。現在、イギリス、フランス、ロシア、インド、ドイツ、デンマーク、韓国、フィンランド、アメリカなどの国では、敦煌莫高窟の文化財が収蔵され、その数は蔵経洞にある文化財の3分の2に相当する。

　蔵経洞の発見と同時に、中国の一部学者は敦煌書籍を研究し始めた。1910年中国では、敦煌を研究する著作が初めて出版され、「世界の著名な学説または学派」と称される敦煌学が生まれた。数十年来、世界各国の学者は敦煌芸術にきわめて大きな興味を持ち、これを研究している。中国の学者は敦煌学研究の面で大きな成果を収めた。

　敦煌莫高窟は中国文化の宝である。中国政府はずっと敦煌文化財の保護を非常に重視している。敦煌莫高窟を訪れる国内外の観光客がますます多くなっていることから、文化財を保護するため、中国政府は莫高窟と向かい合っている三危山の麓に敦煌芸術陳列センターを設置した。ここ数年、中国政府は2億元を拠出して、「デジタルフィクション莫高窟」の設置準備作業に用いる。紹介によると、この「デジタルフィクション莫高窟」は、観光客に真の莫高窟の洞窟に入った感覚を持たせるとともに、洞窟内の建築や彩色の塑像、壁画などすべての芸術品を本物のようにはっきりと見せることができる。専門家たちは

「デジタルフィクション莫高窟」の設置は壁画への損害を避け、敦煌文化財の記録と保存にも役立つと語っている。

● 孔廟、孔府、孔林

　孔子は、中国における最も偉大な思想家、政治家、教育家であり、儒家学派の創始者でもある。孔子の故郷は中国東部山東省の曲阜である。曲阜には、孔子を祭る廟とされる孔廟、孔子の住居とされる孔府、孔子一族の墓地とされる孔林があり、「三孔」と総称され、古跡と文化財として国内外によく知られている。

　孔廟は、中国第一廟と称され、中国の歴代封建王朝が孔子を祭る最大の場所であった。孔子が亡くなった翌年の紀元前478年に春秋時代の魯国の王であった哀公は、孔子の3つの古い住居を廟に改造し、毎年孔子を祭った。その後、孔子が創立した儒家文化は中国の正統的文化となり、また、歴代の王朝は孔子の子孫を地域支配者ともいえる侯に取り立てたので、孔廟は拡張され続け、18世紀初期、清朝の雍正皇帝が孔廟に対し大規模な修築と拡充を行ったことによって、孔廟は今に見る大規模な古代建築群となった。

　孔廟は、その大部分が明と清の時代のもので、南北の長さは約1000メートル、総面積は10万平方メートルに達し、殿堂や楼閣など各種建物は500近く数えられ、その規模が北京の故宮に次ぐ古代の建築群であり、また中国古代大型祖廟建築のモデルでもある。

　孔廟の主要建築物は、南北の中軸線に配置され、付属の建築物は左右を対称に分布し、周りは赤レンガの壁で囲まれている。中軸線に配置された主要建物には、大成殿のほか、圭文閣、十三御碑亭、杏壇などがある。正殿である大成殿は、歴代の皇帝が孔子を祭った場所であり、宋の崇寧2年（1103年）に建立され、明の弘治12年（1499年）に再建された。大成殿の周りの廊下には直径1メートル近く、高さ6メートルの10本の竜の彫刻を施した柱が立てられている。このような柱はここと北京の故宮にしか見られない。大成殿には、先祖の位牌や神様の像および孔子の塑像などが祭られている。圭文閣は孔廟内の最も古い建築物で、宋の天嬉2年（1018年）に建てられ、初めは「蔵書楼」と呼ばれ、金の明昌2年（1191年）に立て直された後、圭文閣と改名された。大成殿の手前には杏壇がある。それは孔子が72人の弟子に講義を行った場所で、後の人が杏の木を植え、亭を築いたので杏壇と名づけられた。

孔廟の境内には石碑が林立し、古いのは前漢時代のものから、新しいのは中華民国のものまでがあり、全部で2000を超え、中国の有名な碑林の1つである。また、歴代の皇帝が書いた碑は50あまりである。これは孔子が封建社会における崇高な地位を持ったことを十分に示した。

　孔府は孔廟の東側にあり、宋の至和2年（1055年）に衍聖公に封じられた孔子の第46代の孫、孔宋順から第77代の孫、孔徳成までがそこに住んでいた。現在の孔府の面積は5万平方メートル近くに達し、中には500軒近くの建物と9つの庭園があり、前半部は役所で、後半部は住宅と応接間で、一番後ろは庭園である。孔府では明の嘉靖13年（1534年）から1948年までの文書9000巻あまりが保存され、珍しい貴重な歴史的文化財が多く収蔵されている。

　孔林は孔子とその一族の専用墓地で、世界で歴史が一番長く、規模が最も大きい、また最も完全に保存さている一族の墓地であり、周りは7キロメートルあまりの塀が築かれ、面積は約2平方キロメートルで、2万本の樹令1000年の樹木で覆われている。歴代に建てられた楼亭や坊殿、石碑、石刻が密生した樹林の間に見え隠れしている。現在、孔林には歴代の3万6000以上の石碑が立っている。孔林のほぼ中央には高さ6.2メートルの孔子の墓があり、その両側には息子孔鯉と孫孔伋の墓がある。

　孔林は中国歴代の政治、経済、文化の発展および葬儀と埋葬の風俗の移り変わりに対する研究にとって大きな役割を果たしている。

　孔廟、孔府、孔林は世界の豊富な文化遺産であると同時に、価値ある自然遺産でもある。「三孔」に植えられている約1万7000本の古木は、古代の気候と生態学を研究する上での貴重な材料となっている。1994年孔廟、孔子邸、孔

林はユネスコによって「世界の文化と自然遺産」に指定された。

● 平遥古城

中国北部山西省に位置する平遥古城は1997年にユネスコから「世界の文化と自然遺産」に指定された。世界遺産委員会は、「平遥古城は、中国に現存する最も完璧な古城で、中国歴史の発展の中で、優れた文化、社会、経済および宗教発展の姿を示している」と評価した。

平遥古城は、紀元前9世紀前後に建造され、明代の洪武3年（1370年）に拡張工事が行われ、ほぼ四角形の城壁に囲まれており、面積は2.25平方キロメートルである。現在の平遥古城の主要建築物とその枠組みは600年あまり前のもので、城壁や町、民家、店舗、お寺などがよく保存されており、数千年来の漢民族の伝統的な文化思想を体現し、明や清（1359年～1911年）の時代の建築物を集めた歴史博物館といえる。

平遥古城の城壁は、2800年前から建造され始めたが、当時は粗末な土壁であったが、1370年にレンガで建て直され、現在に至っている。城壁の全長は6000メートル以上、高さは12メートルである。城門は東西が2つずつ、南北が1つずつ、全部で6つの門があり、どの城門も外に突き出て、内外2つの門があり、亀の形をしているため、「亀城」とも呼ばれた。南北の2つの門は、亀の頭と尻尾で、東西の4つの門は4本の足で、南北の内外の2つの門は直通し、亀が首を外に伸ばしているようであり、おまけに南門の外に井戸が2つあり、それが亀の目にたとえられている。北門の外門は東に曲がっているため、亀の尻尾を東のほうの振っているように見える。中国の伝統的文化で亀は長寿の象徴である。このほか、6つの城門には、いずれも高くて大きな城楼があり、高

さが7メートル近くもある四角の角楼で、ほぼ50メートルおきに城台が1つあり、城壁の上には見張り台が72か所あり、城壁の上の外側に凸凹状の低い壁もある。

　城壁に囲まれた町の中では、高さ20メートルの壮麗な『市楼』を中心に、大通り4本、曲がりくねった狭い道が72本縦横に交差している。町の中にある4000軒あまりの古い民家のほとんどは、明と清の時代に建てられたもので、すべて青いレンガと灰色のかわらで造られた四合院で、壁の高さは7、8メートルに達し、地元の特色が目立ち、そのうち400か所はよく保存され、今まで漢民族が住んでいる地区でよく保存された完璧な古代住民住宅群である。町の中にはまた、規模の異なるお寺や老舗もあり、明と清の時代の繁華街の姿を現している。

　平遥古城には多くの文化財や古跡がある。例えば城外にある北鎮寺の万仏殿は、中国における3つ目の古代木造建築物で、1000年あまりの歴史を持っている。殿内には紀元10世紀の精緻な作りの彩色塑像があり、中国早期の彩色塑像芸術を研究する手本である。また、紀元6世紀に造られた双林寺の中には10あまりの大きな殿堂があり、これら殿堂の中には13世紀から17世紀までの彩色の泥人形が2000体あまり置かれ、中国古代の彩色塑像芸術の宝庫と呼ばれた。その他、古城の内外では、古代の石碑が至るところに見え、1000か所も数えられている。

　平遥古城は、中国の近代金融史上における特殊な地位を持っており、1824年、中国初の近代銀行の形を備えた『日昇昌』銭荘はここに建てられ、為替手形で伝統的な現金支払い制度を改めた。その後『日昇昌』銭荘の業務は中国だけでなく、日本、シンガポール、ロシアなどの国にも広げられ、『天下第一号』と称された。『日昇昌』票荘の誕生によって、平遥県の金融業が急速に発展し、当時中国の銭荘業務額の半分を占め、中国金融業の中心となった。平遥古城内の西大通りは100年あまり前の金融街で、現在も依然として店が立ち並び、商売が盛んになり、かつての『日昇昌』銭荘もこれらの店の中にある。

　長い歴史を持つ平遥古城は、今でもきわめて大きな魅力を持っている。かつての城壁は、平遥県を風格のまったく異なる2つの世界に分けている。城壁の内側には600年前の町並みや店舗、市楼がそのまま残され、城壁の外側は近代的で、新しい町である。

● **秦の始皇帝と兵馬俑**

　中国西部陝西省西安市郊外の驪山にある秦の始皇帝の陵墓は、世界で規模が一番大きく、構造が最も奇抜で、内容が最も豊富な皇帝墓の１つである。副葬坑の１つである兵馬俑坑はエジプトのピラミッドと同様に有名で、世界の第八奇跡と称されている。

　秦の始皇帝（紀元前259年〜紀元前210年）は中国封建社会の初の皇帝であり、中国史上争議のある歴史的人物であった。周りの諸候国をすべて征服し、中国史上広大な国土と数多くの民族を持ち、中央権力を握った封建王朝を築き上げた秦の始皇帝は社会、経済、文化の発展を促す一連の措置を講じ、例えば通貨、文字、度量衡（さし、ます、はかり）を統一し、また北部の少数民族からの侵犯を防ぐため万里の長城を構築した。秦の始皇帝は中国史上における有能な政治家であったが、非常に残虐で、贅沢三昧の暮らしをする人物でもあり、人々の思想を禁固するために『書籍を焼き、学者を穴埋めにする』という野蛮な行為を行った。秦の始皇帝は政権の座についた時期、人民から財物を没収し、牛馬のごとく使役して、自らのために陵墓と阿房宮など豪華の宮殿を建造した。秦の始皇帝は即位後まもなく、陵墓を建造し始め、中国を統一した後はこの工事を一段と拡大し、職人や服役者を70万人駆り集め、40年近くの歳月を費やしてその陵墓を建造した。

　秦の始皇帝の陵墓は面積が56平方キロメートルで、陵墓の土台の部分は四角形に近い形をし、南北の長さは350メートル、東西の幅は345メートル、高さは76メートルのピラミッド型となっている。中国考古学者の調査と発掘を通じて、陵墓の周辺には副葬坑があり、副葬坑と陵墓を建造した関係者の墓

が500か所あることがわかった。副葬坑には銅製の車馬坑、馬厩坑、兵馬坑などがある。兵馬坑は陵墓の東1.5キロメートルのところにある。兵馬俑坑は、1974年地元の農民が井戸を掘ったとき偶然に見つけたものである。第一号兵馬俑坑の面積は13万4260平方メートルあり、その中から武士陶俑500体、木造戦車18台、陶馬100匹あまりが出土された。兵士陶俑の高さは実物大の平均高さ1.8メートルで、同じ顔をしたものが1つもなく、まさに精緻を極めた芸術品でもある。第二号坑の面積は約6000平方メートル、陶俑と陶馬は合計1300体あまり、戦車が89両あり、歩兵、騎兵、陶馬もある。第三号坑の面積は約376平方メートルで、地下の大軍を統師する指揮部であり、武士俑68体、戦車1両、陶馬4匹がある。この軍陣配列は全体として秦の軍隊の編成の縮図であるといわれている。

　文化財保護技術や陵墓に対する保護技術などの原因によって、現在、中国は秦の始皇帝陵墓の発掘を継続する予定はない。ここ数年、陵墓の副葬坑内より5万件あまりの重要文化財が出土された。

　1980年に発掘された2台1組の大型彩色絵が描いてある銅馬車は装飾が最も華麗で、本物とまったく同じである。この2台の銅馬車は、それぞれ3000点以上の部品で作られ、そのうち、金、銀製品は1000点以上である。秦の始皇帝陵墓は当時秦の王朝の再現であると見られている。1987年『世界の文化遺産リスト』に登録された。世界遺産委員会は兵馬俑を、「秦の始皇帝の陵墓を囲んでいる有名な陶俑は形がさまざまで、その軍馬、戦車と武器とともに現実主義の完璧な傑作であり、きわめて高い歴史的価値を持っている」と評価している。

● **故宮**

　故宮は、北京市中心部の北側にあり、紫禁城とも呼ばれ、明や清朝の皇帝が居住する王宮であり、世界に現存する規模が最も大きく、最も整っている古代の木造建築群である。1987年故宮はユネスコの「世界の文化遺産のリスト」に登録された。

　故宮は、明の永楽4年（1406年）から建造を始め、14年かけて完成した。24人の皇帝が故宮で即位し、政務を行った。規模が大きく、風格が美しく、建築芸術が優れた豪華な故宮は、世界に稀に見る宮殿である。故宮の面積は72万平方メートル、南北の長さは約1000メートル、東西の幅は約800メートル、

殿、宇、楼閣は約1000軒あり、建築面積は約15万平方メートルである。周りには、高さが10メートル、全体の長さが3400メートルにも及ぶ赤い色の城壁があり、城壁の四隅にそれぞれ1つの角楼が配置されている。城壁の外には、幅52メートルの護城河という堀がある。

城内は南の外朝と北の内廷に区分され、外朝の中央部には、午門から北へ太和門、太和殿、中和殿、保和殿が並び、東には文華殿、文淵殿など、西には武英殿、南薫殿など多くの殿と門が配置されている。太和殿、中和殿、保和殿は三大殿といわれ、皇帝が権力を行使し、盛大な典礼を行う場所である。

故宮の中心にある太和殿は中国の現存する最大木造建築で、白い石で造られた高さ8メートルの基壇に建てられた太和殿は、その高さ約40メートルで、故宮では最高の建築物で、殿の真中には金色に塗られた竜が彫刻された玉座が置かれ、玉座の後ろには金色に塗られた竜の絵を描いた木製の屏風が配置され、玉座を囲んだ6本の柱には彫刻された竜の模様があり、皇帝の権力の象徴である。太和殿の三層の基壇には1000個あまりの蛟の頭（角のない竜、空想の動物）が配置され、排水の施設でもある。豪雨が降るとき、蛟の頭から水が出るという景観が見られ、雄壮そのものである。

太和殿の裏にある中和殿は、皇帝が重要な式典に出席するとき、休憩し、朝拝を受ける場所である。一番北にある保和殿は、宴会を催し、殿試（科挙試験）を行う場所である。

保和殿の裏は内廷で、皇帝が政務を取り扱い、皇帝と皇后、妃や女宮、王子と王女が住み、遊び、神を祭るところである。内廷の主体建築には、後三宮といわれる乾清宮、交泰殿、坤寧宮および両側の12の内院があるほか、寧寿宮庭園、慈寧宮庭園、御庭園という3つの王族が遊ぶための庭園がある。

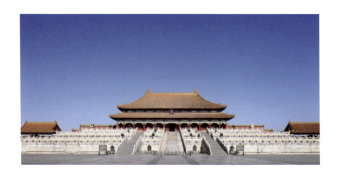

故宮は、封建王朝の礼儀制度、政治的規範および論理に基づき建造されたものである。その全体の配置、規模と建築の形や色、装飾、陳列などは皇帝の絶大な権力を象徴するものであった。

　史書の記録によると、故宮には大量の文化財が保存され、100万点あまりに上るといわれ、中国文化財の総数の6分の1を占めている。1980年中国政府は、地下倉庫を100か所建造し、ほとんどの文化財を地下倉庫に収めた。故宮は中華民族の輝かしい文化の象徴で、中国の伝統的かつ悠久なる文化を反映したものである。故宮は580年あまりの歴史を持ち、大部分の建築は老朽化し始めている。また、故宮はここ数年で内外の観光客数が1000万人訪れる重要な観光拠点でもある。故宮をよりよく保護するため、中国政府は2004年から故宮を修繕し始め、工事は20年かかるということである。

● 天壇

　天壇は、北京市南部に位置し、明の永楽18年（1420年）に建造され、明、清（紀元1368年～1911年）2つの王朝の皇帝が毎年天と地の神を祭り、五穀豊穣を祈る場所で、中国で現存する規模最大の壇廟建築である。面積は故宮（紫禁城）より5倍となり、270万平方メートルである。天壇の最南の壁は四角形で、地を象徴し、最北の壁は半円型で、天を象徴する。天壇は内壇と外壇の2つの部分に分かれ、主な建築物は内壇にあり、南には圜丘壇、皇穹宇があり、北には祈年殿、皇乾殿がある。

　圜丘壇は祭天壇とも称され、天壇の重要な建築物で、露天の三段階の円型石壇で、どの階段の石壇の周りにも柱がある。圜丘壇は皇帝が冬至の日、天を祭る式典を行う中心場所である。式典を行う場合、壇の前に大きな提灯が掲げら

れ、中には1メートルほどの蝋燭がある。

　圜丘壇の北にある皇穹宇は、皇帝の位牌を祭る円型の小宮殿で、その周りには円型の高い壁がある。これは有名な回音壁である。

　天壇の主体建築である祈年殿は皇帝が五穀豊穣を祈る場所で、直径32メートル、高さ8メートル、三段からなる漢白玉石の上に建てられている。祈年殿の宝頂は金メッキが施され、屋根には藍色の瑠璃がわらが葺いてある。28本の柱によって支えられている大殿は彩色絵が描かれている。

　天壇には、圜丘壇と祈年殿のほか、斉宮（皇帝が天を祭る前に沐浴して、精進料理を食べ、休憩の場所）、皇乾殿、神楽署、具服台、宰牲亭、神厨などの建築物がある。

　天壇は1998年にユネスコに『世界文化遺産のリスト』に登録された。世界文化遺産委員会は、「天壇は中国が現有する最大の古代祭祀用の建築群であり、中国の建築史における重要な位置を占めるだけでなく、世界建築芸術の貴重な遺産でもある」と述べている。

● ポタラ宮

　ポタラ宮は、中国西部チベット自治区ラサ市の紅山にあり、規模が雄大で、世界の屋根にある真珠と称され、チベット族建築芸術の傑出した代表であり、中国の最も有名な古代建築の1つでもある。

　ポタラ宮は、チベット族歴代のダライラマが政治や宗教活動を行い、住むところで、チベットで現存する最大の古代高層建築物である。文献の記載によると、ポタラ宮は、紀元7世紀の吐藩王ソンツァンカンポが紅山に建造し、部屋数が約1000あり、当時紅山宮と呼ばれ、吐藩王朝の政治中心であった。紀元

9世紀吐蕃王朝が解体され、チベット族住民は長期にわたる戦乱状態に陥り、紅山宮は次第に破壊されていった。1645年から、ポタラ宮はダライラマ5世によって再建され、その後、歴代のダライラマも手入れをしたり、拡大したりして、現在の規模となった。

　ポタラ宮は外観を見ると、麓から頂上まで全部で13層からなり、高さは110メートルとなっている。ポタラ宮は石と木材で建造され、壁は全部花岡岩で、一番厚いところは5メートルもあり、地震を防ぐために壁内に鉄液を注いだ。装飾品としての金頂や金幢などは、古代の高層建物の落雷問題をうまく解決した。

　ポタラ宮は、主に東の白宮（ダライラマの住居）、真中の紅宮（仏殿と歴代のラマの霊塔殿）と西にある白い僧室（ラマと僧侶の住む部屋）からなっている。紅宮の前には『晒仏台』という壁があり、仏教の祝日になると、仏像が施された大絨毯がこの壁に掲げられる。山の中腹にある主体建築の前に1600平方メートルの広場があり、祝祭日に式典が行われる場所である。

　紅宮は、ポタラ宮の主体建築で、歴代ダライラマの霊塔殿と各仏殿である。ダライラマ5世の霊塔殿は一番豪華で、高さが15メートル、台基が四角形で、天井が円形となっており、塔座、塔瓶、塔頂に分かれる。ダライラマ5世の屍骸は香料、紅花などを使い塔瓶に保存されている。霊塔を包む金箔の重さは3724キログラムあり、1500個に上るダイヤモンド、赤と緑の宝石、翡翠、瑪瑙などの貴重な宝石が嵌め込まれ、塔座には、各種宝器、祭器などが置かれている。西大殿は5世ダライラマ霊塔殿の享堂で、紅宮の中の最大の宮殿である。中には高さ6メートルあまりの48本の木造の柱があるほか、大量の木材で彫刻された仏像、獅子、象などの動物が置かれている。ポタラ宮にある大小の殿や堂、玄関の間、回廊などには壁絵が描かれ、これらの壁絵の内容はきわめて豊富で、歴史的人物を描いた物語、仏経による物語を現したものがあり、建築、民族風情、体育、娯楽などを表した絵もある。1万点近くの軸物絵と石彫、木彫、塑像などの価値がきわめて高い芸術品が収蔵されたほか、チベット族絨毯、陶器、玉製品など大量のチベット族の伝統的な芸術品がよく保存されている。芸術性の高いこれら文化財は1000年あまりにわたって、チベット族が漢民族などの民族と友好往来、文化交流を行う悠久な歴史を反映した。ポタラ宮の構築配置、土木工程、金属精錬、絵画、彫刻などはチベット族を主体として、漢民

族、蒙古族、満州族など各民族の職人の優れた技術とチベット族の建築芸術を体現した。

1994年、ポタラ宮は、ユネスコの『世界の文化遺産のリスト』に登録された。

● 明・清朝の皇帝陵墓群

明顕陵、清東陵、清西陵、明孝陵、明の十三陵、盛京三陵からなる。

明顕陵は、湖北省鐘祥市から東へ7.5キロメートル離れた純徳山に位置しており、明の嘉靖帝の父である恭叡皇帝と母である章聖皇太后の合同葬墓である。明の正徳14年（1519年）に創建され、面積183ヘクタールの陵墓は、中国南中地区で唯一の明の皇帝陵墓であり、単体の皇帝陵の面積としては明代最大である。特に「一陵両塚」（1つの陵に2つの墓）という建築デザインは歴代の帝王陵墓において、きわめて稀なものである。

清東陵は、河北省遵化市の西30キロメートルの馬蘭峪にあり、北京天津、唐山と承徳の真ん中に位置する。北京から東へ150キロメートル、唐山から北へ100キロメートル、承徳から南へ100キロメートル離れている。ここには580あまりの建築物がある。順治帝、康熙帝、乾隆帝、咸豊帝、同治帝5人の皇帝のほか、孝荘文皇后、西太后などの皇后や妃161の陵墓があり、中国文化の貴重な宝物である。

清西陵は、北京から西南へ約120キロメートル、河北省易県から45キロメートル離れた永寧山山麓に位置する、清の時代の皇帝陵墓群の1つである。河北省遵化市の東陵とそれぞれ北京の東西2か所に造られたため、西陵と呼ばれる。ここには、雍正帝、嘉慶帝、道光帝、光緒帝四人の皇帝や皇后、側室、王子、姫など76人が14の陵墓に眠っている。その他御用寺院である永福寺が建てられた。景色は美しく、静かな環境を持ち、規模が大きく、建築デザインも整った典型的な清の建築群である。

明孝陵は、明朝の開祖朱元璋と皇后馬氏の合同陵墓である。世界で最も大きい皇陵群の1つである。南京の東にある紫金山の南麓に位置し、東にある中山陵や南にある梅花山とも近い。また、明代の陵墓の代表として、明の最高レベルの建築や彫刻芸術を代表し、明、清の500年あまりの皇帝陵墓の建造に影響を与えている。北京、湖北、遼寧、河北などにある明清の皇帝陵墓はすべて明孝陵の規模や構造、様式を基に造られたため、明孝陵は「明清皇帝第一陵墓」といわれている。2003年7月、パリで開かれたユネスコの第27回世界遺産委

員会で、世界文化遺産に登録された。

　明の十三陵は、北京市昌平区天寿山の麓にある40平方キロメートルの小さな盆地に位置する。総面積120平方キロメートル、連山に囲まれ、風光明媚なところである。南に正門があり左右には長さ40キロメートルの壁が巡らされ、陵園を取り囲んでいた。しかし、現在はほとんど崩れ落ち、残壁がわずかに見られるだけになっている。各陵墓はすべて北に山、南に水を配している。ここは、地上の長陵と地下宮殿の定陵が一番有名である。

　敷地面積10ヘクタールの「長陵」は、十三陵を代表する最大規模の陵墓である。永楽7年（1409年）に建造され、天寿山の主峰南麓に位置している。その「祾恩殿」は、明の皇帝陵の中で唯一、今に残る陵殿である。大殿（本堂）の幅66.5メートル、奥行き29.12メートル、高さ25.1メートル、総面積は1956平方メートルである。

　その後、建造された明の献陵（仁宗）、景陵（宣宗）、裕陵（英宗）、茂陵（憲宗）、泰陵（孝宗）、康陵（武宗）、永陵（世宗）、昭陵（穆宗）、定陵（神宗）、慶陵（先宗）、徳陵（慕宗）など十一陵が長陵の両側にそれぞれ位置している。

　これら明の皇帝の陵墓は面積、建築風格は異なるが、建物の配置や、規模、構造はほぼ同じで、断面は長方形になっており、後ろ側には円形（または楕円形）の宝城（墓穴の盛り土）がある。建物は、石橋から順にそれぞれ陵門、碑亭、祾恩門、祾恩殿、明楼、宝城などとなっている。2003年7月ユネスコの世界文化遺産に登録された。

　盛京三陵とは、遼寧省瀋陽市郊外に位置する清の福陵、清の昭陵と撫順市新賓県の清の永陵という3つの皇帝の陵墓である。2004年ユネスコの世界文化遺産に登録された。明、清の皇帝陵墓の重要な一部分である盛京三陵は、建築様式や規模、構造、祭儀の制度、陵墓管理の制度などが受け継がれている。同時に、盛京三陵は東北少数民族出身の皇帝の隆盛になっていく過程の産物でもある。当時の民族の考え方、審美、建築レベル、風習などのメッセージも多く含まれている。

　明、清王朝の皇帝陵墓群には、陵墓、宮殿、寺院などがあり、風水学、建築学、美学などが具現化されている。また、建物がよく保存され、皇帝陵墓のありのままの姿を反映している。陵墓の所在地、企画、配置などに中国伝統の風水、天と人が一体になるという宇宙観が表現されている。建築の規模や質に関

しては、壮大かつ広く、精美で、皇帝の至上の権力、権威、威風が十分表されている。

明、清王朝の皇帝陵墓群の礼制は封建社会の葬儀制度の最高レベルを代表するとともに、数千年に及ぶ封建社会の宇宙観、生死観、道徳観と風習を代表しており、古代建築の精髄ともいえる。また、明、清王朝の皇帝陵墓群は伝統文化の伝承者でもあり、とても重要な歴史的、芸術的、科学的な価値がある。

ユネスコは、「明、清王朝の皇帝陵墓群は風水に従って、所在地を選び、多くの建築物を巧妙に地下に造り、自然条件をも変えることができるものである。伝統の建築、装飾の思想を代表し、中国500年あまりの世界観と権力観を説明している」と評価している。

● **高句麗王城、王陵および貴族の古墳群**

高句麗王城、王陵および貴族の古墳は、主に吉林省通化集安市と遼寧省本渓市桓仁県に分布している。高句麗は前漢（紀元前206年〜25年）から隋、唐（581年〜907年）にかけて、中国北東部に現れた多大な影響力を持った辺境民族で、その活動地域は五女山城、国内城、丸都山城など40を越え、現在は多くの遺跡が残されている。そのうち14の古墳が王陵で、残りの26の古墳が貴族の墓であり、これらは高句麗文化に属する。

高句麗政権は、中国東北地域における影響力の大きい少数民族政権の1つであり、北東アジアの歴史において大きな役割を果たした。集安、桓仁は、高句麗政権初期と中期の政治、文化、経済の中心地であり、高句麗文化遺産が最も集中している地域である。

高句麗は紀元前37年に夫余の王族である朱蒙により建てられたとされる。初期の都は紇昇骨城である。これは、現在中国の五女山城である。五女山城は紀元前34年に建てられ、北方の少数民族が山城を構築する伝統を継承したが、場所の選択、城壁の造り方、石の加工などにおいて、今までと違う独特なところがある。このため、東北や北東アジア地域の山城建築の代表的なものになり、古代東北民俗建築史上、一里塚的な意義を持っている。

紀元3年高句麗は丸都山城に遷都、その後、平城の国内城に移り、427年平壌に再び遷都した。この425年間、国内城は高句麗の政治、経済と文化の中心であった。国内城は鴨緑江の中流の右岸にある通溝平原に位置し、中世における北東アジア地域の城跡のうち、石の城壁を持つ数少ない城跡の1つである。

平壌に遷都した後、国内城は「別都」と呼ばれた。

　丸都山城は集安城の北にある山の上に位置し、国内城の守備施設であるが、都としても利用された。高句麗の歴史上大きな役割を果たした。国内城と互いに依存しあう丸都山城は、世界王都建築史上の新しい様式である。丸都山城は紀元前3年から建造され、全体的に布石が完備され、大型宮殿を中心に建てられた山城王城である。紀元342年、燕王慕容皝が大挙して高句麗に攻め入り、丸都を襲い、高句麗に壊滅的な打撃を与えた。

　現在の集安市近辺には、約7000基の古墳が見つかっている。そのうち高句麗の王族・貴族の陵墓群として世界文化遺産に登録されたのは、太王陵、将軍塚、千秋塚など12の大王陵と、将軍塚の陪冢や角抵塚、舞踊塚、五墳(かい)など26基の貴族墓である。特に後者の貴族墓には、壁画古墳が14基含まれている。好太王碑は、高句麗の第19代の王である好太王の業績を称えた石碑である。好太王は広開土王碑とも呼ばれ、付近には陵墓と見られる将軍塚・大王陵があり、合わせて広開土王陵碑ともいわれる。碑は、高さ約6.3メートル、幅約1.5メートルの角柱状の石碑である。碑文は純粋な漢文での記述となっている。

　2004年7月、高句麗古墳群は文化遺産に登録された。

● マカオ歴史市街地区

　400年あまりの歳月をかけ、中国文明と西洋（ポルトガルがメイン）文化が融合してきた澳門の8つの広場と22か所の歴史的、宗教的建築物が、「マカオ歴史市街地区」として2005年7月に世界文化遺産に登録された。マカオ歴史市街地区は、中国国内に現存する最も古く、最大の規模を持ち、最も完全に保存された東西の建物が並存するエリアである。ここは、東西の文化交流の産物で西洋的な建築物や文化が、中国の伝統的建築物に囲まれ、人々の生活空間の中で完全な形で保存されている、世界でも類を見ない歴史の街である。

　16世紀の半ば、国際貿易の新しい情勢に基づいて、明はマカオ半島の南西部にポルトガル人をはじめとする外国人を定住させ、貿易を行う貿易拠点とした。マカオは中国の主な対外港として発展し、400年来、ポルトガル、スペイン、オランダ、イギリス、フランス、イタリア、アメリカ、日本、スウェーデン、インド、マレーシア、フィリピン、朝鮮、アフリカなどから渡来した、異なる文化、職業、技術、風習を融合させ、マカオを独特の雰囲気を持つ街へと発展させた。

外国人の定住に伴い、それぞれの伝統建築がマカオに運ばれてきた。これによって、マカオは近代西洋建築物が中国に伝わった第一ステーションとなった。特にポルトガル人がマカオで建てた建築物の持つルネッサンス時代後の建築様式やデザインは、アジアのその他の建築要素と合わせて、マカオで新たな変化を生み、独特な建築様式になった。

　400年あまりの歴史の中で、中国人とポルトガル人は「マカオ歴史市街地区」に、異なる生活エリアを築いた。これらのエリアにはマカオの東洋式と西洋式の建築の特色が見られるほか、両国人民の異なる宗教、文化および生活習慣の融合と相互尊重が認められる。このような包容的な雰囲気は、マカオの最も特色のあるところであり、価値のあるところである。

　世界遺産として評価された理由は、中国領土内に現存する最も古く、非常に良く保存されている中国と西洋の建築物の融合があり、約400年にわたる東洋と西洋文明の交流点として認められたことであるといわれている。世界でも類を見ない異文化共生の地として世界遺産に登録された。

● **安陽殷墟**

　殷墟（いんきょ）は、中国河南省安陽市に位置する、中国の歴史上、文献で記載され、考古学や甲骨文字で証明されている初の都の遺構である。洹水南岸に位置する小屯村北東部が宮殿などの位置する殷都の中心であったと考えられ、周囲からは工房跡なども発掘されている。洹水北岸の武官村一帯には歴代の王墓が存在し、13の大規模な墳墓が発見されている。紀元前1300年盤庚がここに遷都して以来、紀元前1046年に国が滅びるまで、小辛、小乙、武丁、祖庚、祖甲、廩辛、康丁、武乙、文丁、帝乙、帝辛ら、計8代12名の国王が273年間統治した。

　殷墟の発見と発掘は20世紀において中国における最も重大な考古発見である。中国の王朝で最も古いとされているのは夏で、その次が殷となっていた。この殷墟の発見により、それまで文献の上だけの存在であった殷という王朝が実際にあったことが確認された。このことから2006年7月13日に世界遺産に登録された。

　1928年発掘開始以来、殷墟から110あまりの宮殿宗廟遺跡、12基の王陵遺跡、洹北商城遺跡、甲骨の洞窟などが発掘された。これらの宮殿宗廟の建築は黄土、木材を主な建築材料とし、土の土台の上に建てられ、中国宮殿の特色を持ち、古代早期の宮殿建築の先進レベルを表している。

その他、殷墟から数が驚くほどの甲骨文、青銅器、玉器、陶磁器、骨器などの文物が発掘された。殷墟の規模、面積、宮殿の広さ、文物の質・量から、3300年前の商の都の風貌を知ることができ、当時の中国ないし東方世界の政治、経済、文化の中心であることがわかった。

● 開平楼閣と村落

開平は中国で有名な華僑のふるさとであると同時に、楼閣の故郷でもある。

19世紀の末ごろ、アメリカ、カナダは排華法案により排華政策を実行し始め、中国人労働者が帰郷して現地で土地と家を買い、家庭を持つことが強要された。19世紀末から1920年代終わりに、アメリカ、カナダ両国の経済の急速な発展に従い、中国人労働者の収入と開平華僑による送金額が増加し、開平に多数の楼閣が建造される経済的条件が整った。

その特色は中国と西洋を折衷した外壁を持っていることで、古代ギリシャ、古代ローマとイスラムなどの建築様式も結合し多様性に富んでいる。建築材料によって石楼、泥楼、磚楼（レンガ造り）とコンクリート楼に分けられ、コンクリート楼が最も多い。機能によって集合住宅、居楼と刻楼に分類すると、居楼が最も多い。これらの楼閣は華僑洋館とも呼ばれる西洋風の高層建築で、中国の伝統と西洋の建築意匠が見事な融合を見せている。現存の高層楼閣は1833棟にのぼる。

歴史学者の研究によれば、開平は低地にあり、しばしば洪水に見舞われていたため、被害防止のために村民たちが協力して閣楼を建て始めたという。開平に現存する最も古い迎竜楼は、かつてノアの箱舟のような役割をもっており、2度村民たちの命を救った。清の光緒9年（1884年）、開平は大水害に見舞われ、多くの村の家が水没したが、三門里村は迎竜楼が村人を守り全員無事であったという。1908年の洪水でもふたたび村民は楼閣に避難し、救われた。

また、閣楼が建てられた主な理由は匪賊から身を守るためであるともいわれる。開平の建物は、その役割によって3種類に分けることができる。1つは更楼で、パトロールや村外のようすを知るための建物で、さらに匪賊から身を守るためのトーチカの役割を果たす。衆楼は、村民が共同で建築した住居で、避難所でもあり、部屋の多くは村民が購入している。居楼は村民が各自自費で建てた家族の住まいで、食糧庫と快適な生活空間を持つ。この3種類の建物はすべて匪賊侵入防止の役割を持つ。開平の楼閣は材料、様式の上でそれぞれ異な

るが、すべて窓が小さく、門や窓は鉄の柵で覆われ、壁が厚く、壁に銃を打つための穴があいている。一般的に屋上に見張り台があり、各種機械や発電機、警報機、サーチライトや石、ドラなどの防衛機材が備えつけられている。2007年に世界遺産に登録された。

● **福建土楼**

2008年7月6日、カナダのケベックで行われた第32回世界遺産委員会で、46の福建土楼が世界遺産に登録された。これらの福建土楼は、初渓土楼群、田螺坑土楼群、河杭土楼群、高北土楼群、華安県の大地土楼群、洪坑土楼群、衍香（Yanxiang）楼、懐遠楼、振福楼、和貴楼などがあり、福建省南西部の山岳地域にある。

宋元の時期に見られ始めた福建土楼は、明の末、清、中華民国の時代になり、繁栄を遂げた。46の土楼のうち、一番古いものと一番新しいものは共に初渓土楼群にある。集慶楼は、この土楼群の中で最古最大の円形土楼で、1419年、明の永楽帝時代に建てられた。同心円状に2棟の円形土楼が建てられており、内側は1階建て、外側は4階建てで、階段は72か所あり、それぞれの階に53ずつ部屋が造られている。土楼は地震対策、防火、獣や外敵の襲来に備えて造った大規模な山岳民家建築で、素材は土や石、木材などである。冬は暖かく夏は涼しい。中には生活に必要なものがすべて揃っており、1つの村のようである。100世帯以上が一緒に住むこともあり、外との接点を持たずに数か月籠城できたといわれる。

永定湖坑鎮の環極楼は、1693年に建てられたものである。最大の長所は耐震性が強いことである。1918年に永定でマグニチュード7の大地震が発生し、

環極楼の正門上方の3、4階の厚い壁に長さ3メートル以上、幅約20センチメートルのひびが入った。しかし、地震の後、この円形の建物は求心力と構造の牽引作用により、割れ目は意外にもだんだんと縮まり、わずか1本の細長いひびしか残らず、建物の主体は無事で、依然として高くそびえ立っている。

　土楼の命名にも意味がある。朝日が東側から昇るという意味で名づけた「東昇楼」、主人の名前から命名した「振福楼」、あるいは地形から命名した「望峰楼」などがある。

　土楼の歴史は村、家族の歴史と同じで「天、地、人」三方が一体になるもののようである。1960年代以降、伝統的な土楼はほとんど建設されないようになった。しかし、現在も福建の西と南には数万の土楼が残されている。

● 元上都遺跡

　元上都遺跡は、内蒙古自治区シリンゴル盟正藍旗から東北へ20キロメートル離れた金蓮川草原に位置し、灤河の北岸にあるので、「灤陽」、「灤京」とも呼ばれた。

　元上都は世界史上、最大の帝国であるモンゴル帝国（元）の首都で、13世紀に元の太祖ジンギスカンの孫フビライが中国北方の草原で建設し、元大都（現在の北京市）とともに元の二都となった。13〜14世紀、世界と中国に大きく影響する重要な事件は上都で発生し、中国や世界の歴史にも大きな影響を及ぼしている。1260年、フビライは上都で即位し、4月に中書省という部署を作り、ここで全国の政務を統括した。これによって、「省」は地方の行政地域の名称となり、現在も使われている。

　元上都の主要な役割は、元朝皇帝の避暑地となることであった。毎年、春分に皇帝は大都を発って上都に向かい、秋分になると大都に戻った。元の時代11名の皇帝のうち、6人がここで即位していることからも、上都の重要性がわかる。

　元上都はモンゴル民族がモンゴル高原を統一した後に建てられた最初の草原の都であり、元の政治、経済、文化の中心である。フビライは、ここでの統治を基に、統一した政治基盤を固めていき、中国歴史上300年あまりの政治的割拠が終了した。元上都は、統一した多民族国家の誕生と発展を物語っており、大きな意義がある。

　1275年に上都を訪問したマルコ・ポーロが『東方見聞録』に記録したこと

により、ヨーロッパ人にその存在が知られるようになった。西洋ではザナドゥ（Xanadu）とも呼ばれる。

　元上都遺跡の周辺地区からは一連の付属文物が発掘されている。元上都の遺跡は元が滅びた後、人的破壊がなかったため、地下に埋蔵された文物がとても豊富である。現在発掘された主な文物は石の彫刻品、陶磁器、金貨などで、金貨には「大元通宝」・「大観通宝」・「天下太平」などがある。

　2012年6月、ユネスコ世界遺産委員会は元上都を世界遺産に登録した。元上都遺跡は草原にある都の遺跡として、文化の融合を展し、北アジア地区の遊牧文明と農耕文明の衝突や融合を証明している。

■自然遺産

●九寨溝

　九寨溝は青蔵高原の東南側、尕爾納峰の北麓にあり、標高は2000～3160メートル、世界の高地寒冷のカルスト地形に属する景勝地である。また、白水溝の上流である白河の支流であり、「九寨溝」の名もチベット人の村（山寨）が9つある谷であることからつけられた。総面積は約620平方キロメートルで、52％が原生林に覆われており、ヤダケやさまざまな珍しい草花が生い茂っている。その他、パンダ、キンシコウ、クチジロジカなど、多くの野生動物も広く生息している。独特な青い水、流れる水、鮮やかな林、雪山、チベット風情という5つの景観が内外に知られており、「夢の仙境」、「童話の世界」と讃えられる。九寨溝は岷山山脈に「Y」字状に分岐している日則溝と則査窪溝、樹

正溝の三大溝からなる。見所は主に、樹正区、日則区、長海区、宝鏡崖区に分けられている。

　九寨溝にある多くの湖沼は、水中に溶け込んでいる炭酸カルシウムの影響を受けている。太古の氷河期、水中の炭酸カルシウムは固まらず、水とともに流れていた。1万2000年前になると、気温が上昇し炭酸カルシウムが入った水は、障害物に当たるとそのまま付着していった。これが固まり年月が経つにつれて、今の乳白色の棚田状の湖群を作る堤防が形成されていった。これらが積み重なり、今の「海子」と呼ばれる「堰塞湖」になった。主に第四紀古氷河期に形成された九寨溝には、現在、大量の遺跡も残されている。また、石灰分の沈殿によって、湖底、堤防と湖畔に乳白色の結晶が見られ、その上に、雪水が流れ込み、階段状の湖に濾過され、水はより一層透明度が高くなっている。

　九寨溝の気候は過ごしやすく、冬も風がなく、夏は涼しく、四季折々に美しいので、世界的に見て旅行に最適な観光地の1つである。美しく原始的である景色は、主に樹正区と則査窪、日則の両支流に分布しており、独特な高山湖沼と滝群からなる自然の景色は、湖沼、滝、川原、渓流、雪を頂いた峰、森林とチベット風情の集大成である。1992年に世界遺産に登録された。

● **黄龍**

　黄龍はアバ・チベット族チャン族自治州松潘県に位置する景勝地であり、九寨溝と隣接し、彩池、雪山、峡谷、森林という「四絶」で世界的に名高い。

　万年雪を頂いた岷山山脈の主峰になる雪宝鼎山の下方、標高3145〜3578メートルのところに黄色の石灰華が3.6キロメートルにわたり流れ落ちている。この様子が、まるで黄色い龍が果てしなく続く草原から飛んできたように見えることから、「黄龍」と名づけられた。石灰華の層の上にある彩池は3400個あまりに達し、それぞれ水深や光線、見る角度などの条件の違いによって微妙に色合いが異なり、神秘的な美しさを見せる。この色彩鮮やかな彩池と合わせ、石灰岩からなる棚田のような池が連なり、しぶきが飛び散り、煌びやかな奇観を作り上げ、「人間瑶池（この世の仙境）」ともいわれ、世界で最も壮観な石灰華奇観になっている。また、峡谷の間にある3400個以上の天然の彩池は、棚田のようで、大きいものは軽く5000アールを超え、小さいものはたらいや茶碗やコップのように小さく見える。池の淵はまるで黄玉でできているかのように、非常に精巧で美しく透き通っている。華やかで、色とりどりの池の水は気象条

件などでさまざまに変化し、見るものをすがすがしい気分にさせる。

　地理的には、青蔵高原東部の端と四川盆地西部の山間部のつなぎ目にあたり、培江、岷江、嘉陵江という三大江の分水嶺である。北亜熱帯湿潤区と青蔵高原—川四湿潤区の境界気候帯に属しており、植生は中国東部湿潤森林区から青蔵寒冷高原亜高山帯針葉林草原低木区の過渡帯に属する。動物の類種も南と北の混在した区域になる。このように位置的に過渡状態にあるので、自然環境が複雑で、未解決の謎も少なくない。

　また、ここには世界でも稀に見る石灰華景観がある。黄龍の石灰華景観は種類が豊富で、自然の石灰華博物館ともいえる。石灰華段丘は長さ3600メートルも連綿と続き、1つひとつは最も長いもので1300メートル、最も幅広いものは170メートルのものもあり、世界的に見てもきわめて珍しい景観である。

　さらに、中国最東部の氷河遺跡が残されている。標高3000メートル以上の黄龍地域には、第四紀氷河遺跡が幅広く残されており、中でも岷山山脈の主峰、雪宝鼎山には、種類が豊富で、分布が密集した遺跡がある。また、この地域には幅広い山が林立し、5000メートル以上の山も7つある。そのうち、宝雪鼎（5588メートル）、雪欄山（5440メートル）、門洞峰（5058メートル）の3つの山は、現代氷河を育んでいる。

　1992年12月にユネスコの世界遺産に登録された。世界遺産委員会は「黄龍風景区は、数多くの雪を頂いた峰と中国最東部の氷河からできた渓谷である。ここには、高山の景観だけでなく、さまざまな森林生態系、壮大な石灰岩構造、滝や温泉があり、さらにパンダや四川省の疣鼻金糸猴を含む多くの絶滅危惧種の動物たちの貴重な生息地でもある」と評価している。

● **武陵源**

　武陵源は中国の中部、湖南省の西北部に位置し、張家界森林公園、慈利県索渓峪自然保護区および桑植県の天子山自然保護区などの3つのエリアからなり、総面積約500平方キロメートルの景勝地である。武陵源はこの世でまれに見る砂岩の郡峰地形であり、風景区の中は峡谷が縦横に走り、石や峰が高くそびえ立ち、数多くの動植物が生息する、「大自然の迷宮」や「天下一の奇山」と讃えられる景色が広がる。

　ここは、1億年前、見渡す限りの大海であった。それが長い時間をかけて、大地が隆起し、大自然による風雨の浸食が進み、やがて今日の砂岩の郡峰とい

う地形になった。至るところに珍しい草花があり、常緑の松や柏は勢いよく伸び、日光が遮られ、奇峰奇岩が高く切り立ち、渓谷が取り巻き、絶壁には雲や霧がかかる。その価値ある自然の景観や豊かな原始的な野生植物などが、人を魅了する。この武陵源は奇峰・怪石・幽谷・秀水・石灰洞という「五絶」で世界に広く知られている。

　張家界は青岩山とも呼ばれ、中国で最初に指定された森林公園である。3000もある奇峰がそびえ立ち、その周囲はどれも、斧やなたで削られたような形をしており、形は千差万別である。それぞれの奥深い谷間を縫うように、滝が1年中四季を問わず流れており、独特で美しい一幅の絵のような世界を作り出している。主な観光スポットは、黄獅寨、腰子寨、袁家界、砂刀溝、金鞭渓である。

　索渓峪はかつて常徳慈利県に属していたが、1988年8月に大庸市武陵源区政府が成立され、武陵源の管轄になった。索渓峪の景観は山水によるが、山紫水明だけでなく、険しい橋や奥深い洞窟なども素晴らしい。十里画廊、西海、百丈峡、宝峰湖、黄龍洞など観光スポットは200か所を超える。

　天子山は武陵源風景地の最高地点にあり、その主峰の高さは1250メートルもある。頂上から、周りの山の峰を見下ろすと、見渡す限りの雲海などさまざまな景観が楽しめる。「雲と霧」・「月夜」・「霞む太陽」・「冬の雪」という四大自然奇観を観賞すれば、爽快な気分が味わえる。

　張家界、索渓峪、天子山はそれぞれ独自の特徴を持ちながらも、切り離すことはできず、互いに支え合い景観を彩っている。このようにして、武陵源の「雄大、神秘的、急峻、純朴、重厚、秀麗、野趣」が一体化した力強く美しい自然景観ができ上がったのである。

　また、武陵源は植物の宝庫であり、天然の動物園でもある。武陵源を覆う植生は中央アジアの北部広葉樹林に属し、森林率は95％以上となっている。原始二次森林には1000種以上の植物があり、そのうち木本植物は93科510種あまりで、ヨーロッパ全体の倍以上の種類になる。有名な希少樹木としてイチョウ、ハンカチの木、紅豆杉、カヤなど190種類以上がある。

　さらに、ここには優美な景色と色濃い民族風情が共存している。ここに住むトゥチャ族、ミャオ族、ペー族などの少数民族は長い歴史の中で、独特の伝統習慣を受け継いできている。

　1992年に、世界遺産名録に登録された。世界遺産委員会は「総面積2万

6000ヘクタールを超える武陵源は、奇観と雄大な景色を持っている。最も独特なものは3000を超える砂岩の石柱と砂岩の峰であり、その大部分は高さが200メートルあまりである。峰々の間を峡谷は縦横に走り、渓流、池や滝は至るところに存在する。このほか、40あまりの石でできた洞窟や2つの天然の石橋が存在している。魅力的な自然景観のほか、大量の絶滅に瀕する動植物がここに暮らしていることにより、世界の注目を浴びている」と評価している。

● 三江併流

三江併流は、金砂江（長江）、瀾滄江（メコン川）と怒江（サルウィン川）の3本の大河が、青蔵高原に源を発し、雲南省内を北から南へと山や嶺などを通りながら、170キロメートル以上平行に流れるが合流していないという世界においても珍しい自然地理景観である。その中、瀾滄江と金砂江との最短直線距離が66キロメートル、瀾滄江と怒江との最短直線距離は19キロメートルに足らない場所もある。

三江併流は、4000万年前に形成された。インド亜大陸プレートとヨーロッパアジア大陸プレートが激しくぶつかり、横断山脈の急激な押し出し、上昇、切断を引き起こし、高山と大河が交差した結果、この地域は世界で最も豊富な地質地形の博物館となった。

この区域内には雪山が横たわっており、標高の変化に伴い植物も垂直分布である。760メートルの怒江干熱谷川から6740メートルの卡瓦格博（梅里雪山カワクボ）峰にかけて、高山峡谷、雪峰氷河、湿原高原、森林芝生、淡水湖、希有動物、貴重な植物といったものが集まっている。また、標高5000メートル以上で、それぞれ形が異なる雪山は118もある。雪山の周辺には、静かな原始林が林立し、氷の浸食による湖も多く広く分布している。標高6740メートルに達する梅里雪山の主峰である卡瓦格博峰は万年氷河に覆われ、透明で澄んだ氷河は頂上から標高2700メートルの明永村森林地帯まで下っており、現在、世界で最も壮大で稀な低緯度低標高の季節風海洋性現代氷河である。1100年来、チベット族の人たちは梅里雪山を神聖な山と見なし、登山者は足を踏み込むべからずというタブーを厳守している。また、麗江老君山には中国で最大の面積で、完全な形を保ちながら発達してきた丹霞地形奇観が分布している。原始林の中のその様子は目を奪われるほど美しい。中には、紅色の岩石の表面に風の浸食により亀裂構造を形成したものも多い。

この三江併流は、世界の生物遺伝子の倉庫と称えられている。この地域は第四紀氷河期の大陸氷河に覆われなかったことに加え、地域内の山脈がすべて南北方向であるため、最も豊富で集中したヨーロッパアジア大陸の生物群落になった。高等植物が 210 種あまり、1200 属あまり、6000 以上であり、中国の国土面積の 0.4% しかを占めていないにもかかわらず、中国の高等植物と高等動物の種目はそれぞれ 20% と 25% 以上を有している。現在、この地域に滇キンシコウ、カモシカ、ユキヒョウ、バングラディシュ虎、黒頸鶴など絶滅の危機に瀕する国家級保護動物 77 種類と禿杉、桫欏、紅豆杉など国家級保護植物 34 種が生息している。

　また、生息している生物も多く、例えば哺乳類動物 173 種、鳥類 417 種、爬虫類 59 種、両性類 36 種、淡水魚 76 種、蝶類昆虫 31 種がいる。これらの動物の総数は全中国の 25% に達している。これは中国だけでなく、北半球ひいては全世界においても唯一である。

　さらに、この地域は 16 の民族の集中居住地でもある。同時に世界でも稀に見える多民族、多言語、多宗教信仰と風俗習慣が共存する地域である。長期にわたり、三江併流地域はずっと科学者、冒険家と旅行者の憧れの地であった。彼らはこの地域の顕著な科学的価値、美学的意義と少数民族の独特な文化を高く評価している。

　美学的見地から見れば、金砂江、瀾滄江と怒江の平行に続く峡谷が、この地域の顕著な自然特徴を表している。この 3 本の大河は切断面がちょうどこの地域の境界の外側に位置し、大河の峡谷が主要な風景となっている。地域内では、どこでも高山を見ることができ、中でも、梅里雪山、白馬雪山と哈巴雪山は、壮観な空中風景の輪郭を作っている。闓咏卡氷河は人の目を引く自然景観で、標高は 6740 メートルの卡瓦吉布山から 2700 メートルまで続く。北半球において、このような低緯度（北緯 28 度）にあることから、標高の最も低い氷河といわれている。ほかに優れている地形は、例えば、氷河岩溶（特に怒江峡谷の上方にある月山風景内の月石）とアルプス式丹霞風化層「亀の甲」などが挙げられる。三江併流の地域は世界的に見ても生物の多様性が最も豊富な地域であり、北半球生物景観の縮図でもある。この地域は中国生物多様性保護の 17 の重要地域のうちトップである。また、世界級の種の遺伝子倉庫と中国三大生態種の中心の 1 つである。

2003年6月に世界遺産に登録された。

● 四川パンダ生息地

　四川パンダ生息地は四川省内にあり、臥龍、四姑娘山と挟金山脈を含め、面積は9245平方キロメートルであり、成都市、雅安市、阿坝蔵族羌族自治州、甘孜蔵族自治州なども含まれる。

　四川パンダ生息地は、保護国際（CI）が選定している全世界の25の生物、多様性エリアの1つである。ある意味、「生きている博物館」である。また、1万種を超える高等植物もあり、パンダのほかキンシコウ、カモシカといった希少動物も生存している。

　パンダの故郷である臥龍自然保護区は阿坝蔵族羌族自治州の汶川県内にある。上空から俯瞰すると、まるで青い龍が山を旋回しているように見えるために、臥龍と名づけられた。ここは地勢が高く湿潤なため、箭竹と桦橘竹の成長に非常に適する。これらはパンダの主食にもなり、ここがパンダの生存と繁殖に適した理想の地になった。臥龍は、「パンダの故郷」・「貴重な生物遺伝子倉庫」・「天然動植物園」として国内外で知られている。

　四姑娘山は小金県と汶川県との境にあり、横断山脈の中に隣接した4つの山からなる。地元のチベット族の伝説によると、四人の美しい乙女がこの山に変わったということから、この名がついたといわれている。四姑娘山は険しく雄大で、各国の登山者を引きつけている。山の裾野に森林が茂り、緑のカーペットのように草が生え、澄んだ渓流が絶えず流れている。南ヨーロッパのような風景を呈していることから、「中国のアルプス」といわれている。ここには特殊な気候と顕著な垂直海抜があるために、動植物資源が豊富である。パンダの

保護がメインである卧龍自然保護区および米来羅紅葉風景区にも隣接している。

　挟金山は小金県の南部にあり、邛崃山脈の支脈であり、標高は4114メートルに達し、有名な国家級景勝地である四姑娘山に繋がっている。東は卧龍自然保護区に隣接し、総面積が2万700ヘクタール、木城溝と木尔寨溝尓2つの原始生態区で構成されている。1869年にフランス人の伝道者で生物学者であるデビーが、初めて鄭池溝で天からの贈りもの―パンダを発見したことにより、一挙に世界に知られるようになった。挟金山森林公園は水源が豊富で、独特な景色を形成している。この渓流は交差しながら長く山々を流れており、まるで1本1本の銀色の糸のようであり、山の動脈のようでもある。

　2006年7月に世界遺産大会で、四川パンダ生息地は、世界自然遺産に登録された。

● **三清山**

　三清山は中国江西省上饒市玉山県と徳興市の境界に位置する、懐玉山脈の主峰で道教の名山である。名前は「玉京」・「玉虚」・「玉華」という3峰が高く険しく並ぶ様子がまるで、道教の三大神である始祖玉清、上清、太清が頂上に座っているように見えることからつけられた。3峰の中では玉京峰が最も高く、標高は1819.9メートルである。14億年間の地質変動や風雨の浸食で、世界でも独特な花崗岩峰林地形が形成されてきた。奇峰怪石、古木名花、流泉飛瀑、雲海霧涛が4つの自然絶景と称されている。三清山はすばらしい自然風景と道教人文風景を特色としている。

　南北12.2キロメートル、東西6.3メートルで、荷の葉のように東南から西北へ傾いている三清山は、造山活動が多発し、かつ激しい場所だったため、断層が多く、山は隆起し、規則正しい岩石の割れ目が発達している。また、長期にわたる風化による侵食や重力の作用によって、奇峰が天をつき、幽谷が刃物のように鋭くなり、絶景が形成されてきた。

　古木と名花が三清山の4つの自然絶景の中の1つであるように、ここは植物資源が特に豊かで、天然植物園ともいえる。樹齢が数百年に達する木も多く、数千年に達するものも珍しくない。三清木、白豆杉、香果樹、華東黄杉、華東鉄杉、福建柏、木蓮、高山黄楊など希少な種類の木があり、高い経済価値だけでなく、高い鑑賞価値も備えている。

また、ここは亜熱帯湿潤モンスーン気候に位置するため、原生林が青々と茂り、主に常緑針葉樹、広葉樹の天然混交林が形成され、大量の草木が保存されてきた。統計によると、薬用価値のある植物が349種類もあり、124科に属するという。

　懐玉山脈の山腹にあることから、訪れる人も少ない。これに加え、高い山と密な林、快適な気候が野生動物の生息、繁殖に良い自然環境となり、300種あまりの動物が生息している。金銭豹、短尾サル、センザンコウ、ソウシチョウなど希少動物も少なくない。

　2008年7月に世界遺産に登録された。

● **中国丹霞**

　中国丹霞とは、乾燥しかつ暑い気候の下で形成された赤い砂岩や礫岩から形成された、バラ色の雲や深紅の霞のようなさまざまな赤い色が織りなす地形である。

　地質や地形学の面では、西太平洋活性大陸縁断裂陥落盆地に織りなす地形であると定義される。これらの沈積層は地域の地殻の隆起、激しい断裂、水による切断侵食、団塊運動、風化や侵食作用を経て群峰や切り立った崖や峡谷などの絶景を形成した。

　世界遺産入りしたのは、湖南省の崀山、広東省の丹霞山、福建省の泰寧、江西省の竜虎山、貴州省の赤水、浙江省の江郎山など中国南部湿潤地域の6つの有名な丹霞地形景観区である。

　風景美学から見れば、リスト入りした中国丹霞地形は南部湿潤地域の青年期、壮年期、老年期それぞれの特色を代表的に表すものである。ばらばらの山や高原から形成された高く険しい青年期の峡谷、起伏に富んでいる壮年期の峰林、緩やかな老年期の山水と、いずれも美的なインパクトと印象的な視覚衝撃を与える。赤壁丹崖の崇高と急峻さ、景観の神秘と精巧さ、山水田園の雅とすがすがしさ、林と深い谷の幽玄と静けさ、霧に煙る様子の奥深さと幻想によって、中国丹霞は、世界でも特色のある自然地理現象であり、際立った自然美となっている。

　地球科学から見れば、地球大陸性地殻がある段階に到達後のシンボルである。中国の赤い地層は中生代末期に大規模的に形成されたもので、地球の中生代末期の大陸断裂陥落盆地の地質、古地理、古気候環境といった情報を含んでいる。

形成過程は、地球の中生代末期から新生代までの地球陸地表層システムの世界規模の変化と重大な事件を反映し、世界規模の変化の研究に対して大きな意義を持っている。

　生物や生態学面から見ると、アジア東部の湿潤地域に位置し、世界生物地理系統の旧北区とインドネシア―マレーシア区という2つのエリアの生物多様性を代表する地形である。世界野生動物基金の全世界200の生物地域の中の「中国東南部―海南湿潤林生態区」に属する。ここでは400種近くの絶滅危惧種が生息しているため、世界規模で野生動物の多様性と絶滅危惧種を保全すべき重要な地域でもある。

　2010年8月に世界遺産に登録された。

● 澄江動物化石群

　澄江動物化石群の主要部分は、雲南省昆明の南に位置する玉渓市澄江県撫仙湖畔にある。海綿動物から脊椎動物、そして絶滅危惧種の代表的な動物化石であり、現在、世界で発見されている中で最も古く、最も完全に保存された多種類動物化石群といえる。はるか昔の5億3000万年前のカンブリア紀早期の海洋に生息していた動物がさまざまな姿で生き生きと完全に保存されている。

　この場所は、大昔、浅い海であったが、特別な自然条件と環境に恵まれ、世界でもまれに見る貴重な化石群となった。

　現在までに発見された化石は合わせて120種類で、それぞれ海綿動物、腔腸動物、線形動物、鰓曳動物、動吻類、節足動物、腕足動物、軟体動物、肢節動物、脊索動物などの10種類と分類不明のものがある。このほか、共生していた多種類の藻類もある。また、澄江動物化石群は大昔の海洋生物の実態を表しているので、脊索動物を含む大多数の生物に関する記録をカンブリア紀初期にまで遡ることができる。また、この化石群はカンブリア紀初期の生物の多様性を表しており、「カンブリア紀大爆発」という生物進化の謎を解く上で貴重かつ直接的な証拠を提供してくれる。これらのことから、この化石群は20世紀の最も驚くべき科学発見の1つと称され、澄江も「世界古生物の聖地」と呼ばれている。

　2012年7月の世界遺産委員会で世界遺産リストに登録された。これは、中国で最初の化石群の世界遺産で、中国化石類自然遺産の空白を埋めた。

●新疆天山

　　2013年6月、世界遺産委員会は、中国の新疆天山を世界自然遺産に登録した。

　　天山は世界の七大山系の1つで、世界の温帯旱魃地域において最大の山脈であり、世界最大の東西縦断の独立した山脈でもある。世界遺産地の地域は、昌吉回族自治州のボゴタ、バインゴリン・モンゴル自治州の巴音布魯克と阿克蘇地区のポベーダ、イリ・カザフ自治州の喀拉峻—庫爾徳寧という4つからなっており、総面積は5759平方キロメートルに達する。錫爾川、楚川、イリ川という新疆の三大河川の源もここにある。

　　新疆はこの天山によって南部はタリム盆地、北部はジュンガル盆地と二分される。この2つの盆地は双子のように見えるが、自然の特徴は大きく異なる。タリム盆地は高い山にしっかり囲まれているため、乾燥していて砂漠地帯が多い。それに対し、ジュンガル盆地の北西部山地は、大西洋や北氷洋から湿った空気が流れ込む口があるので、適度な湿気もあるため草がよく育ち、牧畜業が発達している。有名なカラマイ油田もここにある。

　　天山山系の中、標高5000メートル以上の峰は約10ある。そびえ立つ山々は1年を通じて雪に覆われ、遠くから眺めると壮大で、荘厳かつ神秘的に見える。その中のボゴタ峰は標高5445メートルで、天山東部のボゴタ山の最高峰である。この峰の3800メートル以上の地域は1年中雪に覆われ、白一色なので、「雪の海」と呼ばれている。ボゴタの中腹、標高1900メートルのところに、「天池」という深さ90メートルの湖がある。雪解け水が湖に流れ込み、清らかで澄み切った湖面は、まるで鏡のようである。白い雪峰と湖に映る緑の杉によって描かれた一幅の美しい絵のような天池は、新疆の有名な観光景勝地となっている。

　　天山山系は、1年中雪に覆われている峰が大多数ではあるが、3000メートル以下の場所には、豊かな動植物資源がある。アミガサユリ、ムラサキ草、ヒヨス、荊芥、ヒカゲツルニンジン、メハジキなど薬用植物は80種類を数える。その他、珍しい動物も多く、山の峰と尾根や林、草むらが天然の生息地となり、カワウソ、タルバガン、アルガリ、雪豹、オオヤマネコ、天山鹿、天山カモシカなど法律で保護されている動物が生息している。

　　世界遺産委員会は、「新疆の天山には、素晴らしい自然景色がある。また、暑さと寒さ、旱魃と湿潤、荒涼と優美、壮観と精緻といった対照的なものが同時に存在し、独特な自然美を作り出している。典型的山地垂直自然帯譜で、南

北の斜面の景色の差異や植物の多様性はパミール—天山山地生物生態の進化過程を表している。そして、中央アジアの数多くの絶滅危惧種や特有種の最も重要な生息地であり、暖湿植物区系が乾燥した地中海植物区系に代わるこの地域での生物進化過程も明白に示している」と評価している。

● 中国南方のカルスト

　中国南方のカルストは3億年前から50万年前に形成され、雲南省、貴州省と広西チワン族自治区に集中し、リハカルスト、石林カルスト、武隆カルストなど、5万平方キロメートルに広がっている。カルストとは、石灰岩と白雲岩をはじめとする炭酸塩岩の上に形成された地形である。

　雲南省のカルストは石林彝族自治区にあり、「路南石林」とも呼ばれる。石林は彝族の伝説の人物、アシマの故郷といわれている。石林カルストの「大小石林」と「乃古石林」は剣、柱や塔のような景観で世界遺産に登録された。ここは2億7000万年前、長い間の地質変化と複雑的な古地理環境の変遷を経て形成され、現在、きわめて貴重な地質遺跡になっている。全世界のカルスト地形がここに集中しているかのように、世界にあるカルストの大部分の種類はここに含まれる。カルストでできた石歯、峰叢、鐘乳丘、鐘乳洞、鐘乳湖、滝、地下河川は、巧みに配置され味わいがある。それはまた、典型的な高原カルスト生態系であると同時に、最も豊富で立体的なパノラマでもある。また、石林に足を踏み入れると、タイムトンネルに身を置いたかのようで、自然の恵みと偉大な時の流れを満喫することができる。そして、太古の海底の迷宮を巡ると、険しい山やそびえ立つ石峰が、時には大勢の軍隊に、時には静かな古城に、またある時には鳥や獣や人間のように見え、生き生きとした景観を呈している。

　貴州省リハ県内にある樟江景勝地の「大小七孔景勝地」と「茂蘭国家レベル自然保護区」は円錐型のカルストの代表として世界遺産入りした。リハカルスト原始森林、水上森林と「漏斗」森林は、合わせて「リハ三絶」と呼ばれる。これらは、山の上、水の中など、それぞれ異なる空間で形成されてきたが、いずれも石の上に生まれ、脆弱なカルストの環境の中で育くまれたものである。それは、まさに人間が自然と調和した奇跡ともいえる。漏斗森林とは、緑豊かなカルストの中の漏斗型のものを指す。樹木が密集し、周りを山々に取り囲まれた、その形は巨大な緑色の洞窟のようである。漏斗の底から円錐型の峰の頂まで150〜300メートルの高低差がある。人気もなく、あらゆるものが原始の

姿そのままで残っている。「水は石の上を流れ、樹は石の上に育つ」といわれる、「小七孔」の円錐型の森林は、リハ県のもう1つの見どころである。ここには、樹齢の100年以上のものも多く、その根は水に浸り、巨大な石に抱きしめられ、水に打たれながらも生き生きとしている。

重慶市武隆区内の武隆カルストは天生三橋、箐口天坑、芙蓉洞という大きく3つの部分からなり、中には天生橋、天坑地縫、溶洞など立体的なカルスト景観がある。その中の芙蓉洞は大型の石灰岩の大きな洞窟で、全長2400メートル、広さ高さともに30～50メートルある。洞壁にはさまざまなヘリクタイトや方解石、石膏晶花など世界的に見ても珍しいものがある。武隆の天生橋風景区は、天竜橋、青龍橋、黒龍橋という3つの力強いアーチ型の石橋によって名を知られ、アジア最大の天然の橋群に数えられる。

中国南方のカルストは2007年6月世界遺産に登録された。世界遺産委員会は、「カルストの特性と地形景観の多様性は世界で並ぶものがない。湿潤の熱帯から亜熱帯のカルストまでを代表できる顕著な見本であるため、普遍的価値もある。申請資料や専門家によると中国南方のカルスト、雲南石林は最高の自然現象で、カルストの最高の標本であり、石林のすぐれた見本で、カルスト地形のモデル地域でもある」と評価している。

■複合遺産

●峨眉山と楽山大仏

峨眉山は「大光明山」とも呼ばれ、中国西部四川省中南部に位置し、最高峰の万仏頂は海抜3099メートルである。峨眉山は、素晴らしい自然風景と神話のような仏教の安楽な邦土があることから、内外によく知られ、また美しい自然景観と悠久な歴史的文化が溶け合っており、「峨眉天下秀」と称えられている。

峨眉山はさまざまな自然要素の集中地区にあり、生物の種類は豊富で、特有な生物種類も多く、亜熱帯地帯の植物体系は完全な形で保存されており、森林カバー率は87％に達している。峨眉山地区には高等植物が242科、種類が3200あまり、中国の植物総数の10分の1を占め、中には、峨眉山地区にしかない植物が100種類あまりを数えている。また珍しい動物が多く生息し、その種類は2300種類あまりで、世界の生物区系などを研究する上で重要な地区と

いえる。

　峨眉山は、中国の四大仏教名山の1つである。仏教の普及、寺院の建造などは峨眉山に多くの神秘な色彩を添えた。宗教文化、特に仏教文化は峨眉山の歴史文化の主体となり、すべての建築、仏像、法器および礼儀、音楽、絵画などには、いずれも宗教文化の息吹が感じられている。峨眉山には寺院がたくさんあり、報国寺、万年寺など『金頂山八大寺院』が最も有名である。

　楽山大仏は、峨眉山東麓の栖鸞峰に鎮座し、昔、「彌勒大仏」、「嘉定大仏」と呼ばれ、唐の玄宗開元元年（713年）から建造し、90年間かけて完成された。世界で現存されている最大の石刻坐仏である。この彌勒大仏は顔の表情がおごそかで、高さが71メートルに達した。その彫刻は非常に精巧に施され、仏像の全身の比例は均衡が取れ、気勢は雄大であり、繁栄した唐代の文化の素晴らしさをよく体現した。仏像の南北両側の石壁には唐代の石刻の仏壇90あまりが納められ、中には優れたものが少なくない。

　峨眉山（楽山大仏を含む）はその特殊な地理的位置、素晴らしい神秘な自然景観、典型的な地質地貌、よく保護された生態環境、特に世界の生物区系結合部に位置し、豊富な動物と植物資源に恵まれている。峨眉山には絶滅の危機に瀕した珍しい動物の種類が多い。2000年近くの間に、仏教を主な特徴とする文化遺産が作り出された。峨眉山の美しい自然と文化遺産は、歴史、美術学、科学研究、科学の普及および観光の面できわめて高い価値があり、全人類共同の富である。

　峨眉山と楽山大仏は、1996年、ユネスコによって「世界の文化と自然遺産」に登録された。世界遺産委員会は、「紀元1世紀に、四川省にある風景が美しい峨眉山の山頂では中国初の仏教寺院が落成された。その周辺に、他の寺院が相次いで建立されたことに伴い、ここは仏教の主要な聖地の1つとなっている」としている。

● 黄山

　中国には、「五岳より帰り来たれば、山を見ず、黄山より帰り来たれば、五岳を見ず」という諺がある。すなわち黄山に登る前に、中国の最も特徴のある最も有名な5つの山、東岳泰山、西岳崋山、中岳嵩山、南岳恒山、北岳衡山を遊覧した後、天下のすべての山を遊覧しなくてもよいということである。しかし、先に黄山を遊覧したら、この5つの山岳を遊覧する必要がまったくないと

いうことからも、黄山が持つ奇観とすばらしさがわかるというものである。

　黄山は、中国安徽省南部黄山市に位置し、南北の長さが40キロメートル、東西の幅が30キロメートル、面積が1200平方キロメートルで、風景区に画定された地区の面積は154平方キロメートルに達している。黄山は山が高く重なり合い、険しい峰が林立し、谷が深い。気候の温差が垂直に変化し、降雨が十分で、湿度が大きいことから、霧と雲海が多いというのが黄山の特徴である。

　黄山は、「天下の有名な風景は黄山に集まる」と古来の文人たちに絶賛された名山であり、とりわけ奇松、奇石、雲海、温泉「4つの絶品」で、その名が天下に知られている。奇松は、最も奇妙な景観で、100年以上の樹齢を持つ黄山の松の木が1万株もあり、これらの松は峰や谷にあり、強い生命力がある。そのうち、玉女峰の麓にある迎客松は黄山のシンボルである。奇石は黄山のどこにでも見られ、さまざまな形をし、大きいものは林のようにそびえ立っている。黄山の気候の温度差は垂直に変化しており、1年のうち200日以上を霧と雲海に覆われ、この雲海はさまざまな素晴らしい景観を呈している。黄山の温泉は、水が澄んで、飲むことも、沐浴することもできる。

　黄山の自然環境の条件は複雑であるが、生態環境のバランスがよく取れ、原生植物が自然に分布している。黄山では、現在沼沢1か所と湿地1か所が保存されており、森林カバー率は56%、植生カバー率は83%に達した。有名なお茶「黄山の毛峰」や有名な漢方薬「黄山の霊芝」が国内外によく知られており、古木が多い黄山はまた珍しい動物が生息する理想的な場所である。

　黄山は、美しい自然景観に恵まれているだけでなく、奥深い中国文化をも備

えている。歴史上数多くの詩人や画家およびその他の芸術家たちは黄山を訪れ、黄山の素晴らしさを讃える数え切れない優れた芸術作品を作った。中国歴代の詩人、李白、賈島、范成大、石濤、龔自珍らも黄山を讃える作品を作ったことがある。その作品は2万点以上あるといわれている。

中国古代の伝説上の軒轅皇帝はかつて黄山で修行し、ついに仙人となったといわれている。現在、このような伝説とかかわりのある多くの峰、例えば軒轅峰、浮丘峰および煉丹峰などが残されており、黄山はまた、宗教、特に道教と密接な関係を持っているといえる。

黄山は、1990年ユネスコによって、『世界の文化と自然遺産』に登録された。世界遺産委員会は「黄山は中国の文学芸術史に広く讃えられる有名な山で、その美しい自然風景に恵まれた名勝地を訪れる国内外の多くの観光客、詩人、画家および写真家にとって魅力ある場所だ」と評価している。

■文化的景観

●五台山

山西省の東北部の五台山は、華北地域の奥地に位置する中国四大仏教名山の1つである。地上に現れた地殻の異なる地層の岩石層と地質構造が広大な面積を形成している。また、中国大陸の基礎部の地質構造と地質構成の状況を完全に示しており、世界で知られている25億年以前の古い地層構造を持つ最高の山脈である。五台山は高くて平らな面、よく発育した氷河地形、独特な高山草原などの景観だけでなく、第四紀氷河およびきわめて大きな浸食力によってできた「竜蟠石」（うずくまる竜のような石）、「凍脹丘」（厳寒で氷が膨れ上がって盛り上がった丘）など氷と関係がある地形の奇観を目にすることもできる。

五台山の一番低い海抜は624メートル、一番高い海抜は3061メートルである。

五台山には奇妙な自然景観がたくさんあり、そのうち「円虹」が一番といわれる。普通の虹は雨の後に現れ、弧状であるが、五台山には雨が降らなくても虹が見える。しかも円形のものである。最も奇妙なのは、7色の円から、動物、鳥、仏様などの模様が見られる。物理、地理、気象などの要素が絡み合ってできた奇妙な自然景観である。

五台山は、5つの峰に囲まれていることから、この名がついた。この5つの

峰の頂上はいずれも平らで広く、東台、西台、南台、北台と中台と名がつけられ、これを合わせて「五台」と呼んでいる。

また、五台山は四川省の峨嵋山、浙江省の普陀山、安徽省の九華山とともに仏教の四大名山と呼ばれ、中でもその長い歴史や規模の大きさから、四大名山のトップといわれている。唐代から7つの王朝の異なる風格の寺院68か所が現存しており、仏教の変化と発展を物語っている。

山内に北魏の時期に大浮図寺と呼ばれる寺が建立され、それ以後、多数の山岳寺院が建立された。最も繁栄した時期には、300以上の寺が林立していたといわれる。その後、三武一宗の廃仏および自然災害による破壊などにより、1956年ころには合わせて124か所しか残らなかった。なお、仏教の青廟と、ラマ教の黄廟と寺院には2つの種類がある。青廟99か所、黄廟は75か所が残る。

五台山には文化遺産、人的景観があるだけでなく、美しい自然景観もある。華山の険しさや黄山の奇観はないが、蘆山の雲霧と雲海があり、ほかにはない仏光がある。五台山は毎年9月に初雪が降り、4月に雪解けを迎え、盛夏は涼しく爽やかである。

ここにある南禅寺は、現存する世界最古の木構造建築の1つである。仏光寺は東方最古の真珠と称されている。五台山のシンボル的な建築である大白塔は、元代最高の覆鉢式塔（仏舎利塔）である。五台山風景区は山々が重なり合い、樹木が生い茂り、夏になると花が咲き乱れるが、山頂の氷は1000年融けない。景色が素晴らしく、気候も爽やかなため、古来より避暑地となっている。

● **西湖（杭州）**

杭州は、人間天堂（人の世の天国）といわれ、その美しい山水で有名である。元の時代、イタリアの有名な冒険家マルコ・ポーロは杭州を「世界で最も美しく華やかな都市」と評価している。

市の中心地である西湖は、杭州の西に位置し、昔、武林水・西子湖などと呼ばれた。三方を山に囲まれ、湖の面積は約6.5平方キロメートルである。南北の長さは約3.2キロメートルあり、西東の幅は約2.8キロメートルである。山紫水明が西湖の基調であり、山水と文化の融合が西湖の名勝を格調高くしている。2011年6月の第35回世界遺産委員会で世界文化遺産として登録された。

21世紀の初め、内外の旅行客を夢中にさせる「一湖二塔三島三堤」という300年前の西湖の全景図が人々の前に現れた。一湖は西湖、二塔は保塔と雷峰

塔、三島は三潭印月、湖心亭と阮公墩、三堤は蘇堤、白堤と楊公堤をいう。"蘇堤"と"白堤"は、昔杭州の役人として赴任してきた白楽天と蘇東坡が造ったといわれている。今ある堤は当時のままのものではないが、西湖を代表する景観であることに変わりはない。白堤は、京劇白蛇伝の白素貞が入水したといわれる伝説があるほか、西湖にまつわる伝承は多い。

　湖は一周15キロメートル、平均水深が2.27メートル、水の容量は約1429万立方メートルである。蘇堤と白堤が水面を里湖、外湖、岳湖、西里湖と小南湖5つの部分に分けている。そのうち外湖の面積が一番大きい。景観には山1つ（孤山）、堤2つ（蘇堤、白堤）、島3つ（阮公墩、湖心亭、小瀛州）と湖5つ、西湖十景からなっている。

　西湖十景は南宋の時代に形成され、主に西湖の湖畔に分布しているが、湖上に存在しているものもある。蘇堤春暁、曲院風荷、平湖秋月、断橋残雪、柳浪聞鶯、花港観魚、雷峰夕照、双峰挿雲、南屏晩鐘、三潭印月の十景は、それぞれが特長ある景勝地で、それらがともに融合し、その結果、杭州は内外を問わず、観光客を引きつけているのである。

● 紅河ハニ棚田

　紅河ハニ棚田は、雲南省南部紅河南岸の哀牢山中にあり、元陽県を中心に紅河県・緑春県・金平県など複数の県に及び、総面積約5万4000ヘクタール（総面積1万6603ヘクタール）で、最大標高1800メートル、最大勾配75度の斜面に広がる世界最大の棚田群である。国連食糧農業機関（FAO）により世界農業遺産にも認定されている。

　この世界一の棚田を8世紀ころから1300年かけて築き上げたのは、少数民族・ハニ族の人々である。他民族に追われ奥深いこの地にたどり着いた彼らは、気の遠くなるような労力で山肌を耕し、豊富な経験を積み、独自の灌漑技術と農法を磨いてきた。森や霧など自然を巧みに利用した棚田は、1つの巨大な循環システムでもある。

　ハニ棚田のハニ族は海抜800メートルから2500メートルの山に住んでおり、農業に従事している。中でも、稲文化が特に発達している。また、ハニ族は棚田とそれに関する伝統のすべてを守っている。村落の最も神聖な場所、「寨神林」は村人たちが「寨神」（村の神様）の祭祀を執り行っているところである。この場所は、1000年以上の活力を保っている。ここの人々は伝統的な暮らし

方を維持しており、衣服は青色が多く、男子は黒色の頭巾を被る。

　世界遺産委員会は、「森や霧など自然を巧みに利用しハニ族が作り上げた棚田は、1つの巨大な循環システムでもある。この文化景観区には82のハニ族の集落が存在する。特に不可逆的な変化の中で、存続が危ぶまれている人と環境の関わりあいの際立った例」と評価している。

 コラム5　チベットの文化

　チベット自治区は中国に5つある自治区の1つで、略称は「チベット」、チベット族を主体とする民族自治地域である。中国西南部、青海・チベット高原の西南部に位置している。その南と西はミャンマー、インド、ブータン、ネパールなどの国と隣接し、国境線はおよそ3800キロメートルに達している。チベット自治区の面積は122万平方キロメートルあまりで、中国の総面積の8分の1を占めている。

　紀元前から青海・チベット高原に住んでいたチベット族の先人は内地の漢民族と連絡を取っていた。長い月日を経て青海・チベット高原に分散していた多くの部落は次第に統一され、現在のチベット族となった。

　中国全土の半分以上のチベット族はチベットに住んでおり、ほかに青海、甘粛、四川、雲南などに分布している。チベット族以外には、漢族、回族、メンバ族、ローバ族、ナシ族、ヌー族、トーロン族など10以上の民族がチベットに居住しており、メンバ族、ローバ族、ナシ族の民族自治体に当たる民族郷もある

　そして、チベット族、蒙古族などが集まり住む地区では、チベット仏教が信仰されている。俗にラマ教と呼ばれ、古代インドと中国の内陸地方からチベットに伝わり、地元の古い宗教と融合して誕生したチベットの地方色を持つ仏教である。

　漢民族の仏教徒とインド仏教の影響を受け、チベット仏教の寺院は漢民族の宮殿建築になぞってできており、規模が大きく、巧みな彫刻と絵画を特色とする。ラサのポタラ宮、レブン寺と青海のタール寺は古代建築の代表といわれている。

　チベット地区にある寺院では、チベット仏教の神秘的な色彩が重視されている。仏殿は一般に高く奥行きがあり、色鮮やかな布の絵が掛けられ、柱には絨毯が巻かれ、薄暗い室内に神秘的な雰囲気を醸し出している。寺院の外観は色彩的な対照が目立ち、壁は赤く塗られ、その上に白や茶色の装飾用の布が巻かれている。経堂と塔は白く塗られ、窓枠は黒く神秘性を表している。

　ポタラ宮以外のチベット寺院について紹介する。

・大昭寺と八廓街：ラサ市の中心部にある大昭寺は、647年にチベットの王であるソンツェンガンポが唐の文成公主〔皇帝の娘〕王女を王妃に迎えるため建立したもので、中には仏殿、経堂などがある。仏殿は4階建てで、唐代の建築風格、金箔の銅の瓦屋根、ネパール、インドの建築芸術をも兼ね備えている。殿内の中央には文成公主が長安から持ち帰った釈迦牟尼12歳時の金箔の銅像が陳列され、境内の廊下と殿堂の周りには、文成王女がチベットに嫁入りしたときの賑わいと神話を描いた長さ1000メートル近くの生き生きとしたチベット風の壁画を見ることができる。

・タシルンポ寺：タシルンポ寺はチベットゲルク派（黄教）最大の寺院で、500年あまりの歴史を持ち、パンチェン・ラマが宗教活動と政治活動を主に行った場所である。

　タシルンポ寺は山腹に建てられ、50あまりの経堂と200あまりの部屋を持っている。そのうち、弥勒仏像のある宮殿は高さ30メートルで、建物は冠、顔、胸、腰と脚の5階に分けてできており、中には高さ26.2メートルの弥勒仏の銅製

坐像が鎮座している。この坐像は、6700万両もの黄金と12万キログラムの純度の高い銅で作られ、大小さまざまな1400個あまりのダイヤモンド、真珠、琥珀やその他貴重な石で飾られている。

・タンカ：タンカとは、チベット文化の特色を持つ色彩豊かな宗教画を布やシルク、紙に描いた掛け軸のようなものである。社会史の風習が描かれ題材も多く多彩だが、特に宗教的なものが多い。

タンカは、亜麻、平織りの綿布などを生地にしており、シルクを生地とするものもあるが、非常に珍しい。これは文成公主がチベットに入った際に紡績などの生産技術を伝えたことから始まったとされている。タンカの生地から、その生産技術がチベットで普及していったことがわかる。

タンカの絵に使われる塗料は、濁りのある鉱物や植物にゼラチンや牛の胆汁を加えたものを原料としている。この原料の配合方は科学的で、かつチベット高原の気候が乾燥していることもあり、タンカは数百年経っても色褪せず描きたてのような瑞々しさを保っている。

6章
古典文学

■中国の古典詩詞の人と作品

●「詩聖」杜甫とその詩

　中国の文学史では、李白と杜甫は、唐代の詩の最高レベルを代表する人物とされる。

　杜甫（712年〜770年）は、著名な詩人杜審言の孫として生まれた。子供のころから賢く勉強熱心であった。家庭環境が良く、7歳から詩の書き方を覚え、大人になった杜甫は書画・音楽・乗馬・剣舞をすべて習得した。青年時代の杜甫は才気に富み、大きな志を持っていた。19歳から旅に出て、ロマン溢れる暮らしを送った。ちょうど唐代が最も繁栄していたときで、杜甫は多くの名山や大河を訪れ、「会ず当に絶頂を凌ぎ、一覧して衆山を小とすべし」など世に長く詠われる詩を作った。杜甫は多くの文

人と同様官職の道で出世しようとしていた。詩や散文を捧げて権力者におもねり、科挙の試験を受けたが、たびたび失敗に終わった。中年になった杜甫は唐の都・長安で貧しい暮らしを送っていたが、権力者の贅沢な暮らしと貧しい人々の惨めな暮らしぶりを見た杜甫は、「朱門酒肉臭し、路に凍死の骨あり」の句を綴った。官職での失意と暮らしの困窮に苦しめられた杜甫は、統治者の腐敗と民衆の苦難を次第に認識するようになり、憂国の士となった。杜甫は43歳でようやく官職についたが、その1月後反乱が起こった。その後も戦乱は止まらず、杜甫は各地を浮浪して艱難辛苦をなめ尽くした。現実に対して明晰な認識を持つ杜甫は有名な詩文「石壕吏」・「潼関吏」・「新安吏」・「新婚別」・「垂老

別」・「無家別」を作り、民衆に対する同情と戦争に対する憤りを表した。

政治に対して徹底的に失望した杜甫は47歳で官職を辞した。ちょうど長安が旱魃に見舞われた時期で、貧しくて生活が維持できなかった杜甫は家族を連れて西南部の四川・成都に流れ着いた。友人の援助で4年間隠居生活を送った間に書いた「茅屋為秋風所破歌」は家族の貧しい暮らしを描いたもので、自らの経験をもとに天下の貧しい人々の気持ちを詠ったが、それは詩人の高尚な気持ちを体現しているものでもあった。

770年、59歳の杜甫は放浪の途中で死去した。杜甫が書いた1400篇の詩は、唐代の戦乱を表すものが多く、唐代の最盛期から衰退期まで20年間の社会の全貌を記録している。杜甫の詩は形式が多様で、多くの先人の長所を取り入れた上にさらに発展させたもので、内容的にも形式的にも詩歌の分野を大きく切り拓き、後代に広範な影響を及ぼした。

● 「詩仙」李白とその詩

李白は中国唐代の著名な詩人である。自尊心に富み、誇り高く独立心の強い人格や、豪放洒脱、自由でロマン溢れる感情は唐代知識人の性格と精神的な特徴を体現している。

李白（701年～762年）は原籍が今日の甘粛であるが、出身地や家系は今に至るまで謎である。彼の詩からわかるのは、家族は豊かで教養があり、李白は子供のころから読書好きで、剣も上手であった。李白は見聞を広めるため20歳から各地を旅した。見識が豊かで知恵が優れているため、詩作に傑出した業績をあげた。当時はまだ印刷や交通が発達していなかったが、人々が互いに交流することで、李白は若いころから広く名を知られていた。

李白は若いころ官吏になって身を立てようとして、都の長安に来た。知識を学び、政府の試験を受けることは中国古代の文人が一貫して求めたことであるが、詩作に優れていた上、有名人から推薦されたため、742年李白は宮廷に入り文官として仕えるようになった。この時期が、李白の生涯で最も得意な時期

であった。

　李白は生まれつき誇り高い性格で、役人たちの何の新味もない風潮に不満を持っていた。いつか皇帝から重責を任せられ、政治上の才能を発揮できることを望んでいた。しかし、皇帝は彼を詩人としか見ていなかった上、役人たちが李白の陰口を言ったため、皇帝は李白を信頼しなくなった。李白は宮廷に失望して長安を離れ、天下を放浪し、詩と酒に浸る暮らしを始めた。

　李白は生涯の大部分の時間を旅の中で過ごし、この間に自然を歌う詩を多く書いた。李白が詠んだ「蜀道難、難于上青空」、「君不見黄河之水天上来、奔流到海不復回」などは、誇張の手法と生き生きとした喩えで永遠に詠われる名句である。

　李白の詩はこれまで伝わっているものが900篇あまりあり、ほかに散文が60篇ほどある。特異な発想と壮大な作風は読者を魅了し、後の世代に深い影響を及ぼし、「詩仙」と呼ばれている。

● 天才作家—蘇軾

　蘇軾（1037年～1101年）は、字は子瞻、東坡居士と号する。四川省眉山県の人である。父親は著名な古文書家で、そのため家庭環境にめぐまれ、子供のころから大志を抱いていた。官吏になると悪政の改革に熱心に取り組み、国の安定のために奮闘した。地方の官僚や宮廷の大臣として悪政の除去と改革を推し進めた。

　蘇軾は豪放磊落な性格で朝廷の悪弊を直接に批判したので、宮廷の派閥闘争の犠牲となった。彼の後半生は、度重なる政治的苦難に終始苦しめられた。43歳から何度も流刑に処され、流刑先は次第に遠くなり、環境はますます厳しいものになった。苛酷な生涯の中で、蘇軾は中国の儒教・仏教・道教という3つの宗教哲学を融合し、楽観的な姿勢で人生の苦しみに臨む解脱の境地を開くとともに、理想を堅持し美しい物事への追及を堅持することができた。これによって蘇軾は自らの人格と節操を守り、厳しい外部からの圧力

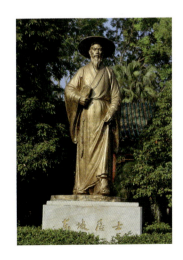

にも耐えることができたのである。

蘇軾は裏表のない人柄で気骨があり、古い観念に捉われることがなかった。こうした人格と心理は、中国の封建時代後期の文人から非常に尊敬されるようになった。いわゆる「東坡模範」は800年あまりも中国で流行った。

蘇軾は非常に才能があり、詩・詞・文のいずれでも偉大な成果を上げた。蘇軾の詩は内容が豊かで、様式は多様である。発想が奇抜で比喩が新鮮、言葉が高度に形象化されている。蘇軾の詞は独自の形式を持ち、詞は男女の愛情を謡うものという古い概念を打ち破り、内容は社会や人生など広い範囲に及んだ。蘇軾は散文でも実力があり、優れた才能があった。唐宋八大家の中では蘇軾の業績が最も大きい。蘇軾は境遇こそ恵まれなかったが、その文章を天下の人々がこぞって模倣した。

蘇軾の散文で最も知られているのは、叙事と紀行である。例えば、前後篇の「赤壁賦」である。前篇の「赤壁賦」は晴れた月夜や澄んだ秋の川を詠い、後篇の「赤壁賦」は山高く月小さく、水落ちて石表れるという冬の景色を詠っている。内容は異なるが、趣向は統一されており、宋代の文章の手本とされる作品である。

● 中国初の詩集『詩経』

『詩経』は紀元前7世紀に生まれた中国初の詩集であり、史詩・風刺詩・叙事詩・恋歌・戦争歌・労働歌などがすべてそろっている。一人の創作ではないが、ギリシヤのホメロスの詩よりも数百年早いものである。

『詩経』には西周初年（紀元前11世紀）から春秋半ば（紀元前7世紀）まで500年間の約305篇の詩が取り入れられている。『詩経』は風・雅・頌の3部からなり、風は15の国の民謡が160篇、雅は周朝の都の歌で105篇、頌は祭り歌で40篇ある。

形式からいえば四言詩が多く、二言・三言・五言・六言・七言・八言の詩もある。重複語・双声・韻の繰り返しを多く使った変化に富んだ形式で、読んでいて音楽性も豊かである。内容から見れば、風が『詩経』の精粋である。民間から生まれた歌

なので装飾が少なく、周の時代の民謡の素朴な姿を表している。風は一般の労働者の暮らしを描いており、例えば若い男女の恋を歌う「関雎」、「其東問を出ず」、本人は労働せず他人の成果を奪う奴隷主を歌う「伐檀」や「碩鼠」、戦争を歌う「揚の水」や「君子が役に」などがある。

『詩経』の作者にはさまざまな人がいる。詩に歌われる身分を作者の身分と考えれば、労働者・兵士・君子や「士」などがいる。「士」は当時の貴族の最下層で、「君子」は貴族を表す。このほかの多くの作者は身分が確定できない。

『詩経』の作品の多くは儀式の一部として使われたもので、娯楽性のあるものや社会や政治に対する作者の考えを表すものもある。後代になると『詩経』は貴族の教育に使われる教材となり、『詩経』の学習は貴族にとって必須の教養であり、中国で最も重要な古典とされた。こうした教育は言葉を美しくする役割を果たし、社交の場で『詩経』の句を詠んで自らの意思を婉曲に表すことがあった。『論語』は孔子の話として「『詩』がなければ、言葉にならない」と記している。

全体的に見れば、『詩経』は中国文学の輝かしい出発点で、中国文学がとても早くから発展していた証しである。その内容は、労働・愛情・戦争・圧迫や反抗・風俗と結婚・祭典、宴会・天候・地理・動物・植物など中国古代社会の各方面に及ぶ。その言葉は紀元前11世紀から紀元前6世紀までの中国語を理解する重要な手がかりとなっている。

■中国古典演劇文学

●演劇家―李漁

中国数千年の古典文学史上には多くの著名な詩人や脚本家、小説家がいるが、戯曲・監督・演劇理論・小説を一人で全部担った人はあまりいない。李漁はその数少ない一人である。

1610年明の時代に生まれた李漁が30歳になったころ王朝の交替があり、清朝が武力で明朝に取って代わった。それに伴う社会の動揺は10年ほど続いたが、李漁はずっとこうした社会に暮らし、1680年に亡くなった。

李漁は小さいころから伝統的な儒教の教育を受け、中国の伝統的知識人の歩む道に憧れを持っていた。科挙の試験に合格して仕官の道を歩もうとしていた

が、社会が不安定で数回受験したものの合格できずそのままあきらめてしまった。李漁は故郷で書舗を開き、彫刻や書道で生計を立てるかたわら戯曲の創作に全力を傾けた。

　李漁の最も大きな業績は演劇の創作と理論にある。李漁が書いた戯曲で現存するものは「比目魚」・「鳳求凰」・「玉掻頭」・「怜香伴」など10種ある。戯曲のほとんどは男女の恋物語で、現実の暮らしを背景に愛を追い求める男女の若者を描いている。こうした作品は物語が面白く、ユーモアたっぷりの言葉で、舞台劇に最適であるが、単なる娯楽ではなく、厳粛な社会的な内容も含まれている。例えば、出身で結婚相手を評価することや、子供の好き嫌いに関わらず両親が結婚相手を決めることなど旧時代の結婚制度を非難している。李漁の作品は当時の社会に受け入れられただけでなく、中国と密接なつながりを持つ日本や東南アジア諸国にも伝わった。現代になっても作品が舞台で上演されることがある。

　李漁は多くの戯曲を書いただけでなく、自ら劇団を組織し自分の戯曲を上演した。李漁は演出や、時には役者も努めた。古代の中国では演劇は下賎な仕事であると見られており、伝統的知識人は相手にしなかった。しかし、李漁は劇団を率いて中国の10数省を訪れ、その旅は20数年にわたった。

　こうした過程で李漁は多くの経験を積んだ。演劇のすべての過程、監督・役者・役者の選択・リハーサル・正式の公演を経験し、それを理論化して、『閑情偶寄』という本を著した。これは中国古典演劇理論の構築を意味し、後代の演劇と文学の発展に大きな影響を及ぼした。

　李漁はまた小説家でもあった。作品には長編「覚後禅」、短編「無声劇」・「十二楼」などがある。李漁の小説は自らの経験をもとに書かれたものが多く、個人的特徴が鮮明である。李漁は小説の中で社会の伝統的観念に反論する。例えば、中国には古くから「女は才能がないのが徳性だ」という観念があるが、李漁はその小説で「女は才能あるのが徳性だ」と訴え、女性も技能を学び男と平等であるべきだと主張した。

　李漁はまた詩歌や歴史論にも才能を発揮した。その最も重要な作品「閑情偶寄」に、演劇理論のほか飲食・建築・収蔵・娯楽・植物栽培にも触れ、今読んでも面白い。

● 著名な演劇家—関漢卿

中国元朝の演劇家関漢卿は中国の文学・演劇史上で最も偉大な作家の一人である。その作品「竇娥冤」は700年もの間毎年繰り返し上演され、多くの外国語にも翻訳され世界各地に広く伝わっている。

関漢卿は13世紀・元朝の人で、利口でユーモアがあり、博学で豊かな才能を持つ。詩のほか、多くの楽器や中国将棋、狩猟にも堪能である。関漢卿は長い間、元の都の大都に住んでいた。皇室の病院に勤めたこともあるが、仕事に興味はなく熱心に戯曲の創作に取り組んでいた。当時「雑劇」という演劇が流行っていた。「雑劇」は民間の物語を豊かにした内容で、社会の現実を反映していた。当時の高官・貴族から市民まで「雑劇」を好んで観た。関漢卿の作品は貴族の遊びではなく、一般の人々の苦しみを述べるものであった。

当時、元朝の政治は腐敗しており、社会は揺れ動いていた。階級対立や民族間の衝突が深刻で、人々の日々の暮らしは悲惨であった。社会の底辺に暮らす人々に同情を寄せていた関漢卿は官職を辞め、こうした人々の暮らしを理解してそれを演劇の形で表し、理想とする社会を描いた。

関漢卿は人々の苦しみをよく理解し、一般庶民の言葉を使いこなすと同時に高い教養も備えていた。これらのことは彼の創作の条件となった。当時、役者の社会的地位は低かったが、関漢卿は常に役者たちと接し、自ら監督し、演ずることもあった。その作品で自らの性格を「私は煮ても焼いても食えない銅の豆だ」と書いている。その作品は社会の現実を深刻に表すだけでなく、闘争精神に満ちている。作中の人物は苦しい暮らしをする一方で、正直で勇気があり反抗の精神を持っている。有名な悲劇「竇娥冤」はその代表作である。

「竇娥冤」は「竇娥」という娘の悲惨な運命を物語っている。この芝居は数百年ずっと人々に愛され、中国の10大悲劇の1つとされる。また多くの外国語に翻訳され、世界でも愛読されてきた。

関漢卿は演劇界のリーダーであった。当時、人々が圧迫に対して反抗することを促しただけでなく、後代の戯曲にも大きな影響を及ぼした。関漢卿は生涯で67の脚本を書いたが、今も残っているのは18作品である。典型的な人物を創造するのが得意で、人物の複雑な内面をうまく表している。昔の戯曲の中で、これほど多くの人物を鮮明に書き上げた作品はほかにはないといわれる。

関漢卿は中国の演劇・文学史上に重要な地位を占め、元朝演劇の創始者とされる。また世界文学史上でも高く評価され、「東洋のシェークスピア」と呼ばれる。

■中国古典小説

● 『三国志（演義）』

『三国志（演義）』（以下、『三国志』と略す）といえば、中国で知らない者はいない。数世紀の間、『三国志』に描かれた戦争の場面や生き生きとした人物などが中国の人々に好まれてきただけでなく、多くの学者にとっても長年の研究テーマでもある。

『三国志』の作者・羅貫中は学識が非常に広い人物である。彼が生きた14世紀は民族間の争いと階級的対立が異常に際立った時代であった。元代はモンゴル人が政権を握り漢民族に対して高圧的な統治を実施していたので、全国各地で漢民族の武装蜂起が相次いでいた。青年時代の羅貫中も武装蜂起に参加したことがある。

『三国志』は紀元184年から280年の間の歴史を物語っている。羅貫中は三国時代の歴史や伝記、民間伝説などを収集し、自分の政治信条や武装蜂起に参加した体験と結びつけて、「魏」・「呉」・「蜀」三国間の政治や軍事闘争の歴史を見事に書き上げた。

『三国志』は文学的価値があるだけでなく、歴史学、人間学、心理学、謀略学、軍事学など多角的な価値があり、現代でも通用する意義を持っている。そのため、現在『三国志』を研究する専門家や学者がますます多くなってきている。

世界各国の人々に愛され、「真に庶民のための傑作」と評価されている。

● 『西遊記』

中国の古典で最も人気のある神話小説である『西遊記』は、7世紀の唐の時

代に三蔵法師・玄奘が孫悟空・猪八戒・沙悟浄を従えてインドに仏典を取りに行く途中、81 の妖怪・怪物などを退治する物語である。

　『西遊記』の作者は今の江蘇省淮安出身の呉承恩である。幼いころから聡明で、書道のほか詞や曲にも大きな興味を示し、碁にも精通していた多芸多才な人物であった。しかし、科挙の試験を何度受けても成功せず、生活や境遇は貧困をきわめていた。彼はそんな現実を変えようと思ったがかなわず、やむを得ず空想の世界に望みを傾注した。

　『西遊記』は呉承恩の晩年の作品であるが、彼は青年時代から『西遊記』を書くためにいろいろと準備していた。30 代に『西遊記』を書く計画を立て、50 歳になってから『西遊記』前篇の 10 数回分を書いたが、さまざまな原因で一時中断していた。晩年、官職を辞任して故郷に戻ってから、ようやく『西遊記』の創作を完成させたのである。

　『西遊記』は 1 つひとつ違った内容の物語からなり、1 つの物語は独立していながら前後との連続性もある。小説に出てくるさまざまな神仙や妖怪はそれぞれ正義と邪悪を代表しており、作者は小説で神話の世界を作り上げようとした。この神話の世界で呉承恩が創造した孫悟空は優れた技を持ち、悪を憎んで秘密武器「如意棒」ですべての妖怪を退治する。これは現実社会のすべての醜悪を一掃しようとする呉承恩の強い願望を表している。

　『西遊記』は後世への影響が非常に大きく、数百年来、多くの人々、特に子供たちに愛読されている。

● 『紅楼夢』

　18世紀半ば、清の乾隆帝の時代に中国の文壇に曹雪芹という偉大な小説家が現れた。『紅楼夢』はその代表作である。

　『紅楼夢』は中国古典小説の不朽の名作といわれる。曹雪芹がこのような傑作を書くことができたのは彼の才能と文学的修養はもちろんであるが、より重要なことは裕福な身分から貧しい境遇に零落するという生活環境の激変から得た人生体験があったからだといえる。曹雪芹の祖父は清の康熙帝から深い寵愛を得ていたので、曹雪芹の幼いころは大変裕福な生活を送っていた。しかしその後、曹家は職を解かれ財産を没収されるという大きな変化が生じた。南方から北京に転居した青年時代の曹雪芹は人間の冷たさや暖かさ、「金の切れ目が縁の切れ目」という世間の不人情などさまざまなことを体験した。晩年には北京の西郊外に住み、極限まで貧窮した境遇の中で彼は『紅楼夢』の80章を書き上げたところで、病気で亡くなった。

　『紅楼夢』はまたの名を『石頭記』といい、曹雪芹の生前すでに写本として流布していたが、彼の死後、高顎という文人が引き継ぎ、作者の意図を憶測しながら残りの40章を書き上げた。

　『紅楼夢』は、社会生活のすべてを包括する「百科全書」といわれる小説である。その中で言及される人物は皇帝や貴族・官僚のほか、商人や農民など社会各層に及んでいる。描写の範囲も上流社会の社交儀礼から庶民の生活まで、社会生活のすべてが含まれている。

　『紅楼夢』は人物に対する描写が白眉である。特に若い女性に対する描写は非常に生き生きとしており、彼女たちの生活に対する希望や愛情への憧れ、そ

して主人公たちの繊細な感情などが細かく描かれ、あたかも目の前にいるかのような立体的筆致で描かれている。

● 『聊斎志異』

　18世紀の初め、中国に大変有名な短編小説集『聊斎志異』が登場した。それは、蒲松齢が独特の筆法で描いた妖怪物語である。

　蒲松齢（1640年〜1715年）は清代の文学者である。商人の家に生まれ、生涯私塾の教師で生計を立てていたという。彼は数多くの文学作品を書いたが、短編小説集『聊斎志異』が代表作である。

　『聊斎志異』は全部で431篇、うち短いものは200〜300字、長いものは数千字ある。全篇ことごとく神仙・狐・鬼・化け物・不思議な人間に関する話で、それを通して封建社会の礼儀や道徳、腐りきった科挙制度などを厳しく批判し、個性の自由を主張した。

　『聊斎志異』に登場する狐は大部分美しく善良な少女の姿で現れるが、中でも「小翠」が最も美しく描かれている。作者は優れた表現力で純粋で善良で賢く可憐な少女・小翠の姿を描き出し、物語の終わりになって初めて彼女が狐であることを明らかにする。

　『聊斎志異』に美しい狐のほかに醜いが善良な狐も描いている。例えば「醜い狐」は、ある貧乏な書生を助けてきた醜い狐が、恩知らずの書生に復讐をするという物語である。

　『聊斎志異』は中国文学史の不朽の傑作である。200年あまりの間にこの小説集は映画化されたほか、20種の外国語に翻訳され、世界各国の人々に歓迎されている。

コラム6　名医・華佗

華佗（145年〜208年）　中国の後漢末期の名医で、字を元化、名は甫、ハイ国の樵県（現在の中国南部安徽省勃県）の人である。華佗は董奉、張仲景と合わせて「建安の三神医」とも呼ばれている。

華佗は少年時代に海外留学の経験があり、医学の研究に専念した。華佗の医術は非常に高く、伝染病や寄生虫病、産婦人科、小児科、呼吸器官病、皮膚病などの多くの分野に及んでいる。特に全身麻酔と外科手術の面で素晴らしい業績をあげた。華佗は人々から愛され、その業績から2000年あまり前の中国医学発展の状況をある程度知ることができる。華佗は、世界で最も早く全身麻酔の医術を使用した医者の一人である。

華佗の発明した「五禽遊戯」はとても人気がある。それは虎、鹿、熊、猿、鳥など5種類の動物の動作を真似て作られた体操で、筋骨を鍛え、呼吸と血液を調整し、病気を予防することを目的としている。

華佗の評判を聞いた曹操は彼を典医として招き入れ、持病であった頭痛や目眩の治療に当たらせた。しかし華佗は、士大夫として待遇されず医者としてしか扱われないことに不満を抱き始め、帰郷の念が募り、医書を取りに行くといって故郷に戻った。その後は妻の病気を理由に2度と曹操の下に戻って来ようとしなかったため、やがてその行動を不信に思い、華佗の素性を調べた曹操の怒りを買うことになってしまう。激怒した曹操は華佗を投獄し、軍師荀彧（じゅんいく）の救命嘆願も聞かず、拷問の末に殺害してしまった。

華佗の唯一の著書と伝えられる「青嚢書（せいかいしょ）」はもうこの世に残っていない。

7章 民間物語

■神話

●初めて火を起こした燧人

　中国の神話や伝説には、知恵と勇気と強い意志で人々に幸せをもたらす英雄が多い。燧人もその一人である。大昔、人々は火の存在を知らず、使い方ももちろん知らなかった。夜になると人々は身を寄せ合い、真っ暗闇の中で野獣の吼える声におののき、寒さと恐怖の中で過ごしていた。また、火がないため食べ物を生で食べるしかなかったことからよく病気になり、寿命も短かった。

　当時、伏羲という神様が人間のこんなにも苦しい生活を目の当たりにして悲しく思い、人間に火の使い方を教えようとした。伏羲が神通力を使い森に雨を降らせた。しばらくすると"ガガーン"という音とともに雷が木に落ちて燃え上がり、瞬く間に大火となった。これに人々は驚き、四方八方に逃げた。やがて雨が止み、夜になると大地は濡れて冷たくなった。戻った人々は、燃えている木々を見て驚きを隠せなかった。このときある若者が、野獣たちの声が消えていることに気づいた。彼は"獣たちはこの光るものを恐れている"と考え、勇気を出して自ら近づいてみると、その光るものは暖かった。そこで彼は興奮し「みんな早く来い！この光るものは怖くないぞ。これはみんなに光と温もりを与えてくれるぞ！」と言った。このとき人々は、近くで焼け死んだ獣を見つけたが、なんとその焼けた肉からはいい匂いがしていた。そこでみんなは火を囲み、焼けた獣肉を分けて食べ、初めて火を通したものの美味しさを知った。こうして初めて火の大切さを知った人々は、火が消えないように枝や薪を集め、毎日代わる代わる見守った。しかしある日、番をしていた者が眠ってしまい枝が燃え尽き、火が消えてしまったので、人々はまた暗闇と寒さの中の生活に戻り辛い日々を送っていた。

　この様子を空から見ていた伏羲は、最初に火のありがたさに気づいた若者の夢の中に現れ、「遥か遠い西に遂明という国があり、そこに火の種がある。そ

の火種を取ってくればよい」と教えた。夢から覚めた若者は、その教え通りに、遂明国に火を探しに行くことを決意した。

こうして若者は山を越え川を渡り森を通って、やっとの思いで遂明国に辿り着いた。しかしそこには日差しがなく、昼と夜の区別もなく、あるのはただ暗闇ばかりで火などどこにもなかった。若者は失望し"遂木"という大きな木の下に座り込み休んでいた。すると急に目の前で何かが光り、周りを明るく照らした。若者が立ち上がりその光を探すと、遂木にとまっていた何羽かの大きな鳥が、くちばしで枝を突っつくたびに木から光が放たれるのを見た。そこで若者が遂木の枝を折り、小さな枝と大きな枝を擦り合わせると小さな火花が出た。若者がさまざまな枝を互いに擦り合わせ摩擦を続けると、遂にその枝から煙が出始め、やがて炎が燃え上がった。若者は喜びのあまり涙を流した。

それから若者は故郷へ帰り、火の種を作る方法をみんなに教えたので、人々は暗闇や寒さ、おののきの暮らしから解放された。その後若者は、勇気と知恵が認められ首領となり"燧人"と名づけられた。この"燧人"とは火を取る者という意味である。

● 尭と舜王位を譲る

中国の長い封建王朝の歴史では、帝位は必ずその息子が継いでいた。しかし中国の神話では、最初に相次いで王位に着いたのは尭、舜と禹であり、この三人には血縁がない。つまり、品行と才能を兼ね備えた者が推薦されて帝位を継いでいたのである。

伝説では尭は中国最初の帝である。彼は年を取ったので後継者を探そうと考え、各部落の首領を集めて自分の考えを伝えると、放斉という者が「御子息の丹朱は物わかりの良い方なので、帝の座に就くのに相応しいのではないでしょうか」と進言した。しかし尭は「駄目だ。息子には品がなく争いを好む」と、これを退けた。そこで「では水利を治めている共工という者はいかがでしょう」と、もう一人が言うと、尭は「共工は話し上手であるし、見かけは礼儀正しそうだが内心は醜い。そういう者は信用できない」と首を横に振った。結局最後まで結論が出ず、尭は後継者を探し続けた。

その後しばらくして、尭はまたも首領を集めて相談した。今度は、何人もの首領が一般人である舜という若者を推薦した。これに尭は頷きながら「おお！私もその者の噂を知っているが、もっと詳しく聞かせてはくれないか？」と言っ

た。そこで首領たちはいろいろと話し始めた。舜の父は非常に愚かな人間で、瞽叟（目が見えない年寄りのこと）と呼ばれ、また母が早くに亡くなったため、継母に育てられるも虐げられて暮らした。やがて継母が弟の象を産んだが、象はひどく傲慢に育った。しかし父の瞽叟はこの弟を可愛がった。舜はこんな境遇で育ちながらも、自分の父や継母、それに弟にも優しかったことから、みんなは舜を褒め称えた。この話を聞いた堯は、まず舜の人格を確かめようと考え、自分の二人の娘、娥皇と女英を舜に嫁がせ、食糧の蔵まで建ててやり、多くの牛や羊を与えた。舜の継母と弟はそれに嫉妬し、瞽叟と計らって舜を何度も殺そうとした。

　ある日、瞽叟は蔵の屋根を修理するために舜を屋根に上がらせ、舜が梯子で屋根に上がったのを確かめると、下で梯子に火を着けた。舜は火の手を見て逃げようとしたが、すでに梯子は焼けてなくなっていた。そこで舜は身につけていた2つの日除け用の笠を両手を広げて持ち、翼を広げた鳥のように屋根から飛び降り軽々と着地し、怪我1つしなかった。しかし瞽叟と象は諦めず、今度は舜に井戸さらいをさせた。舜が井戸に下りると、瞽叟らはすぐに大量の土と石を井戸に投げ落とし舜を生き埋めにしようとした。しかし舜は井戸の中で横穴を掘り、そこから脱出し、また無事に家に帰ることができた。

　象は、舜が助かったことを知らず得意になって家に戻り「これで兄は死んだに違いない。この方法を考えたのは俺だ。さあ、今から兄の財産を分けよう」と瞽叟に言い、舜の部屋に向かった。しかし部屋に入ると舜が座って琴を弾いていた。これを見た象はうろたえながらも恥ずかしそうに「ああ、兄さん心配しましたよ」と言った。一方、舜は何事もなかったように「いいところに来たね。ちょっと忙しいので、ちょうどお前に助けて欲しいと思っていたところだ」と答えた。その後も舜はこれまで通り両親と弟に優しくし、瞽叟と象もそのときから舜を陥れることを考えなくなったという。これを始終見ていた堯は、舜が優れた品行と才能を持っていることを確信し、帝の座を彼に譲る

と決めた。このように帝位を譲ることを、中国の歴史学者は"禅譲"と呼んでいる。

舜は帝の座に就いてからも勤勉で倹約に努め、庶民とともに働いたので大衆から信頼された。それから何年か経ち堯が亡くなった。そこで舜は堯の息子の丹朱に帝位を譲ろうとしたが、みんながこれに強く反対した。舜は年を取ると、また同じ方法で品行と才能を備えた禹を後継者に選んだ。

後の人々は、堯、舜、禹の時代には利益争いや権力争いがなく、皇帝も大衆も皆、質素で幸せに暮らしていたとしている。

● 5つの神山の物語

人類の開祖である女媧は人間を造ってから平穏無事な日々を送っていた。しかしある日、天と地が激しくぶつかり空に大きなヒビができた。そして大地も激しく燃え始め、熱い炎が地心から燃え上がって森林を焼き尽くし、大水が淵の底から噴き出して山を覆った。化け物、妖怪、凶悪な獣などがこの機に乗じて残虐を尽くし、人類は塗炭の苦をなめていた。

女媧は人類に助けを求められたので、まずは化け物や猛獣を殺し、次に大水による災いをなくし、最後に天のヒビを繕うというとてつもない仕事にとりかかった。

女媧は各地から蘆の枝を集めヒビのあるところに持っていき、それを空と同じ高さまで積んでから空と同じ色の青い石を探した。地上にある青い石が足りないため、仕方なく白、黄色、赤と黒の石を積み上げた蘆の枝の上に乗せた。そして地心から出た炎が消えないうちに、1本の大きな木で蘆の枝に火を着けると、その火は宇宙全体を明るく照らし、青い石をはじめ5色の石も焼かれて赤くなった。そして石は徐々に溶けていき、シロップのように空のヒビの割れ目に流れ込み、蘆の枝が燃え尽きるころ、空の大きなヒビは塞がれた。

しかし壊れた天と地を女媧がなんとかしたが、元の状態には戻らなかった。西北方向の空は少し傾いてしまい、太陽と月は自ずとそちらに近づいた。また東南方向の大地には深い穴が残り、すべての川の水は東南方向へと流れ、そこに大量の水が溜まり海となったのである。

渤海の東側には底が見えない大きな溝"帰墟"があった。地上の水も海の水も、すべてここに流れ込んでくる。しかし"帰墟"の水は増えも減りもせず、常に同じ状態を保っていたので、水が溢れ出して人間を溺れさせることはなかった。

"帰墟"の中に5つの神の山"岱輿"、"員嶠"、"方壺"、"瀛洲"、"蓬莱"があった。それぞれの山の高さは3万里（1万5000キロメートル）あり、山と山の間は7万里（3万5000キロメートル）であった。頂上には、玉石を彫りつけた柵に囲まれた黄金造りの宮殿があり、中には大勢の神が住んでいた。ここの動物はすべて白く、また珍しい木がたくさん生えていた。その果実はいずれも玉石や真珠でできていて美味しく、しかも人間が食べれば不老長寿になるものであった。神たちは皆、真っ白な服を纏い、背中に小さな翼があった。彼らはいつも海の上や青空の下を鳥のように自由に飛び回って5つの山の間を行き来し、親類や友を訪ねて楽しく幸せな日々を送っていた。

　ところがこんな幸せの中にも1つの小さな悩みがあった。実はこの5つの山はいずれも海に浮かんでおり、大風が来ると山はいろいろなところに流されるのである。こうなると山々の行き来は大変不便なものになった。そこで彼らは使いの者を選び、天帝に陳情した。また天帝も、山々が天の果てまで流され神たちが住まいをなくすことを恐れていたので、海の神である"禺強"に命じ15匹の大きい亀に5つの山を背負わせることにした。そこで各山を1匹の亀が背負い、その左右に2匹を待機させ、6万年ごとに山を背負うのを交代させることにした。こうして山は安定し、神たちは大喜びした。ところがある年、"竜伯国"という巨人の国から一人の巨人が帰墟にやってきた。巨人の体は神の山と同じように大きく、その巨人は釣竿を使って次から次へと、山を背負っている大亀を海から釣り上げると亀を背負って自分の国に帰ってしまった。亀を失った2つの山"岱輿"と"員嶠"は、北極まで風で流され海の底に沈んでしまった。その山に棲んでいた神たちは慌てて立ち退いたが、荷物を背負ったまま空を彷徨い、大粒の汗が流れ落ちるほど疲れ果ててしまった。

天帝はこれを知って激怒し、"竜伯国"の者が2度と問題を起こさないようにするため、その巨大な体を小さくした。また残りの3つの山は亀の背の上にあったため事なきを得て、今でも中国東部沿海に高くそびえ立っているという。

● 盤古の天地開闢の物語

伝説によると太古の昔、天と地は分かれておらず、宇宙全体は1つの大きいタマゴのようであったという。その中は混沌として真っ暗で、上下左右や東西南北の区別はまったくつかなかった。しかしこのタマゴの中には一人の偉大な英雄がいた。それが天地開闢の盤古である。盤古はタマゴの中で1万8000年もの間育まれ、遂に目覚めたのである。盤古が初めて目を開けたとき、周りは真っ暗で息ができないほど暑苦しかった。これに怒った彼は殻の中で、手にしていた大きな斧を力一杯振った。すると耳をつんざくような大きな音がして、タマゴが木っ端微塵に砕け、中の軽くて澄んだものは上に昇って天となり、重くて濁ったものも徐々に沈んで大地となったのである。

天地を開闢した盤古は喜びを感じた。しかし天と地がまた1つに戻ってしまうのを恐れた彼は頭で天を支え、足で大地を踏みつけ、変幻自在の神通力を使って体をどんどん大きくしていった。毎日彼が一丈（3.3メートル）成長すると、それに連れて空も一丈高くなり、大地も一丈厚くなっていった。そして1万8000年を経て盤古は雄々しい巨人となり、その身長は9万里にものぼった。その後またも数え切れないほど長い年月が経つと、天と地は安定し、1つにはもう戻らなくなった。その様を見た盤古は安心した。ところが、この天地開闢の英雄はすでに気力をなくし、自分を支える力をすべて失ってしまい、巨大な体はついに崩れて倒れてしまった。

盤古の臨終の際に全身に大きな変化が起こった。彼の左目は真っ赤な太陽に、右目は銀色の月に、最後に吐き出した息は風と雲に、最後に発した声は雷に、そして髪と髭はきらきらと光る星に、頭と手足は大地の四季と高い山

に、血液は川や湖に、筋骨と血脈は道に、筋肉は肥えた土地に、皮膚と産毛は花草や樹木に、歯は金銀銅鉄の金属や玉石の宝に、汗は雨と甘露にそれぞれ変わっていった。こうして世界ができたのである。

●女媧の人間創造物語

古代ギリシヤの伝説ではプロメテウスが人類を造ったとされている。古代エジプトの伝説では、人類は神に呼ばれて生まれたとある。しかしユダヤ神話では、人類を造ったのはヤーウェであると伝えられている。では中国の古代神話の中で人間はどのように生まれたのであろうか。それは"女媧"という人間の体と龍の尾を持った女神の功である。

伝説によると、大英雄の盤古が天地を開闢して以来、女媧は天と地の間を旅してまわった。当時、地上にはすでに山や川、草木や鳥、獣、虫、魚などがいたが、やはり人間がいないため活気がなかった。ある日、女媧が荒れ果てた大地を歩いていると、ふと強い孤独感を覚えた。そこで彼女はこの世にもう少し活気のあるものを増やそうと考えた。

女媧は大地を奔り樹木や草花を愛したが、それより彼女が惹かれたのは生気にあふれた鳥、獣、虫、魚などであった。しかし彼女は、盤古の創造は不完全であり、その動物たちの知力も高くないことを感じ、今あるいかなる生き物よりももっと優れた命を造ろうと考えたのである。

女媧は黄河に沿って奔り、川面に映った自分の美しい姿を見てこらえきれない喜びを覚えた。そこで彼女は川床の柔らかな泥で自分の姿を真似て泥人形を造り始めた。女媧は利口な上に器用なので、ほどなくしてたくさんの泥人形を造り上げた。この人形たちはほとんど彼女と同じ姿をしていたが、竜の尾の代わりに両手に習って両足をつけ加えた。そして人形たちに息を吹きかけて活力を吹き込んだところ、この小さな人形たちは"命"を持つようになり、まっすぐ立って歩き、言葉を話し、賢いものとなった。女媧は彼らを"人"と名づけた。つまり人間である。また、その中の一部に陽性の気を注ぎ込んだ。それは自然界で争いを好む雄性の要素で、その"人"たちは男となり、残りの"人"は自然界では柔順な陰性の要素とされる雌性の気を注ぎ込まれ、女となったのである。そしてこれらの男と女たちは女媧を囲んで踊り歓呼して、大地に生気を添えた。

また、女媧はこの人間を大地にいっぱいにしようと考えたが、すでに随分と

疲れていたため、彼女はある早道を思いついた。女媧は1本の藁の縄を川底の泥に浸け漬け込んで、縄の先が完全に泥に包まれるまで回した。そして縄を上げて地上に振ると、ところどころに落ちた泥は一人ひとりの人間となった。こうして女媧は大地に行きわたるほどの人を造ったのである。

　大地に人類ができると、女媧の仕事は終わったように見えた。しかし彼女には新たな悩みがあった。どうすれば人間を生存させ続けられるのか。人間は所詮いつかは死んでしまう。もし死んでしまったら、その後にまた新たに造らなければならない。そうなると手間がかかるので、女媧は男と女を見繕って、子孫の繁殖と子育ての責任を人類自身に任せた。こうして人類は長く繁栄し続け、毎日増え続けている。

●**牽牛と織女の物語**

　牽牛という、貧乏だが楽しく暮らしている独身の男がいた。彼は1頭の老いた牛とともに暮らし、その他の財産といえば1つの鋤だけであった。牽牛は毎日畑で働き、帰ってからも自分で料理や洗濯をしなければならず苦しい日々を送っていた。ところがある日、奇跡が起こったのである。

　この日、牽牛が野良仕事を終えて家に帰り戸を開けると、部屋の中はきれいに片づけられ洗濯もきちんと終わり、おまけに食卓には温かくて美味しそうな料理が置かれていた。驚いた牽牛は、「まさか神様がここに来られたのか？」と思い不思議でならなかった。

　そして、このようなことが何日も続いた。牽牛は、とうとう真相を突き止めようと決めた。ある日、牽牛はいつもの通り朝早く出掛けたが、すぐに家の近くに身を隠しこっそり見張っていると、しばらくして一人の美しい女性が現れた。その女性は家に入ると甲斐甲斐しく家事を始めたのである。これを見た牽牛は我慢できずに飛び出していって、「お嬢さん、どうして家事を手伝ってくれるのですか？」と尋ねた。女性は驚いて顔を赤らめながら小さな声で答えた。「私は織女と申します。貴方の辛い生活を見てお手伝いしようと思ったのです。」これにおおいに喜んだ牽牛は、勇気を出して「私の妻になってくれないか？一緒に働いて暮らそう」と申し出た。織女はこれを快諾した。こうして牽牛と織女は夫婦となったのである。それから牽牛は毎日畑で働き、織女は家で機を織りながら家事をこなし幸せに暮らした。

　数年が経ち、二人は男の子と女の子の二人の子供に恵まれ、家族四人で楽し

く過ごしていた。

　ところがある日、空が不意に曇り出し疾風が吹き荒れると、天から二人の神将が牽牛の家へやってきた。このときになって牽牛は初めて、織女が天帝の孫娘であり、数年前に家出していたことを知った。神将たちはやっと探し出した織姫を、無理矢理天に連れ帰ってしまったのである。

　牽牛は、二人の幼い子供を抱きかかえ、空へと連れ去られていく織女を見つめながらひどく心を痛めた。そして彼は、必ずや天に行き妻を連れ戻すと誓った。しかし、普通の人間がどうやって天へ行くのかと牽牛が悩んでいると、これまでずっと黙っていた牛が口を開き「私を殺して、私の皮を纏えば空を飛ぶことができる」と教えた。

　この話に牽牛は何度も首を横に振ったが、結局ほかに方法がなかったので、涙を飲んで牛の言う通りにせざるを得なかった。

　こうして牽牛は牛の皮を纏い、二人の子供を天秤棒で担いで天の宮殿へと向かった。しかし、身分の違いに厳しい天の宮殿では、ただの貧しい人間である牽牛に目をかける者など誰もおらず、天帝も織女と面会させることを断った。

　しかし、牽牛と子供たちが再三願い出たので、天帝は遂に織女との面会を許した。囚われの身となっていた織女は、自分の夫と子供たちに会うことができて喜びと切なさで一杯となった。やがて、天帝は改めて命を下し、織女を連れ去ってしまった。悲しんだ牽牛は子供を連れてその後を追い、何回も転んでは立ち上がり必死に追い着こうとしたが、天帝の后が無情にも金の簪を使って大空に線を引くと、なんと広大な銀河が現れ牽牛と織女の間を塞いでしまった。こうして、牽牛と織女は銀河の両端に立ち、遠くから互いの姿を見ることしかできなくなってしまった。

　ただ、毎年旧暦の7月7日だけは牽牛と織女は会うことを許された。そのときは、何千何万という大勢のカササギが飛び交い銀河の上にカササギの橋を作り、それを渡って二人が再会するようになった。

■寓話

●蛇足

　古代、楚の国のある貴族が先祖を祭った後の礼として、手伝いに来てくれた客人たちに一壺の酒を贈った。そこで、「皆で分けて飲むと足りないが、一人が飲めばまだあまるというものである。では、皆で地面に蛇を描き、最初に描き終わった者がこの酒を全部飲むということにしよう」と話が決まった。

　やがて、一人の男が最初に蛇を描き終えた。男は酒を飲もうと酒壺を手にしたが、自分が一番早く描き終わったことを自慢したくなり、「見ろよ、俺にはまだ蛇に足を添える余裕があるぞ」と言って蛇に足を画き加え始めた。

　すると、その男が足を書き加え終わらないうちにもう一人が蛇を描き終え、男の手から酒壺を奪い取り、「もともと、蛇に足はない。余計なことをしたな！」と言って一気に酒を飲み干した。蛇に足を書き加えた男は、自分が飲むべき酒を飲み損なったのである。

　この寓話は、何をするにしても具体的な要求と明確な目標を持ち、しっかりした意志でそれを求め完成させるべきであり、勝利に酔うばかりでは必ず失敗を招いてしまうと人々に教えている。

●和氏の璧

　楚の国の卞和という者が山中で美しい石を見つけ、それを国王である厲王に献上した。そこで厲王はすぐに玉の職人にこれを鑑定させた。

　しかし職人が「これはただの石ころにすぎません」と答えたので、厲王は卞和が自分を騙したと思い、卞和の左足を切り落としてしまった。

　厲王が亡くなった後、武王が即位した。卞和がまたも、かの石を武王に献上したところ、武王もやはり玉の職人に鑑定させた。しかし職人はかつての職人と同じ判断を下した。そして武王も卞和が自分を騙したと考え、今度は彼の右足を切り落としてしまったのである。

　そして、武王が亡くなり文王が後を継いだ。卞和はかの美しい石を抱えて楚山の麓で3日3晩、目から血が出るまで泣き続けた。これを知った文王はすぐに部下を遣って「世の中で両足を切り取られた人はお前だけではない。なのに、どうしてそんなにも泣くのか？」と訳を聞いた。

　すると卞和は「私が悲しいのは足を失ったことではなく、宝の玉をただの石

ころだと言われ、誠実な人間が嘘つきにされたことです。それが何よりも悲しいのです」と答えた。これを耳にした文王は、またも玉の職人に、かの美しい石を念入りに鑑定させたところ、遂にこの石が世にも珍しい秘宝の玉だということがわかり、この玉を「和氏の璧」と命名した。

　この寓話は作者の韓非が、自分の政治的主張が国に認められず自分が排斥されたことを卞和の扱いに喩え、その悔しさを表している。しかし、この物語からはもう1つ深い意味を悟ることができる。それは、玉の職人は玉を知るべく、国を治める者は人を知るべく、そして宝を献上する者はその宝のためにあらゆる犠牲を惜しむことはないということである。

● 膏肓（体の奥深いところ）に入る

　ある日、名医の扁鵲が国君の蔡桓公に謁見して、側でしばらく観察した後、「陛下の皮膚には軽い病がありますので、早く治さないと毒が体内に入る恐れがございます」と申し出たが、蔡桓公はこれには耳を貸さず、「私に病などはない」と気にも留めなかった。これを聞いて扁鵲は仕方なく下がったので、蔡桓公は側近に「医者というものは、体が丈夫な人間に病にかかったと嘘ぶき褒美をもらうのだ」と言った。

　そして10日が過ぎ、扁鵲がまた蔡桓公に謁見し、「私がお見受けするに、陛下の病はすでに筋肉に達しておりますので、早く治さなければさらに重くなることでしょう」と勧告した。しかし蔡桓公の機嫌を損ねたのか、相手にされなかったので彼は仕方なくまた下がった。

　またも10日が過ぎ扁鵲が謁見し、「私がお見受けするに陛下の病はすでに胃腸にまで至っております。いち早く治さなければ、病はもっと重くなりますぞ」と諫めたが、またしても蔡桓公に無視されてしまった。

　それから10日後、扁鵲は遠くから蔡桓公の姿を見つけると、すぐに逃げるように去っていった。そこで蔡桓公が部下を遣って「どうして何も言わずに行ってしまったのか？」と聞いてみた。

　すると扁鵲は「皮膚の病なら煎じ薬や熱罨法で治せます。また病が筋肉に入っても、針灸でまだ治せるというもの。さらに胃腸にまで達してもいくつかの煎じ薬を飲めば治りますが、病が体の奥深いところに入ってしまうと医者の力では治せなくなり、どうなるかは死神だけが決めることでございます。今、陛下の病はすでに骨髄にまで達しており、私にはどうすることもできません。」と

答えた。

5日後、蔡桓公は全身が痛み始めたので、すぐ部下を遣って扁鵲を探したが、すでに扁鵲は身を隠した後で、やがて蔡桓公は病死してしまった。

この物語は、人の過ちや欠点などは適時直すべきであり、もし見ぬ振りをして放任し続ければ、小さな過ちは必ず大きく、軽い問題は必ず重くなり、いつか取り返しのつかない事態を起こしてしまうことを人々に諭している。

● 鄒忌、美を競う

斉の宰相である鄒忌は優々たる美男子であった。ある朝、彼は身支度を整えてからしばらく鏡で己の姿を眺めた後、「私と城北に住む徐公とはどちらが美男子か?」と妻に聞いた。これに妻は「あなたのほうがずっと美男子ですよ。徐公などは足元にも及ばないわ」と答えた。

実は城北に住む徐公も、斉では1、2位を争う有名な美男子であった。鄒忌は自分が徐公よりも美男子であるということが信じられず、今度は「お前から見て、私と城北の徐公とはどっちが美男子かな」と妾に聞いてみた。すると妾は「徐公よりあなたのほうがずっと美男子ですわ」と答えた。

翌日、客が訪ねてきたので、鄒忌はまた「私と徐公のどちらが美男子ですかな?」と聞くと、来客は「徐公は貴方には及びませんよ」と答えた。

そしてある日、城北から当の徐公が鄒忌を訪ねて来たので、鄒忌は徐公と対面し、その顔立ち、姿、仕草をじっくりと観察して自分は徐公ほど美男子ではないことを深く悟り、徐公が帰った後にまた鏡で自分の姿を眺めて、自分が徐公にはとても及ばないことを一層痛感した。

その日の夜。鄒忌は床に伏して真剣に考え、ようやく答えを得た。「妻が私のほうが美男子だと言ったのは、私のことを愛しているからだ。妾が私のほうが美男子だと言ったのは、私を恐れているからだ。そして客が私のほうが美男子だと言ったのは、私に頼みごとがあったからだ。つまり私は徐公よりも美し

くはないのだ。」こうして鄒忌は事の一切を悟ったのである。

この寓話は、人は己を知るべきであり、自分の身近な人の言葉や、自分に下心がある人のおだてを簡単に信用してはならないと諭している。

●井の中の蛙

ある浅い井戸に1匹の蛙が住み着き、楽しく日々を送っていた。ある日蛙は、東海からやってきた1匹の海亀に「ここは毎日楽しいぞ！遊ぶときは柵の上を跳びまわり、休みたければ井戸の壁の欠けた瓦で休み、泥を踏んでも足を取られるまでは沈まない。それに、私はこの溝の水を独り占めしているから、跳びたいときに跳んで休みたいときに休めるんだ。本当に素晴らしい！お前さんも井戸に降りて見物していかないか？」と自慢した。

そこで海亀は右足を井戸に踏み入れようとしたが、まだ左足を入れてもいないうちに、もう右足が挟まってしまった。仕方なく海亀は井戸に降りるのを止め蛙に言った。「遥か千里というと遠いと思うだろう？だが、それは海の広さには敵わない。千尋といえば高いが、海の深さはそれでは表せない。夏の禹時代にものすごい洪水があり氾濫したが、海の水は少しも増えなかった。また、商湯時代に8年のうち7年は日照りに襲われたが、海の水は少しも減らなかった。久遠なる海はどんなに月日が流れても変わらず、どんなに雨が多くとも海面は高くならないんだ。これこそが東海に住む一番の楽しさ！」

海亀の話を聞いた蛙は内心不安になり、それまでの大きな目は輝きを失い、自分の存在がいかに小さいものであったかとつくづく感じた。

この物語は、少しばかりの見識や功績で、喜んだり自惚れてはならないと人々に忠告している。

■名勝に関する物語

●五台山の伝説

中国には五台山、峨嵋山、普陀山、九華山という仏教の四大名山がある。伝説によれば、この4つの山はそれぞれ仏教の四大菩薩である文殊、普賢、観音と地蔵のそれぞれの修業の地である。そうしたことから、各山は悠久たる仏教文化の歴史を持つと同時に中国の観光名所ともなっている。

五台山は中国山西省に位置し、5つの峰に囲まれていることからその名がつ

いた。この5つの峰の頂上はいずれも平らで広く、東台、西台、南台、北台、中台と呼ばれ、これを合わせて「五台」と呼んでいる。五台山の海抜の高さは華北地区で最高である。

　昔、五台山は五峰山と呼ばれており、気候が非常に悪かった。冬は滴る水が氷るほど寒く、春は大風が吹いて酷く荒れ狂い、夏は耐え難い蒸し暑さに見舞われる。おかげで地元では作物の栽培などがまったくできなかった。あるとき、文殊菩薩が伝教のためにこの地にやってきた。苦しむ人々を目の当たりにした文殊菩薩は、ここの気候を変えようと決意した。東海の竜王のところに「歇竜石」という石があり、その石は乾燥した空気を湿らす力を持っていると知った文殊菩薩は、老いた和尚に姿を変えて歇竜石を手に入れるべく東海に向かった。

　東海へとやってきた文殊菩薩は、竜宮城の外にある大きな石を見つけた。まだその石に近づいてもいないというのに、すでに正面から吹いてくる冷たい空気を感じ取っていた。文殊菩薩が竜王に会って来意を話すと、竜王は申し訳なさそうに「他の物なら何でもお貸ししますが、あの歇竜石だけはお貸しするわけには参りません。あれは私たちが何百年もの年月を費やして海の底から運び出した物です。竜の子たちが毎日仕事から汗まみれで帰った後、あの涼しい石の上で休んで英気を養っているのです。もしあの石を渡してしまえば、竜の子たちは休む場所を失ってしまいます」と断った。そこで文殊菩薩は、自分は五峰山の和尚で、人々を苦しみから救うために助けを求めに来たのだと話した。

　それを聞いた竜王は、内心では歇竜石を貸したくはなかったが、正面から文殊菩薩の願いを断りたくもなかった。そこで、この老いた和尚一人ではあの石を到底運べまいと踏んで「では、こうしましょう。歇竜石は非常に重いですが、

もし誰の手も借りずにあなただけで石をお持ちになれるのなら差し上げます」と答えた。菩薩はこれに礼を言って、石に近づき呪文を唱えると巨大な石はあっという間に小さな石ころに変わり、文殊菩薩はその石ころを袖に入れて飄然と去っていった。これを見た竜王は目を丸くして驚き、悔やんでも悔やみきれなかった。

やがて文殊菩薩が五峰山に戻ったとき、空には焼けつくような太陽が昇り、長年の日照りで乾き切った大地は裂け、人々は深い苦しみに包まれていた。そこで文殊菩薩が歇竜石を谷間に置くと、突然奇跡が起こった。五峰山はあっという間に涼しい天然の牧場と化したのである。こうしてこの谷間は清涼谷と命名され、人々はここに寺を建て清涼寺と名づけ、五峰山の名も清涼山と改名した。今でも五台山は清涼山という別名を持っている。

五台山は国定の風景観光地であり、仏教を背景にした多くの人文景観と、珍しく美しい自然の景色がある。全観光区には42か所もの古い寺があり、そのうち南禅寺と仏光寺は唐代のもので、中国に現存する最も古い木造の建築物として1200年もの歴史を持っている。これらの寺院は、中国の古代宗教と宗教芸術の発展の歴史を表しているほか、古代の建築芸術の功績をも物語っている。さらに五台山には至るところに不思議な形をした峰や岩があり、すべてが植物で覆われ頂上には万年雪があることから、夏でもかなり涼しく、素晴らしい避暑地になっている。

● **西湖の物語**

中国東部の杭州にある西湖は、その美しく魅力的な景色で古くから内外の観光客を引きつけている。14世紀にイタリア人旅行家のマルコ・ポーロが杭州に来たとき、「ここに来た人は誰でも、自分が天国にいるように感じる」と西湖を絶賛した。

西湖は中国東部の浙江省の中心地の杭州市にあり、三方は山に囲まれ、湖が非常に美しい。著名な詩人、蘇東坡と白居易の名を借りて命名された2本の長い堤、白堤と蘇堤は緑色の錦の帯のように波の上に浮き上がり、その上を歩けば色鮮やかな花々と遠くの湖、そして山を臨め、一足ごとに風景が変わる楽しさを堪能できる。西湖の四季折々の景色は人々の心を和らげてくれる。これらの景色は歴代の多くの文人を陶酔させ、感動した彼らは西湖の美しさを思う存分詠んだ。唐代の著名な詩人・白居易は「杭州を離れぬ理由は、半分はこの湖

があるからだ」という意味の詩を作り、西湖に対する陶酔振りを表した。また宋代の詩人、蘇東坡は、西湖を古代の四大美人の一人である西施に喩え「晴れた光の中にあるも良し、雨に煙るもまた良し。西湖を西施に喩えれば、薄化粧も厚化粧もすべて良し」と詠んでいる。西湖といえば、人々は内外で有名な「西湖十景」を思い浮かべるだろう。それは、蘇堤春暁、曲院風荷、平湖秋月、断橋残雪、柳浪聞鴬、花港観魚、三潭印月、雷峰夕照、南屏晩鐘と双峰挿雲の十景である。

また西湖に関してはさまざまな美しい伝説もある。例えば「断橋残雪」の中の断橋は、中国で誰もが知っている伝説《白蛇伝》の中で白娘と許仙が出会った場所である。

それによると、ある白蛇が1000年の修練を終えて、美しくしとやかな娘に変身し、もう1匹の青蛇も500年の修練を経て若さ溢れる娘に変身した。ある日、二人が西湖の断橋に遊びに来たとき、人込みの中から白娘は眉目秀麗な書生を見つけ一目惚れした。そこで小青がいくらか魔法を使い大雨を降らせた。書生の許仙は傘をさしながら船に乗りに湖辺にやってきて、大雨に降られ足止めされていた白娘と小青に出会った。許仙は傘を彼女たちに貸し、自分は大雨に打たれていた。優しくて初心な許仙を見た白娘は彼に一層惚れ込み、許仙もまた美しい白娘に愛を覚えたのである。その後、小青の取り持ちで二人は夫婦となり、西湖の傍に1軒の薬屋を開いて人々の病を治しながら平和に暮らした。ところが金山寺の法師・法海は、白娘を人間世界に災いをもたらす妖怪だと見て、許仙に白娘は白蛇の化身だとこっそり告げ、それを確かめる方法も教えた。許仙は半信半疑であったが、端午の節句の日に邪気払いのために黄酒を飲む習

慣があることを利用し、法海に教わった方法で白娘に強引に黄酒を飲ませようとした。そのときすでに白娘は身ごもっていたが、夫の勧めをついに断り切れず黄酒を飲んでしまい、元の白蛇の姿に戻ってしまった。これに驚いた許仙はショックで死んでしまった。そこで許仙を救うべく、白娘は身ごもった体で、人を蘇らせる霊芝を手に入れるため遥か1000里の昆侖山へ向い、霊芝の番人と激しく戦った。番人は白娘の愛に感動し霊芝を白娘に渡した。こうして生き返った許仙は、妻の白娘が心底自分を愛しているとわかり、夫婦の絆はより一層深まったのである。

　しかし、法海はそれでも人間世界に暮らす白娘を許さなかった。彼は許仙を欺いて金山寺に来させ出家を迫った。怒った白娘と小青は許仙を救出すべく、水族の兵を率いて金山寺を攻め立てた。彼女たちは絶えず魔術を使って大水で金山寺を沈ませようとした。これが有名な「水漫金山」である。一方、法海も負けずにおおいに魔術を使ったので、出産を間近に控えた白娘はとうとう法海に敵わず、小青に掩護されてなんとか逃げ出した。そして彼女が断橋まで逃げてきたとき、ちょうど、金山寺から逃げ出した許仙と偶然に出会った。許仙と白娘はこの災いから逃れた後、最初に出会った場所で再会したのだ。二人は、これまでの多くのことを思い出し抱き合って泣いた。その後白娘が息子を産み落とすと、また法海がやってきた。彼は無情にも白娘を西湖の傍にある雷峰塔に封じ込め、西湖の水が枯れ雷峰塔が倒れない限り永久に人間世界に戻れないよう呪いをかけた。

　それから長い年月が流れ、さらに修練を積んだ小青は再び西湖へとやってきた。彼女は法海に打ち勝って西湖の水を空にし、雷峰塔を倒して遂に白娘を助け出したのである。

　白娘と許仙の西湖での出会い、そしてその後の物語は観光客に感銘を与えた。西湖は、その地を訪れた人々の忘れられない場所になっている。

● **ラマ教ゲルク派（黄教）の寺院―雍和宮**

　北京市内には多くの特色ある古代建築があるが、漢、蒙古とチベットの3つの民族の特色を併せ持つ古代建築は雍和宮だけである。

　雍和宮は内外でも知られたチベット仏教の寺院で、敷地面積6万平方メートル、1000あまりの部屋がある。雍和宮は清の康熙帝が1694年に、四男・胤禛のために建立した邸宅であったが、1723年に胤禛が即位して雍正帝となって

からは宮殿に移ってしまい、その後は雍和宮の半分を行宮とし、残る半分をチベット仏教ゲルク派に与え、ゲルク派の寺院とした。

　ゲルク派はラマ教の一派で、その創設者ツォンカパ（別名ロサンタクパ：1357年～1419年）は8歳で出家し17歳でチベットに向かいラマ教を研究した。後のチベットでは執政教派となり、この教派のメンバーが黄色の帽子をかぶっていたことから黄教とも称された。彼は黄教の改革に大きく貢献した。後のダライとパンチェンはその愛弟子である。

　雍和宮の文物と古代建築は多く、中でも有名なのが"三絶"と呼ばれる文物で、その1つが法輪殿の後殿にある五百羅漢山である。この山は高さ4メートル、長さ3メートルあまりで、紫檀の香木でできている。遠くから見ると静かな山や谷があり、青く茂った松、こじんまりした宝塔、古びた東屋、洞窟、そして曲がりくねった道が連なり、石の階段や小さな橋を見ることができる。その彫刻は素晴らしく、山や丘の立体感を巧みに表し、岩や洞窟のある場所には500の羅漢が浮彫りにされている。いずれも小さいが、1つひとつが生き生きとした造型と彫刻技術を組み合わせた珍品といえる。悔やまれることに、歴代の戦乱を経た中で、現在ではこの山には499の羅漢像しか残っていない。

　"三絶"の2つ目は、万福閣の弥勒菩薩像である。万福閣はまたの名を大仏楼といい、雍和宮で最大の建築物である。高さは30メートルで、三重造りの屋根はすべて木造建築である。外観は3階建てであるか、中に入ると天井の高い造りとなっていて、中央には世界でも有名な白檀香木でできた弥勒菩薩がある。この菩薩像は高さ26メートルのうち8メートルは地下、残る18メートルが地上の部分で、直径8メートル、重さ約100トンという世界最大の1本の木

から作られた彫刻像である。1979年に修繕された際、地下に埋まっていた百壇香木の部分が発見されたが、200年もの歳月を経ているとは思えないほど堅くしっかりしており、中国の古代芸術家の技術とその文物保護レベルの高さを痛感できる。

　"三絶"の3つ目は照仏楼内の旃壇仏で、これは銅でできた釈迦牟尼像である。像の後光と仏壇は楠で作られ、その彫刻技術は圧巻である。仏壇は天井までの2階分の空間にあり、夕暮れになると金色に輝く像が光背に映り、それが周りに反射して長明灯の明かりと交わって堂内をさらに明るくする。仏壇は2本の金の竜を施した柱で支えられ、梁には金箔が施され、上部を99匹の竜が取り巻いている。ある者は首を上げて爪を伸ばし、ある者は天に昇る状態にあり、いずれも素晴らしい出来栄えである。

　この"三絶"以外にも、雍和宮内の建築物とその装飾には特色がある。例えば、法輪殿は十字形になっていて、最上の部分はチベットの風格である5つの金塔になっている。濃厚な民族色が伺え、漢民族とチベット族の文化芸術が交わった結晶といえよう。また、文碑に書かれた4つの碑文は、清の皇帝が撰集した「ラマ説」で、ラマ教の謂れと清朝政府のラマ教政策が記され、漢字、満州語、蒙古語、チベット語の4つの言葉で綴られており、民族の団結を象徴している。雍和宮は1981年に一般公開されて以来、毎年100万人もの内外観光客が訪れている。現在の雍和宮は仏教の聖地であるばかりか、漢民族、満州族、蒙古族、チベット族の文化芸術の宝庫にもなっている。

● 応県の木塔

　中国各地には1万に上る仏塔がある。中国仏教の源はインドにあるが、中国仏教の建築様式は中国の伝統的楼閣の建築様式を取り入れ、いろいろな名塔が生まれた。

　中国北部の山西省にある仏宮寺の釈迦塔は通称、山西応県の木塔と呼ばれている。この塔は1056年の遼の時代から建造が始まり140年後に完了した。この木造の塔には高さ4メートルの土台の上に70メートル近くの塔が建てられ、底部の直径は30メートル、塔全体は3000立方メートルものチョウセンマツが使われ、重さは約3000トンである。

　この木塔の構造は、漢（紀元前206年〜紀元220年）、唐（618年〜907年）以来の民族の特徴である重ね様式を採用しており、設計全般は科学的で緻密、

そして完璧な構造である。平面八角形を呈し、外から見ると五層であるが、一層ごとに暗層がついているので、実際は九層である。そして、どの層も外と中には2本の丸い柱があり、各層の外部には24本の柱、中には8本の柱がついている。その合間に多くの斜めの支え木、梁、角材などがあり、異なる方向に向かった複雑な構造をなしており、全体的には八角九層である。頂点は八角形で、尖った鉄刹が立ててあるが、この鉄刹は仏教の世界を象徴している。また蓮の花型の坐台は、相輪（塔の崇高さを表す）、火焔と宝瓶、宝珠からなる。塔のどの層の屋根の下にも風鈴が吊るしてあり、そよ風が吹くと清らかに鳴り響く。この木塔は荒野にありながらも細やかに作られ、古風でありながら優雅さを保っている。

木塔はこれまで900年あまりにわたって多くの地震などに耐えてきた。史書によると、木塔ができてから300年後にマグニチュード6.5の地震が起き、余震が7日間続いた。このとき、ほかの建造物は崩壊したのにこの木塔だけは残ったとある。ここ数年、応県一帯で大きな地震が起きたため木塔は揺れ動き、かの風鈴も鳴り響いたものの木塔は壊れなかった。また、近代の軍閥間の戦争でも、木塔は200発もの砲撃を受けたが全般的な構造は破壊されていない。中国では多くの古代の高塔が雷によって崩壊したが、この木塔だけはかなり大きな雷でも無事であった。では、なぜこの木塔はこれまでの災害を耐え抜き壊れずにいたのであろうか。

実は、この木塔の科学的な設計と構造がものをいったのである。例えば、耐震力が強いのは、多層様式を用いていて、現代建築に見られる多くの手段が用いられている。また、柔軟性のある材料を使っているため、外部からの強い作

用があっても変形しにくく、ある程度の原型を回復する能力を持っている。しかも組み立て構造の各節目にはいずれも凸部と凹部の結合方式を利用し、一定の柔軟性を持っている。木塔の4つの暗層は塔全体の構造を強化していて、塔の大量の枡形は弾力を持った節目のごとく、外部からの強い圧力も軽減できるので非常に良い耐震性がある。また、この塔が雷に打たれても破壊されなかったのは、頂上の長さ14メートルの鉄刹が、装飾だけでなく避雷針の役目を果たしているからである。また塔の周りの8本の鎖は雷による電流を地下に導く。このような避雷装置があったからこそ、木塔はこれまで壊れずに済んだのである。

応県の木塔は世界でも保存度が一番良く構造は巧妙で、外観は最も壮観な古代の高層塔である。この塔は、中国の古代の職人たちによる構造、力学、耐震、避雷の偉大な成果の賜物といえる。

● ポタラ宮の物語

神秘な青海チベット高原に、世界で海抜が一番高く最大規模の宮殿式建築群がある。それは雄大で壮観なチベット仏教の宮殿式建築、ポタラ宮である。

ポタラ宮は紀元7世紀に、吐蕃のソンツェン・ガンポが唐の文成王女を妃に迎えるため建てたもので、"プトロ"または"プト"と訳され、元は観音菩薩が住む島とされたので"第二の普陀羅山"とも呼ばれている。ポタラ宮はラサのポタラ山に建てられ、海抜は3700メートル、敷地面積は36万平方メートルで、紅宮を中央に、白宮がその前に左右に向けて建造され、紅と白が混じった数層の非常に壮観な建築群である。

ポタラ宮の中央、つまりポタラ山の最高点はソンツェン・ガンポの修行室で

ある。ここは岩洞式の仏堂で、中にはソンツェン・ガンポ、文成王女、ネパールの赤尊王女とソンツェン・ガンポの大臣ルトンツァンなどの塑像が安置してある。これは7世紀の吐蕃時期の貴重な芸術品である。

ポタラ宮はチベット仏教の典型的な宮殿建築であるが、漢民族風の彫刻技術も有している。これは1300年前に、漢民族とチベット族が親戚関係を持ったときに残されたものである。

7世紀当時のチベットは吐蕃王朝時代にあり、王のソンツェン・ガンポは勤勉に執政に努め民を愛し、吐蕃は日増しに強大になっていった。彼は、中原地区の唐王朝と友好関係を築き、中原の進んだ技術と文化を導入するため唐の文成王女に求婚することを決めた。そこで使者のルトンツァンが土産物を手に唐の都・長安に来たところ、唐の周辺のいくつかの国も才色兼備な文成王女を娶るため使者を派遣して来ていることがわかった。そこで、唐の太宗帝は3つの問いを出し、すべて答えられた国に王女を娶らせることにした。

その最初の問題は、庭に上下の太さが同じ10本の材木がある。さて、どちらが根の部分でどちらが先端部分か。賢いルトンツァンは木を水中に放り込み、深く沈んだほうが根の部分であると答えた。根の部分は密度が濃く重いので沈みやすいからであると答えた。

そこで太宗帝は2つ目の問いとして、1つの玉を取り出した。その玉の真ん中には、9つの小さな穴が空いており、その穴はすべて玉の中で迷路のように繋がっていた。太宗帝は使者たちに、「この玉の穴に細い糸を通してみろ」と言った。使者たちは、目を細めて玉の穴に細い糸を差し込んだりしていたが、ルトンツァンだけは違った。1つの玉の穴の口に蜜を塗り、糸で腰を縛った蟻に蜜の匂いを嗅がせ、玉のもう一方の穴の口から中へ入れたところ、蟻は蜜の匂いがする方向へと穴の中を進み、最後には玉のもう一方の口に出てきたのである。こうしてルトンツァンはまた勝った。

太宗帝は3問目として、100匹の母馬と100匹の子馬を一緒にし、どの子馬がどの母馬から生まれたのかを当てさせた。使者たちは、馬の毛色、顔かたちなどを基にいろいろと工夫したが、いずれも駄目であった。ところがルトンツァンは母馬と子馬を分けて馬小屋に入れ、翌日に母馬を1匹ずつ放したところ、子馬は自分の母が出てきたのを見て一目散に駆け寄り乳を飲んだので、暫くしてすべて見分けがついた。

ルトンツァンがすべての問いに見事に答えたのを見た太宗帝は、最後にもう1問出した。それは、500人もの宮女の中から誰が文成王女か当てるというものであった。実は使者たちは誰も文成王女を見たことがなかったので困り果てた。ところがルトンツァンは、文成王女が独特な香水を愛用しており、蜜蜂がこの香水の匂いを好むと聞いていたので、王女を当てるときにこっそり数匹の蜜蜂を持っていき、500人の宮女を前にそれを放したところ、案の定蜜蜂は文成王女のもとへ飛んでいった。こうしてルトンツァンは、またも勝ったのである。これを見た太宗帝は、こんなに賢い大臣を遣わせている国王ならば必ずや英明であると信じ、文成王女をソンツェン・ガンポに嫁がせることにした。

● 山西の懸空寺

　通常、寺は平地に建てられるものであるが、中国北部の山西省には崖に建てられた寺がある。それが有名な懸空寺である。山西省北部の大同市付近にある懸空寺は1400年前に建立され、中国に唯一残された、仏教、道教、儒教を一体化させ独特の寺である。この寺は、元は"玄空閣"と呼ばれていた。"玄"とは中国の道教の教理から出たもので、"空"は仏教の教理から来ており、後に懸空寺と改名した。その名の由来は、寺全体が断崖に引っかかっているということ、またこの状態を表す"懸"と"玄"が中国語で同音であることから来ている。

　中国の多くの建築の中でも懸空寺は非常に不思議な建築である。この寺は峡谷の小さな盆地内にあり、両側は100メートル以上もある絶壁で、懸空寺は地上50メートルの地点にへばりつくように空中に引っかかっている。遠くから見ると、重なる殿閣を10数本の細い木が下から支えているのが見え、寺の上には大きな岩が突き出ているので、あたかも落ちてくるように見え観光客を驚かせる。この懸空寺には大小40の部屋があり、楼閣は桟道で繋がれている。桟道を渡るとき、落ちるのが恐くて思わず息を殺し忍び足になるが、ギシギシという音がしても懸空寺は決して落ちはしない。

　この懸空寺の建築的特色は、古代の断

崖に引っかかるように建てられているため、上の突き出た岩が傘の役目となり寺を大雨から守り、高い場所にあるので洪水が来ても浸水することはない。また懸空寺の周りの山々も強い日差しを遮る効果があり、夏の日照時間はわずか3時間である。懸空寺が、木造であってもこれまで1400年もの間風化に耐え、良い保存状態を保てた理由がおわかりだろう。

建築的特色で次に挙げられるのは、懸空寺の"懸"という点である。多くの人はこの寺は10数本の木が支えとなっていると考えているが、実は寺を真に支えているのは、断崖に深く差し込まれた横木の梁であり、これらの梁は地元の特産であるツガの木を材料にしたものである。桐油につけてあるのでシロアリに食われる心配はなく、防腐作用もある。このほか、懸空寺のすぐ下の立木も重要な役割を果たしている。これらの10数本の木はいずれも細かく計算された上で、懸空寺を支え、寺の高さのバランスをとる役目を果たしている。

もう1つの特色は巧みだという点である。寺の建立の際に立地条件や、断崖絶壁の自然的配置、必要とされる寺の各部分の建築的特徴に基づき、巧みに設計されている。例えば、この寺の最大級の建築である三官殿は崖に空間を造る構想を応用し、前の部分を木造に、後ろの部分は絶壁に多くの穴を空け殿堂を広くした。懸空寺のほかの殿堂は小型で巧みにできており、殿内の各塑像も小さ目に造られている。殿堂の分布はユニークで、崖の斜面に沿って相対的に造られ、桟道に入ると迷宮に迷い込んだような感じを覚える。

さて、どうしてこんな断崖絶壁に寺を建てたのであろうか。実は、懸空寺の下に重要な道が通っていたので、ここを通ってやってくる信者の参拝に便宜を図るため崖に寺を造ったのである。また、下に流れる川が大雨のたびに氾濫したが、これは金の竜の祟りだと当時の人は考えたため、仏塔の代わりにこの寺を建てて竜を退治しようと考えた。そこで断崖絶壁にこの寺を造ったのである。

懸空寺の桟道の岩壁には、その建造技術を称える"公輸天巧"という四文字が彫ってある。公輸とは2000年前に生きた職人・公輸般のことで、彼は中国で認められている建築師の祖である。この四文字は、「公輸般のような天才職人だけがこのような建築物を作り出せる」という意味である。

■故事成語の物語

● 『小時了了』

　紀元前6世紀に生きた孔子は、中国史上で有名な思想家・教育家であり、彼の創立した儒家の学術は後の中国文化の重要な部分となった。長い封建時代に、支配者たちは皆、儒家の思想を正統なる思想とみなしていたので、孔子一族は名望のある家系とされた。孔子の直系の子孫の中には有名な人物が多く、彼の12代目の子孫である孔融もその一人である。次の「子時了了、大未必佳」（子供のとき賢いからといって、大人になってから必ずしも有能になるとは限らない）の故事は孔融に関するものである。

　これは中国古代の著名な逸話集『世説新語』に載っている。

　孔融は2世紀の漢代の優れた博学者である。彼は家庭環境のお蔭で、幼いときから賢く言葉使いが巧みで、幼くしてその名を知られていた。

　孔融が10歳のとき、父親が洛陽の行政長官である李元礼を訪ねるというので、父についていった。李元礼は有名な学者であるが、傲慢なことでも知られていた。もし訪問客が無名の者であれば、屋敷の門番たちはその者を容易には通してくれなかった。しかし当時10歳の孔融は李元礼に、一人で会いに行きたいと思った。そこで李元礼の屋敷に行き、面会を門番に申し出たが、来客が子供だと見た門番は適当に彼を追い返そうとした。そこで考えた孔融は、「僕は李先生の親戚だから先生はきっと会ってくれるよ」と言った。

　これを門番から聞いた李元礼は、自分にはそんな親戚はいないはずだと不審に思ったが、一目会ってみようと来客を通すよう門番に命じた。

　孔融を見た李元礼が「君は私とどんな親戚関係にあるのか？」と興味深く聞くと、孔融は「僕は孔子の子孫で、あなたは老子の子孫です。天下の人たちは、孔子が礼儀について、かつて老子に教えを請うたことを知っている。この二人は師匠と弟子の関係ですから、僕とあなたは代々交際があったということでしょう」と答えた。

　実は中国史上、孔子の時代にはもう一人の有名な哲学者の老子がいた。老子の本名は李耼で、道家思想の開祖である。孔子は自分がわからない問題を見つけては謙虚に李耼に尋ねたという。

　孔融がこう答えたとき、ちょうど、陳韙という者が訪ねてきた。陳韙も当時

は名のある学者で、その場にいたほかの客人が孔融の言ったことを陳韙に聞かせた。すると陳韙は「小時了了、大未必佳」と言った。つまり、子供のとき賢いからといって、大人になってから必ずしも有能になるとは限らないという意味である。すると利口な孔融はすぐに「陳さんは小さいころは、さぞ賢い子供だったのでしょう」と反駁した。それは、今の陳韙は無能な人間であるということを意味した。これには陳韙も言葉に詰まってしまった。

このほか「孔融、梨を譲る」という故事も中国では広く知られている。それは、孔融は子供のころ、家族皆が梨を食べるとき、彼は決まって大きな梨を年長の人に譲り、自分は小さい梨を取っていたことから彼の礼儀正しさを称えたものである。

大人になった孔融は、博学で才能に富み地方の行政長官となった。しかし、そのときすでに国は分裂し始め、歴史上の「三国時代」が幕を開けていた。孔融は伝統的な学者で、常に時局に対する不満や不安を表明していたため、最後は中国史上で有名なもう一人の人物、曹操によって殺されてしまった。

● 「百歩楊を穿つ」

中国の戦国時代には、多くの諸侯国が並存していた。各国には有名な人物がいて、これらの人物にまつわる物語も広く伝わっている。

秦の国の将軍である白起は、戦に非常に長けていた。彼が指揮をとった戦いは負けたことがなかったので、「常勝将軍」と呼ばれていた。ある年、秦の国王は白起に兵を率いて魏の国に攻め込むよう命じた。しかし逆に魏の国が秦の国の手に落ちれば、ほかの多くの国も反応する可能性があり、人々の間には不

安が広がった。

　蘇厲という策士がいて、魏の国を攻めないよう白起を説得するよう命じられた。そこで蘇厲は何とかして白起に会い、次のような故事を聞かせたという。

　ある有名な弓の達人がいた。その名を養由基という。養由基は幼いころから弓が得意で、100歩離れた柳の葉を射抜けるほどの腕を持っていた。また当時もう一人、潘虎という名の勇士がいた。彼もまた弓術に長けていた。ある日、二人が広場で互いの腕を競っていると、多くの人が集まってきた。的は50歩ほど離れた場所にあり、そこには木の板が置かれ、板の中央には赤い印がつけられていた。潘虎は弓を引き、一気に3本の矢を命中させたので、見ていた人々は喝采した。すると養由基は辺りを見渡し「50歩なんて近すぎだし、的が大きすぎる。100歩離れて柳の葉を射る勝負をしよう」と言い、100歩離れた柳の木を指差し、見ていた人に1枚の葉を選ばせ、赤い印をつけさせた。彼が矢を放つと、見事に葉の中心を射貫いた。これを見た人々は誰もが言葉を失うほど驚いた。潘虎は、己の腕がそれには及ばないとわかったが、養由基の矢が葉を射貫き続けるとも信じられず、木のところまで行き、新たに3枚の葉を選び番号をつけた。そして、養由基にこれを順番に射るよう求めた。これを聞いた養由基は柳の木の下まで来て、葉の番号を確かめてからまた100歩離れて3本の矢を放った。矢は見事にそれぞれの番号のついた葉に的中した。これには周りの人々も大喝采し、また潘虎も心服した。しかし周りの歓声をよそに「うん、100歩離れて柳の葉を射貫く腕があれば、私の指導を受ける資格があるということだ」と養由基の傍にいた一人が言い出した。「誰だ？生意気な」と怒った養由基は「どうやってこの私に弓を教えるというのか？」と迫った。するとその人は「教えるのは弓術ではなく、どうすれば自分の名声を守るかだ。もしあんたの力が尽きれば、あるいはほんの少し腕が震えて的を外せば、あんたの百発百中という名声はひどく傷つくと考えたことがあるか？弓の達人なる者は、その名声を守らなければならん」と平然と答えたのである。

　蘇厲はその故事を通して「常勝将軍と呼ばれているあなたですが、魏の国は必ずしも容易に落とせる国ではありません。もし戦に勝てなければ、自分の名声を傷つけることになりますぞ」という忠告をしたのである。これを聞いた白起は、自分の百戦百勝の名声を守るために、やすやすと出陣はしまいと考え、体の不調を口実に魏の国へ攻め込むことをやめたのである。

● 「五斗米のために腰を折らず」

　陶淵明は中国古代の著名な文学者である。彼の詩は権力や富を軽視し、権勢に決して迎合しないという姿勢が書かれていることで知られている。

　陶淵明が生まれたのは紀元365年である。彼は中国で初といえる田園詩人である。彼が生きた時代は、政権が更迭し社会は不安定となり、人々は苦しい生活に苛まれていた。紀元405年、陶淵明は家族を養うため、家からほど近い彭澤県で県令となった。ある冬、上官の命で一人の監視官がやってきたが、この監視官は下品な上に傲慢で、着任早々すぐ挨拶に来るよう求めた。

　陶淵明は上官の名を盾に傲慢な態度をとる人間をひどく軽蔑していたが、命令とあっては仕方なく監視官に会う準備をした。そこで彼の秘書は「あの監視官は些細なことでも過酷な要求を出す人間ですぞ。ちゃんとした服を着て、丁寧な態度で臨んでください。でないと、あの監視官は上司にあなたの悪口を言うかもしれませんよ」と忠告した。まっすぐな性格の陶淵明はこれを聞いて我慢しきれず、「私は死んでも、わずか五斗米の扶持のために、あんな人間に頭を下げたくはない！」と言った。彼はすぐに辞表を出し県令の職を去った。働いたのはわずか80日あまりであった。その後は2度と仕官することはなかった。

　官界を引退した陶淵明は、故郷で農業に励み、自給自足の生活を始めた。そして暮らしの中から、自分の帰結を見いだし、田園を讃える多くの美しい詩歌を作った。彼は「暖暖たる遠人の村、依依たり墟里の煙」と農家のゆったりとした自由な暮らしを詠い、「家の垣の下に咲いている菊を摘んで立ち上がる」、「ゆったりと南方の山を見るともなく眺める」と日々の労働の感慨を詠い、「豆を種う南山の下、草盛んにして豆苗稀なり」、「春作の苦を言わず、所懐に負くを常に恐れる」と農民の労作の辛さを詠った。

　しかし、田園生活は楽しいばかりではなかった。働かなければ収穫はなく、天災や人災に遭えば、努力しても何の収穫も得られない。晩年の陶淵明の生活は貧しかった。また火事で財産を失ったことで、家族の生活は一層苦しいものとなった。そして63歳のとき、陶淵明は貧しさと病に苦しみながらこの世を去った。

　陶淵明の最も大きな功績は、彼がその体験を基に、卓越した詩歌の才能を生かし、農業と田園をテーマにした詩文を多く書き残したことである。それまでの詩人たちの詩にはあまり登場しなかった畑、麻、鳥、犬などは、彼の詩によっ

て生き生きと表現され、また彼の大自然に対するこのような親しみこもった描写が人々を感動させた。

詩以外に、彼は多くの散文を残した。中でも最も知られているのは『桃花源詩並記』である。この作品は理想の社会を描いている。そこには動乱もなく、政権の交代もなく、王と臣との区別もなく、兵役や納税もなく、人々は豊かな素晴らしい暮らしをしている。彼は美しく優れた言葉で、この作品に尽きることのない魅力を与えた。後世、このような理想郷を「桃花源」と呼ぶようになった。

彼が県令の職を去ったことで、官界から一人の役人が消え、文壇に一人の文学者が生まれた。陶淵明の「五斗米のために腰を折らず」という故事は、中国の知識人たちの剛直な、そして決して権勢に迎合しない心意気を表している。また現在も日常生活の中で、己の気骨を以って、利益を得るようなことをしない姿勢を「五斗米のために腰を折らず」と言う。

● 「東方朔、長安にて昇格を求む」

東方朔は中国では誰もが知る昔の知恵者であり、彼に関する物語は広く伝わっている。

東方朔は紀元前3世紀の漢代の文人であり、その文章はユーモアに溢れている。彼はもともと帝都・長安で位の低い官吏であった。当時、皇室の馬の世話をするのは小人の仕事で、身分は低いが皇帝に近づく機会は多かった。これに目をつけた東方朔は、何とか皇帝の気を引き重用されたいと考え、ある策を思いついた。

ある日、東方朔は小人に「最近陛下は、お前たちのような者は背が低く、農耕しても力はなく、軍隊に入っても戦で負ける。また地方の役人になっても他人は従わない。だから、お前たちを生かしておくのは国の財物を無駄にしているだけだとして、小人を皆殺しになさるおつもりだぞ」と言った。それを聞いた小人が、恐怖のあまり泣き出したので、東方朔が「ならばお前たちが殺されずに済む方法を教えよう」と言うと、その小人はたいそう感謝し、どんな方法かと聞いた。すると東方朔は「お前はすべて

の小人を呼び集め、陛下にお目にかかったときに土下座して、自分たちの背が低いことを許して頂くのだ」と教えた。果たして、皇帝が外出する際、すべての小人が集り土下座して許しを請うた。これには皇帝はわけがわからない。そこで小人たちは「陛下が私どもを死刑になさるつもりだと東方朔が言いました」と言った。

　不審に思った皇帝はすぐに東方朔を呼び、なぜそんな嘘を言って人を惑わしたのかと聞くと、東方朔は「大それたことを申しました私めは、死刑になるでしょうから、はっきり言わせていただきます。あの小人たちの背はとても低いのに毎月の一石の米と200銭の扶持をもらっている。しかし私めの背は2メートル近くありますのに、毎月の扶持は一石の米と200銭だけです。あの小人たちは、それだけもらえば腹が張るほど食べられますが、私めは飢え死にしそうなのです。これは不合理だと存じます。もし陛下も私めの申し上げたことが正しいと思われるなら、お改めになって下さいませ」と答えた。

　これを聞いた皇帝は思わず大笑いした。見事に東方朔の目的は達成され、皇帝はほどなく彼を側近とした。これが東方朔の「長安にて昇格を求む」という説話である。

　ほかにも東方朔に関する説話がたくさんある。

　ある夏の日、東方朔と大臣たちが仕事をしていると、皇帝の世話役が珍しい野獣の肉を壺に入れ運んできた。皇帝から賜ったものだと言う。当時の決まりでは皇帝の詔書を読み上げてから配るのであったが、東方朔はそれを待たずに勝手に肉を切り取り家に持ち帰った。これには大臣たちも驚き、そのうちの一人がこのことを皇帝に告げた。皇帝は彼を呼びつけ、理由を説明させた。すると東方朔は平然として、「あの肉は陛下が下さったものですから、詔書を読み上げるのは、時間の問題にすぎません。私めがその前に肉を切り取って持ち帰りましたのは、私めの胆の太さを示しております。また切り取った肉もわずか一切れで、これは私めの廉潔さを示しております。そして私めが肉を持ち帰りましたのは、両親に食べさせるためであって、これは私めの親孝行なる行為を示すものでござります。としますと、陛下は果たして私の罪を問うことができますでしょうか?」と答えた。これを聞いた皇帝も、さすがに笑って許したそうである。

●「烽火で諸侯を弄ぶ」

　中国歴代の封建王朝では、王が国の最高支配者であり、至高無上の権力を持っていた。しかしそんな王でも国家権力を遊び道具とし、身勝手なことばかりしていると、いつかは必ず自らを滅ぼすことになる。

　周の幽王は紀元前8世紀の周王朝の最後の王である。彼は暗君であり、国政などはそっちのけで、毎日後宮で美女たちに囲まれて暮らしていた。幽王は妃の中でも特に褒姒を可愛がり、彼女の願いならなんでも叶えてやっていたが、褒姒はいつも憂鬱な顔をしてめったに笑顔を見せない。そこで幽王は彼女を笑わせるため、いろいろとやってみた。しかし、そうすればするほど褒姒は悲しい顔をした。これに幽王はひどく頭を痛めていた。

　ある日、幽王は褒姒を連れて驪山の烽火台へとやってきた。幽王は烽火台を「戦が始まったことを知らせるために使う」と教えた。当時、国境から帝都の間には、一定の距離を置いて高い烽火台が作られ、日夜兵士を見張りに立てていた。敵が辺境に攻めてくれば、この烽火台にいる兵士がすぐさま烽火を上げて次の烽火台に知らせ、これによって辺境での出来事を帝都にいち早く知らせたのであった。そして帝都が危険にさらされたときも、周王朝に帰属する諸侯たちに知らせるために驪山の烽火台で烽火を上げて、援軍を求めるのであった。

　幽王の説明を聞いた褒姒は、こんな古臭い土台が、遥か千里から援軍を呼べるとは信じられなかった。そこで幽王は褒姒を喜ばせるため、烽火台の兵士に烽火を上げろと命じ、烽火は次々と上がった。これを見た各地の諸侯たちは、それぞれ軍を率いて応援に向かった。

　ところが各諸侯が必死に驪山まで来てみると、なんと幽王と妃が台の上で酒を飲んでいた。敵の姿などどこにもいない。ただの戯れだとわかっても、諸侯たちは、相手が幽王なので怒ることもできず、ぶつぶつ言いながら兵を連れて帰っていった。これを見た褒姒は、いつも胸を張って堂々としている諸侯たちがすごすごと帰っていく姿がおかしく、微かに笑った。これを見た幽王は自分の愛する妃が笑ったので、おおいに喜んでいた。そこで諸侯たちが帰った後、幽王はまた烽火を上げよと命じた。再び諸侯たちは慌てて兵を率いやってきたが、またも幽王と褒姒に騙されたと知って顔をしかめた。その様子を見た幽王と褒姒は笑い転げた。このように、幽王は繰り返し烽火を上げさせ諸侯たちを弄んだため、ついに烽火が上がっても誰一人来なくなった。

のちに、幽王は褒姒を皇后に封じ、褒姒の息子を太子にするため、時の皇后と太子の位を返上させた。皇后の父である申の国王がこれを知り、娘がないがしろにされたことに激怒し、他の国と手を組み周を攻め込んだ。慌てた幽王は各諸侯からの援軍を呼ぶために、烽火を上げた。

しかしもう諸侯たちは幽王のことを信用しなくなっていた。いくら烽火が上がっても、応援に来る諸侯は一人もいない。こうして帝都はほどなく攻め落とされた。幽王は殺され褒姒は捕まり、周王朝は滅んだのである。

● 「韓信の股くぐり」

紀元前2世紀の秦王朝は、中国史上初めて統一を成し遂げた封建王朝で、中国の万里の長城はこの時代に造られた。しかし、親子二代の皇帝の暴政により、秦の支配はわずか15年で終わってしまった。秦の末期、各地で農民蜂起が起こり、多くの英雄が現れたが、その中でも韓信は特に名を馳せた軍事的統帥であった。

韓信は中国古代の有名な武将であるが、幼くして両親を失い貧しい生活を送っていた。戦で大きな手柄を立てる前は、商いもできず農業も嫌ったことから、貧しくいつも腹をすかしていた。ある日、彼は地元の小役人と知り合いになり、食事時にこの小役人の家へ行ってはただで飯を食わせてもらっていた。しかしこのような韓信を嫌っていた小役人の妻は、食事の時間を早めてしまった。韓信が飯を食いに行ったときには、もう飯はなくなっていた。怒った韓信は、この小役人と絶交してしまった。

韓信は空腹を満たすため、淮水という河で魚を釣っていた。洗濯をしていたある婆さんが、腹を空かしている彼の様子を見て、自分の弁当を彼に食わせてくれた。このようなことが数日続き、韓信はこれに感動して、婆さんに「いつかこの恩はちゃんと返します」と言った。ところが婆さんはこれを聞いて怒り出した。「あんたは男なのに自分すら養えないから、こうして飯をあげたんだよ。

はなから恩を返してもらおうなんて思ってないよ。」

　この言葉に韓信は顔を真っ赤にし、自らを恥じた。そして、必ずや出世してみせると心に誓った。

　韓信の故郷・淮陰には、彼を馬鹿にする若者たちがいた。ある日、そのうちの一人が、体が大きい上に剣まで身につけている韓信を、実は臆病者ではないかとみくびり、人通りの多いにぎやかな場所で彼の前に立ちはだかった。そして「お前に勇気があったら、この俺を切ってみな！臆病者なら、俺の股をくぐれ」と言った。これを見た人々は、この若者が韓信に恥をかかせようとしているのを知り、当の韓信がどう出るかを見守った。韓信はしばらく考えていたが、やがて黙ってその若者の股の下をくぐったので、野次馬たちは「こいつは臆病者だ！」と嘲り笑った。これがのちに伝わった「韓信の股くぐり」である。

　実は韓信ははかりごとに長けた人物であった。当時、時勢が変わると見てとった韓信は、いつかは出世する道が開けると確信し、兵法を学び、武芸の修練に励み続けた。紀元前209年、各地で秦王朝に反抗する農民蜂起が起こり、韓信はそのうちのかなりの勢力を持つ蜂起軍に加わった。この蜂起軍の首領は、漢王朝の建国皇帝・劉邦だった。ところで韓信は、当初は食糧と飼料を運ぶ係りを命じられ、志を得られず毎日くさっていたが、のちに劉邦の策士である蕭何を知り、いつも時勢や兵法を論じていたので、蕭何は韓信が非常に才能のある人間であることを悟り、ことあるごとに劉邦に彼を推薦した。しかし当の劉邦は韓信を重用しようとはしなかった。

　そんなある日のこと、ここでは出世できないとあきらめた韓信は黙って劉邦の蜂起軍を離れ、ほかの蜂起軍を頼っていった。これを知った蕭何は、劉邦には黙って、韓信の後を追った。劉邦はこのことを知り、二人が逃げたと思ったが、数日後に蕭何が韓信を連れて戻ってきたので大喜びした。「蕭何や、どうしたのじゃ？」と劉邦は聞くと、蕭何は「あなた様のために人を追いかけていったのですよ」と答えた。「これまで逃げ出した武将は数十人もいたが、韓信だけを連れ戻したのはなぜじゃ？」。「これまで逃げ出したのは、そこらにいるつまらん人間ばかりでしたが、韓信は得がたい奇才ですぞ。天下をお取りなさるには、韓信以外に頼れるものはおらんでしょう」。自分が信じきっている蕭何がこう言うものだから、劉邦は「では、そちの下で武将をやらせよ」と言うと、蕭何は「それだけでは、韓信は残りますまい」と勧めた。そこで劉邦は、「で

は、奴を大将軍にしよう」と言い、韓信は食糧飼料運びから一躍大将軍となった。その後、劉邦が天下を治めるに至るまで、勝ち戦を続け輝かしい手柄を立てたのである。

● 「粥を分けて漬物刻む」

　范仲淹は中国史上、非常に優れた政治家そして文学者といわれている。政治家として卓越なる能力を発揮し多大な貢献をした。このほか文学や軍事でも非凡な才能を見せた。名著『岳陽楼記』の中にある「天下の憂いに先んじて憂い、天下の楽しみに後れて楽しむ」という名句は、後世の人々に愛され、広く詠まれている。ここでは彼の少年時代を紹介しよう。

　范仲淹は紀元10世紀の宋代の人で、3歳で父を失い、家計はとても苦しかった。彼は10代で学問を求めて故郷を離れ、当時有名な応天府書院に入った。貧しかった范仲淹は、十分な食事もできず、1日に1度、粥を口にすればよいという有様だった。朝早くお粥を煮て冷まし、固まったらそれを3食分に分けて、漬物を細かく刻んだものを乗せ、これを1日分の食事にしてしのいでいた。

　ある日、范仲淹が粥を食べていると、ある友人が尋ねてきた。友人は彼が食べているものを見て気の毒に思い、「何かうまいもの食べるように」と金を出した。ところが范仲淹は遠まわしにきっぱりと断った。そこでこの友人は、翌日たくさんの料理を持ってきた。范仲淹は仕方なく受け取った。

　数日後、訪ねてきたその友人が、数日前に持ってきた料理に箸がつけられておらず、魚料理が腐っているのを見て怒り出した。「君は高潔すぎる。わずかな好意も受け取らないとは、友人として悲しいよ！」と言った。范仲淹はこれを見て笑いながら、「誤解しないでくれ。食べないんじゃない。食べる勇気がないんだ。食べてしまったら粥と漬物が喉を通らなくなってしまうよ。そう怒るなよ」と答えた。この答えに友人は感心し、ますます彼を尊敬するようになった。

　その後、ある人が范仲淹の志を尋ねた。彼は「私の志は、優れた医者か、あるいは立派な宰相になることだ。優れた医者は人の病を治せるし、立派な宰相は、国をしっかり治めることができる」と答えた。後に范仲淹は本当に宰相となり、宋代に名を知られる政治家となった。

　范仲淹はまた、教育事業の振興と官僚機構の改革を治政の2本柱とし、全国に学校を作り、国が必要としている各種人材を育成した。彼は自らの行いをもっ

て才能のある人物を指導した。後に知られる政治家と文学者・欧陽修、文学者の周敦頤、哲学者の張載などが彼の援助を受けている。

范仲淹は政務に追われながらも文学的創作に励み、多くの傑作を残している。また彼は浮薄な内容の作品を嫌い、文学と現実社会を結びつけ、社会の発展と人間の発展を促すことを訴えた。これは後世の文学の発展に深い影響を与えている。

● 「洛陽の紙価を高らしむ」

印刷業が発達していなかった時代、詩歌と文章は人の手によって書き写され伝えられていた。左思という文学者が素晴らしい文章を書き、それを貴族や富豪たちが争って書き写したため市場の紙の価格が高騰したことは、後に美談として伝えられている。

この物語の主人公・左思は紀元250年に生まれた晋代の文学者である。左思はいわゆる醜男で、幼いときには特に才能は見られなかった。書道と琴を学んだが、いずれも中途半端であった。それでも父の激励の下学問に励み、その結果素晴らしい文章が書けるようになった。

左思が20歳のときに、妹の左芬が宮女として王宮に入ることになり、一家で都の洛陽に移った。こうして左思は上流社会の文人らと接触する機会を得た。創作レベルもかなり向上し、ついに世に伝わる『三都賦』を書き上げた。

『三都賦』は左思が30歳のときの作品で、当時の文人・皇甫謐が序言を書き、張載が注釈を加えた。先に文人たちが読み回し、のちに貴族や富豪が争って、この作品を写し始めたので、洛陽の紙は品不足となり、値段も高騰したという。これがかの「洛陽の紙価を高らしむ」という話である。

では『三都賦』は一体どのような文章なのであろうか。賦とは当時の文体の一種である。この文体は対句で古典の文句を使い、字句の使用には修辞のきらびやかさが求められた。そして「三都」とは、晋の前の三国時代の蜀、呉、魏の都のことである。『三都賦』には「蜀都賦」・「呉都賦」・「魏都賦」が含まれ、当時のそれぞれの情勢、物産と制度を描いている。しかし、作品全般の成果は形式だけではなく内容にもある。左思はこの作品を完成させるため、多くの時間を費やして典籍を調べ、実施調査まで行い、描写するものには信憑性を求めた。そして資料が揃うと左思は家の中、庭、ひいてはトイレにも紙と筆を置き、ふと思いつくとすぐに記録し、10年の歳月をかけてこれを完成させたという。

『三都賦』は三国時代の社会生活を幅広く紹介し、また当時の皇帝から庶民までが注目する内容、例えば国の統一などの問題にも触れ、当時のみならず後世にも高く評価された。

一人の文人として左思は、この『三都賦』だけに頼ってその名を残したのではない。このほかに多くの詩歌、散文を書いている。中でも有名なのが、『詠史詩』である。彼はこの作品で、国と民を憂う己の思想を表し、後世の多くの人がこれに学んでいる。

■智恵に関する物語

●「がま、竜と戯れる」

中国の後漢時代、都の洛陽付近の地区では頻繁に地震が起こった。史書によれば、紀元89年から140年までのおよそ50年間に、この一帯で起きた地震は33回にも上り、中でも119年に起きた2回の大地震の被害は10数の県にも及んだ。多くの建物が倒壊し、人と家畜が犠牲になったことから、人々は地震をひどく恐れるようになった。当時の皇帝は地震が起こるのは、神を怒らせてしまったせいだと考え、より多くの税金を庶民に課して、それを祈祷行事に注ぎ込んでいた。当時、張衡という科学者がいた。彼は天文、暦法、そして数学にも長けていた。彼は地震に関する迷信を信じず、地震は自然現象であるとした。地震に関する知識が足りないと感じた彼は地震の研究に力を入れ始めた。

張衡は地震が起きるたびにそれを細かく観察、記録し、科学的手法で地震発生の原因を突き止めようとした。長年にわたって実験を繰り返した末、紀元132年に、ついに恐らく中国だけでなく世界でも最初の地震を感知する機械を作り出した。これを「地動儀」という。

この「地動儀」は青銅で作られており、丸くて大きな酒樽のような外観であった。直系は1メートルあり、中心に1本

の太い銅柱が差し込まれていた。外部には8本の細い銅柱がつけられ、そのまわりを8匹の竜が囲んでいた。竜の頭は微かに上を向き、それぞれ東、南、西、北、東北、東南、西北、西南の8方向を指していた。そして1つひとつの竜の口には銅の玉がはめ込まれていた。竜の頭の下には、口を大きく開いた銅製のがまが置かれ、竜の口の中にある銅の玉が落ちてくれば受け取ることができるようになっていた。がまと竜の仕草は非常にユーモラスで、互いにふざけあっているように見える。そこで人々は「地動儀」の外観を「がま、竜と戯れる」と形容した。どこかで地震が起きると、「地動儀」の銅の棒はすぐにその方向に傾き、その方向にある竜の口から銅の玉ががまの口に「ドン」と音をたてて落ち、地震の起きた方向を知らせた。当時の政権の関係機構はこれに基づいて、救助活動と善後策を実施した。

　紀元133年、張衡の「地動儀」は洛陽で起こった地震を正確に感知したばかりでなく、その後4年のうちに洛陽地域で前後して3回起こった地震も感知し、1度も誤りはなかった。しかし紀元128年2月のある日、張衡たちは西方に向かった竜の口の銅の玉ががまの口に落ちたのに気づいたが、揺れはまったく感じなかった。このため「地動儀」に疑問を抱いていた学者は、「地動儀」は正確ではなく、洛陽付近で起きる地震しか感知できないと主張した。だが、4日ほど後に洛陽の西部にある甘粛省から使者が来て、地震の発生を報告した。これを聞いた人々は、張衡が作った「地動儀」は、単なる「がま、竜と戯れる」という玩具ではなく、非常に役立つ正真正銘の科学的な装置であると知った。こうして、中国では機械を用いて遠く離れた場所で起きた地震を観測し記録するようになったのである。

● 「2つの桃、三勇士を殺める」

　紀元前7世紀の中国は、諸侯国が並存していた。当時の斉の国には田開強、古冶子、公孫捷という三人の武士がいた。勇ましく戦に強い彼らは「三勇士」と呼ばれ、斉の国王の信頼を得ていた。そして三人は次第に傲慢になっていった。非道な上に横暴で、怖いものなしという態度であった。当時の策略家であった陳無宇は、この三人を買収し、国王を引きずり落として政権の座に着こうと企てた。

　斉の宰相である晏嬰は、悪の勢力がはびこっていく様子に不安をおぼえていた。国の安定のため、彼は三勇士を殺そうと考えた。強みは知識だけという晏

嬰は、国王の信頼を得ている三勇士をいかにして抹殺するかを考え続けていた。

そんなある日のこと、斉の隣国・魯の王が斉を訪れたので、斉の国王は王宮で歓迎の宴を開いた。これに晏嬰、三勇士とほかの大臣たちも出席した。そして、このとき、横暴な態度を取る三勇士を見て、晏嬰はある策を思いついたのである。宴もたけなわとなったころ、晏嬰は王宮の裏庭から6つの桃を摘んできた。そして6つの桃は、両国の国王が1つずつ食べ、両国の宰相が1つずつ食べたので残りは2つとなった。これを待っていた晏嬰は、周りにいる文武諸官にそれぞれ己の功績を報告させ、最も功労の大きい者に残りの桃を食べさせるよう斉の王に薦めた。

これには斉の王、宴が一層盛り上がると考え、文武諸官に己の功労を述べるよう命じた。すると三勇士の一人、公孫捷が「かつて私は陛下と狩りに出かけ、自ら1頭の虎を殴り殺し、陛下を危機から救いました。この功労は大きいでしょう?」と言って前に出た。すると晏嬰は「それは大きい、賜るべきだ」と答えたので、斉の国王は公孫捷に桃を1つ与えた。公孫捷もこれを喜び有頂天となった。

これを見た三勇士の一人、古冶子が慌てて「虎を殴り殺すなんて大したことない。昔私は暴れ狂う黄河で大亀を殺し、陛下のお命を救ったことがある。これは公孫捷の功労より大きいはず」と言うと、国王はまさにそうだと思い、最後の桃を古冶子に与えた。

こちら三勇士の最後の一人、田開強は、もう居ても立ってもいられなかった。彼は怒り出し、「昔軍を率いて敵国を攻め、敵兵を500人以上捕まえ、国のために貢献した」と言い、国王に「自分の功労はどうなのか」と聞いた。これには斉の王、「確かにお前の功労は大きい。だがもう遅い。桃はもうない。改めて褒美をとらそう」と慰めた。

しかし田開強はこれに耳を貸さず、国のために戦った自分が国王に冷たくされ、みんなの前で恥をかかされたと思い、激怒しその場で剣を抜いて自害してしまった。それを目にした勇士の公孫捷も、「私の功労は小さいのに褒美をもらったが、功労が大きい田将軍が冷遇されたるは、確かに不合理である」と言って剣を抜き自害した。すると残った勇士の古冶子も前に出て「我ら三人は生死を共にすると誓った仲。二人が死んだ今、私も一人で生き延びようとは思わん」と言って己の命を絶ったのである。

こうして、三勇士が皆あっという間に自害してしまったので、来賓たちも非常に驚いた。こうして晏嬰は己の知恵を用い、たった2つの桃を使って、三人の勇士を殺し、国を災いから救ったのである。

● 「西門豹の物語」

西門豹は紀元前5世紀の人物であり、きわめて有能だったので鄴地県の県令に命じられた。赴任した西門豹は、まず地元で名声がある老人たちを招き、百姓たちにはどんな苦しみがあるのか聞いてみた。すると老人たちは、「一番の苦しみは毎年川の神に嫁として娘を捧げることで、そのせいで鄴地県はひどく貧しい」と答えた。

実は黄河沿いの鄴地にはこんな言い伝えがあった。黄河には川の神が棲んでいて、もしその神に娘を捧げなければ、黄河は氾濫し、みな溺れ死ぬという。このため長年にわたって、地元の役人と巫女たちはこの嫁取りの儀式を熱心に行い、それを口実に特別な税金を百姓に強いて、私腹を肥やしていた。

老人たちが言うには、毎年決まった時期に、老いた巫女が見回りにやってきて、貧乏な家の美しい娘を見つけては、「この娘は嫁として川の神に捧げるべきである」と言う。すると役所から人が来てその娘を強引に連れていき、彼女を部屋に閉じ込め、新しい服を着せ、美味いものを食べさせた。そして10日後には、川の神が嫁を迎えるときが来たといって、着飾った娘をむしろの上に座らせ、そのまま川に流すのである。最初のうち娘はむしろとともに水面に浮いているが、まもなく川底に沈んでいく。すると巫女たちが儀式を行い、川の神はすでに嫁を迎え入れたという。

西門豹は何も言わなかったので、老人たちもこの新しく赴任してきた県令に

はあまり期待しなかった。

やがて川の神が嫁を迎える日がやってきた。知らせを受けた西門豹は、兵士を連れ、早くから川辺で待っていた。しばらくすると町の金持ちや官吏たちとともに、今年の嫁に選ばれた娘がやってきた。ついてきた巫女は70歳ほどの老婆だった。

西門豹は「川の神に捧げる娘をここに連れて来い。美しいかどうか私が品定め致す」と言い出した。西門豹は連れて来られた娘を見て、「この娘は美しくないので、神の嫁にはできん。しかし神は今日嫁を迎えるつもりでおられるだろう。こうなれば巫女を使いにやり、神に事情を説明し、また日を改めてもっと美しい娘を差し上げると神に伝えてもらおう」と言った。急な提案を理解できずにいる周囲の連中をよそに、西門豹は兵士たちに命じ、巫女を川に放りこませた。そしてしばらくすると、再び「巫女はどうしてまだ戻ってこないのじゃ。ではその弟子に呼びに行ってもらおう」と言い、また兵士に命じて、巫女の弟子の一人を川に投げ込んだかと思うと、次々に三人の弟子を投げ込んだ。

これを見た金持ちや役人、百姓たちはびっくり仰天した。西門豹は、本当に川の神の返事を待っているかのようであった。しばらくして西門豹は「おそらく川の神は客好きで、巫女やその弟子を引き止めたに違いない。すると、また誰かに呼んできてもらわないといかんな」と言って、この儀式に出席していた金持ちと役人たちの顔をじろりと眺めた。さすがの金持ちや役人たちもこれが何を意味しているのかを悟り、川に放り込まれるのを恐れ、土下座をして命乞いをした。

そこで西門豹は大声で「川の神が嫁をもらうなど真っ赤な嘘である。今後誰かがこのような儀式をやるというのなら、私は真っ先にそいつを川に放り込み、その川の神とやらに会わせてやるぞ」と言い放った。こうして、鄴地の川の神の嫁取りというばかげた儀式は、それ以来行われることはなく、西門豹も自らの才を生かし、この地方を立派に治めた。

● 「田忌、馬を競う」

紀元前4世紀の中国は、諸侯たちが割拠する「戦国時代」と呼ばれている。この時代、魏の国で仕官していた孫臏は、同僚の龐涓に迫害された後、斉の使臣に助けられ斉の都へとやってきた。

そして斉の使臣が、彼を斉の大将軍である田忌に紹介した。田忌が孫臏に兵

法を尋ねると、孫臏は3日3晩兵法を説き続けたので、田忌は心から感服し、孫臏を貴賓としてもてなし、また孫臏も田忌に感激して知恵や計策を献じた。

競馬は当時の斉の貴族の間で最も人気のある娯楽であった。国王から大臣までが競馬を楽しみ、大金を賭けた。田忌もよく国王やほかの大臣たちと賭けたが、これまで負けてばかりいた。この日も彼は負けてしまい、家に帰ってからも不機嫌な顔をしていた。これを見た孫臏は「次回は私もお供しましょう。もしかしたら何かお役に立てるかもしれませんぞ」と慰めた。

そして言葉通り孫臏は、田忌について馬場へと向かった。文武諸官や多くの庶民も見物に来ていた。競馬の決まりは馬の速さを上、中、下の3つの等級に分け、異なる等級の馬にはそれぞれ異なる飾りをつけた。また賭けに参加した者はそれぞれ自由に競走に出る馬の順番を決めることができた。勝敗は3試合のうち2勝すれば勝ちとなるというものであった。

孫臏はこの決まりを知った後、しばらく様子をうかがった。そして田忌がこれまで負け続けたのは、決して彼の馬が他人の馬よりより劣っているわけではなく、ただ戦略を立てていないからだと思った。そこで孫臏は「大将軍殿、ご安心ください。私は勝つ方法を見つけました」と田忌にその策を教えた。これを聞いて喜んだ田忌は、すぐに王に千金を賭けると申し出た。負け知らずの馬を持つ国王は気軽に田忌の挑戦に応じた。

さて、対戦が始まる直前になって田忌は孫臏の指示に従い、上等級の馬の鞍を取り外し下等級の馬につけ、上等級の馬に見せかけて、王の上等級の馬と対戦させることにした。対戦が始まると王の馬は矢のように前を走り、田忌の馬はかなりの差をつけられて後に続いた。これを見た王は有頂点になって大笑いした。だが2戦目、田忌は孫臏の指示に従って、自分の上等の馬を王の中等級の馬と競わせたので、田忌の馬は王の馬の前を走り、大喝采の下、勝利をものにした。そして大事な最後の対戦は田忌の中等級の馬と王の下等級の馬との対戦となった。当然、田忌の馬が王の馬を負かし、結果は2対1で、田忌が王に勝ったのである。

これまで負けたことのなかった王は驚きのばかりあいた口がふさがらない。そこで仕方なく、田忌にどこであんな良い馬を手に入れたのかと聞くと、田忌は自分が勝ったのは、良い馬を手に入れたのではなく、戦略にあると答え、孫臏に教わった策を教えた。王はおおいに悟り、すぐに孫臏を王宮に招いた。そ

こで孫臏は、双方の条件が対等のときは、策で相手に勝つことができ、双方の条件の差が大きくても、策を用いれば損失を最小限に抑えることができると王に告げた。やがて王は孫臏を軍師に任命し、全国の軍隊の指揮権を与えた。孫臏は田忌と協力して作戦を改めた。以来斉の軍隊は他国の軍隊との戦いで数え知れぬ勝利を収めた。

コラム7　漢方薬について

漢方薬は漢方医学が疾病を予防、診断、治療を行うときに使用される医薬品である。それは天然の薬草およびその加工品からなり、中には植物性薬（根、茎、葉、実）、動物性薬（内臓、皮、骨、器官など）、鉱物薬および一部の化学、生物製剤が含まれている。漢方薬は植物性薬が絶対的多数を占めているため、「中草薬」ともいわれている。漢方薬の発明と応用は中国で1000年の歴史を持っている。漢方薬という言葉の出現は遅く、西洋医学が中国に入った後に、この2つの医学を区別するためにその名称が使われるようになった。

漢方薬の歴史　中国の歴史には"神農氏は100種類の草を味見する中で、1日70種類の毒草に遭った"という伝説がある。これは中国古代の人が疾病と闘っているうちに自然と薬物を発見し、経験を積んできたプロセスを反映しているものであり、漢方薬が生産労働から生まれた証拠でもある。

中国古代の夏、商、周の時代（約紀元前22世紀末〜紀元前256年）には、養命酒と煎じて飲む漢方薬が現れた。西周時代（約紀元前11世紀〜紀元前771年）の「詩経」は中国の現存文献のうち薬物を記載した最も古い書物である。中国に残っている一番古い漢方医学の理論的典籍「内経」は"寒者熱之熱者

寒之"、"五味所入"、"五臓苦欲補瀉"などの説を提唱し、漢方薬の分野で基本的な理論の基礎を定めた。

1949年中華人民共和国が成立すると、漢方薬分野で植物学、鑑定学、化学、薬理学と臨床医学などの研究が広く行われ、医薬品の出所、選別、効能の解釈に科学的な証拠を提供した。関係部門は全国で医薬品の出所を調査した上で、1961年に全国および地方の「漢方薬誌」を編集した。これと同時に1977年に「漢方薬大辞典」が出版され、中国漢方薬典籍に記載された漢方薬の数は5767種類に達した。1983年から1984年までの中国国内の漢方薬資源を調査した「第3回全国漢方薬資源センサス」の結果によると、中国の漢方薬の数は1万2807種類に達し、そのうち植物性薬が1万1146種類で全体の87%を占め、動物性薬は1581種類で12%、鉱物薬は80種類で約1%となった。この時代、各種類の漢方薬の辞典、専門の著作および関連紙と雑誌が相次いで出版され、数多くの漢方薬の研究所、教学と生産工場もどんどん現れてきた。

漢方薬の材料　中国は国土が広く、地理的な条件が複雑で気候も多様多種なため、それぞれ異なる生態環境が形成された。これは数多くの漢方薬の成長に有利な条件を与えている。現在、中国では8000種類を超える漢方薬が開発され、そのうち常用されている物は600種類に及ぶ。その種類と数の多さは世界一である。中国の漢方薬は国内の需要を満たす以外に、世界80以上の国および地域に輸出され、世界でも注目を浴びている。

漢方薬の今後　今後の漢方薬の研究方向は生産の面で伝統を受け継ぐと同時に、良質な植物の選出と育成の強化である。例えば、生物プロジェクトなどの面での研究、カンゾウ、コガネバナ、ミンマサイコなど、使用ニーズの最も高い野生漢方植物および20種類の外国漢方植物の種の輸入と栽培活動を強化し、特に種の退化を防ぐ研究を進め、新しい資源を調査し開発しなければならない。国際

社会に漢方薬のより良い理解と使用を促すため、中国は積極的に漢方薬に関する国際的な規格を策定している。原材料の安全性を確保するとともに、生産技術の具体的な基準を正しく守り、漢方薬の全体的なイメージアップをはかりながら世界の主流になるよう努力している。

8章
紙上考古博物館

■中国古代の「シルクロード」

　2000年あまり前に中国で始まった貿易の古道「シルクロード」は世界的に有名で、中国と欧州・アジア・アフリカ諸国間の架け橋として、東方と西方の物質や文明の交流に重要な貢献を果たした。

　「シルクロード」は、中国古代に中央アジアを経由して南アジア、西アジアおよび欧州、北アフリカに通じる陸上の貿易交流の道である。多くの中国産シルクと絹織物がこの道を経由して西に運ばれたため、「シルクロード」と呼ばれるようになった。「シルクロード」は、紀元前1世紀の中国漢代に形成され、当時の「シルクロード」は、南への道は西、現在のアフガニスタン、ウズベキスタン、イラン、最も遠いエジプトのアレクサンドルシティにまで通っていた。もう1つの道は、パキスタン、アフガニスタンのカブールを経てペルシア湾に通じていた。カブールから南は、現在のパキスタンのカラチに通じ、海路を経てペルシアとローマなどにも通じた。

　紀元前2世紀から「シルクロード」に沿って、西から東まで、四大帝国、すなわち欧州のローマ帝国、西アジアのパルティア（Parthia、イラン古代奴隷制国家）、中央アジアのクシャン（Kushan、中央アジアおよびインド北部を支

配下に置いた帝国)、東アジアの中国漢代がそこに並んでいた。「シルクロード」の形成により、これらの古代文明が互いに直接交流し影響し合うようになり、その後も、いかなる文明の発展も相対的に孤立するものではなくなった。

「シルクロード」の複雑な道を通して、東西は頻繁に往来するようになった。中国古代文献の中に記載された多くの「胡」という字のある植物、例えば「胡桃」、「胡瓜」、「胡椒」、「胡羅卜（ニンジン）」などは、多く西側から伝わったものである。7世紀から9世紀までの唐の時代、「シルクロード」は最も盛んで、中国と西側諸国との交流は最も繁栄していた。西側の珍しい禽獣、珠玉宝石、香料、ガラス製の容器、金銀通貨および西アジアと中央アジアの音楽、踊り、飲食、ファッションなどが次々と中国に伝わった。それと同時に、中国の物産と技術も「シルクロード」を経由して世界各地に伝えられた。例えば、シルク、農業と養蚕、紙、印刷術、漆器、磁器、火薬、羅針盤などは、世界文明に重要な貢献を果たした。

物質貿易を行うと同時に、「シルクロード」を経由する文化交流も非常に盛んになった。世界3大宗教の1つである仏教は、西漢（紀元前206年～220年）の末に中国に伝えられた。3世紀に発見された新疆のキジル（克孜爾）千仏洞には、現在、1万平方メートル近くの壁画があり、仏教がインドから中国に伝えられたルートを記録している。推測によると、仏教はインドから「シルクロード」を経て、新疆のキジル、それから甘粛省の敦煌、また中国内地に伝わったとされる。「シルクロード」に沿って残された仏教石窟、例えば敦煌莫高窟、洛陽の龍門石窟などは、東方と西方の芸術風格を融合しており、「シルクロード」での中国と西方の文化交流を証明するものである。世界文化遺産にも指定された。

9世紀以降、欧州とアジアの政治、経済の情勢の変化は、特に航海技術の進歩に伴い、海運での貿易の役割は日増しに著しくなり、この伝統ある古い陸路での貿易は次第に衰えた。10世紀の中国宋代のとき、「シルクロード」は貿易のやりとりとして利用されることは少なくなった。

「シルクロード」という古い路は、長く、そして歴史も古い。また、世界文明でも重要な役割を果たしていた。ここ数年来、ユネスコ・国連教育科学文化機関が発起した「シルクロードの新研究計画」には、東方と西側の対話と交流を促進するため、「シルクロード」を「対話ロード」と称するようになった。

■三星堆遺跡

　中国は国土が広いため、古代では、部族として小さな国が多く存在していた。今の四川省は、古代の蜀国の所在地であり、1970年代にここで発見された三星堆文明遺跡は世界を騒がせた。

　四川省広漢市内にある三星堆遺跡は、今から5000年ないし3000年の古代蜀国の遺跡である。1929年の春、地元の農民は田畑を耕していたとき、偶然に精美な玉石器を発見した。玉石は古代蜀国の地域的特色が濃く、人々の注目を浴び、同時に3000年も眠っている三星堆の文明が蘇ったのである。1986年、考古学者は大型な祭祀坑2か所を発掘し、精美で珍しく貴重な文物1000件あまりが出土し、世界を驚かせた。

　三星堆文化の特徴は、ここから数多くの青銅面が出土したことである。中国中部の河南省からすでに、鼎、盆など多くの精美な青銅器が出土していたが、面は出土していなかった。三星堆遺跡から出土した青銅面のほとんどは眉が太く、目が大きく、鼻が高く、口が大きく、あごはほとんどない。その表情は笑っているようで笑っておらず、怒っているようで怒っていない。詳しく見ると、これらの青銅面は両耳の上にそれぞれ小さな穴が1つある。この種の面は、顔の形が今の地元の人間と大きな差があるため、専門家もこの面については未解決の部分が多いままである。

　また三星堆遺跡から、細くて高い青銅で鋳造した人像も出土した。この人像は、容貌が青銅面の特徴と同じで、燕尾服のような長衣を着ていて、裸足で高い土台の上に立っている。銅像の高さは約170センチメートル、世界に既存す

る最も高い青銅像である。銅像の両手は、片手が高いところ、もう一方が低いところにあり、物を握る様をしているが、出土したときは、手の中には何も握られていなかった。専門家は、この銅像の表情や手まねから、一般人と異なる祈祷師、あるいは神のようであり、銅像のいた場所は祭祀場であったようだと推測している。

面と銅像のほか、金杖、青銅の「神の木」、象の歯なども出土した。金杖は長さ1.42メートル、精美で神秘な紋飾、向かい合っている2羽の鳥、背が向かい合っている魚、魚の頭部や鳥の首のところに矢のようなものが刻まれ、神秘に満ちた笑顔の人頭像も刻まれている。また、青銅の「神の木」の高さは4メートル近くあり、9本の枝に分けられ、枝の上にはいずれも1羽の鳥がいる。研究によると、これは一般の鳥ではなく、太陽を表す神の鳥だということである。

専門家は研究の中で、三星堆から出土した多くの青銅器は、古代蜀国文化の跡が著しいだけでなく、西アジアと、その他の地域の文化の特徴も見られるとしている。特に青銅彫像、金杖などは世界で有名なマヤ文化、古代エジプト文化と非常に似通っている。このほか、祭祀坑から出土した70の象の歯などから見ても、三星堆にある古代蜀国は当時、周囲の国家ないし、より遠い地方との間にも商品の交流があったことがわかる。一部の陶器グラスがヨーロッパで同期に出土したグラスと外形がきわめて似ていることから、三星堆青銅器は西アジア、近東、ヨーロッパなどの外国文化の影響を受けた可能性があることが判明した。三星堆から出土された文物は、中国考古学、美学、歴史学などの分野を解明するきっかけともなった。

■貴州赫章古墓群で古代夜郎国を探す

「夜郎自大」（身のほどをわきまえず尊大ぶる）〔漢代に、現在の貴州西境にあった夜郎国の王が漢国の使者に漢と夜郎国とどちらが大きいかと尋ねた故事による〕という成語は、中国では有名である。この成語は2000年あまり前、中国西南部にある夜郎国のある故事からできたものである。夜郎国はかつて、貴州高原で100年間繁栄していたが、その後、流星のように消えてなくなってしまった。今世紀初め、中国の考古学者が貴州の赫章で発掘した古墓群は、初めて夜郎国の神秘的な姿を人々に見せることとなった。

2001年9月、中国西南部の貴州省赫章県可楽郷で、古代夜郎国の108の墓を発掘した。これは古代夜郎国に関する考古の中で副葬品の出土が最も多かったもので、古代夜郎国の文化や夜郎国の歴史を研究するのに重要な意味を持っている。したがって、今回の考古発見は2001年度「中国の十大考古発見」にランクされている。夜郎国は、中国西南地域でより強大な少数民族政権であり、紀元前3世紀から紀元前1世紀までの間200年間も存在していた。紀元前2世紀、西漢の有名な史学家・司馬遷が漢朝の使節に伴い、中国西南部の各少数民族国に行った。司馬遷が著した史書『史記・西南夷志』の記載によると、西南各部族の中で、勢力が最も大きいのは夜郎であり、軍隊を有していた。川では、あちこち夜郎人の船が行き来し、非常に繁栄していた。夜郎国王は西漢の使節と話し合った際、使節に「漢と夜郎国はどちらが大きいか」と尋ねた。当時、漢朝は中国の大部分の地域を統治しており、一方、夜郎国はへんぴな山間地帯にあり、夜郎国王はお互いの実力に大差があることを知らずにいた。それから、「夜郎自大」がむやみに尊大ぶることを意味する成語となり、笑い話として今まで伝えられてきた。同時に、2000年あまり前に夜郎国が存在していた証拠にもなっている。

　夜郎国は、魅力的な夜郎文化を育んできた。夜郎国が消えた後、行政区が変わり、民族が遷移したため文献資料が不足してしまい、そのため夜郎国の歴史はあいまいな面があり、中国少数民族の古代史の中でも疑問の点が多かったのである。夜郎国の大部分の領域は、今の貴州省境界内にある。貴州省赫章県内で絶えず発掘された秦の煉瓦と漢の瓦から、いずれも当時の夜郎国の盛況ぶりを推測することができる。赫章県可楽郷で発掘された墓の群れからは、夜郎国

独自の埋葬習慣がわかり、2001年度の「中国の十大考古新発見」とされた。

　赫章県可楽郷で発掘された墓は密接に分布している。しかし、1つひとつの墓は規模がそれほど大きくなく、一般的に長さ3メートルに満たず、幅も1メートルしかない。しかし、埋葬方法はとても奇特である。一番多いのは「頭を被せて埋葬する」方法である。これは、太鼓形で銅製の釜（釜：古代の炊事道具、鍋に似る）を死者の頭に被せて埋葬するもので、その他では、銅釜を死者の足に被せ、顔に銅の洗（一種の洗面用具）を覆うものもある。また、銅洗を足の下に敷き、腕の傍らに銅洗を横にたてるものもある。「頭を被せて埋葬する」方法や、これらの特別な埋葬方法は、中国のほかの地域では見られないものである。これは夜郎民族特有の埋葬方法といえる。専門家は、この「頭を被せて埋葬する」方法は、夜郎人の魂への崇拝や釜、太鼓、洗などの用具への崇拝を反映していると見ており、また、このような独特の葬儀と宗教観に対して深く研究する必要があると見る専門家もいる。

　可楽郷の墓から出土された青銅器は、貴州省の青銅文化の空白を埋めただけでなく、その濃厚な民族特色もほかと異なり研究価値がある。例えば、太鼓形の釜、青銅戈、青銅剣などは、その造型が独特で、その他の地域でこの造型の青銅器は見られない。そのことにより夜郎国の青銅文化は独特ということがわかる。赫章県可楽郷で発掘された、これらの墓は文字で夜郎国が歴史上存在していたという痕跡を記録し、これにより、2000年前に消えたこの古代国家が初めて、その糸口を見せたのである。専門家は、より謎を解明する鍵は可楽郷の墓の中に隠れているかもしれないと見ている。

■殷墟と甲骨文字

　中国の文明は数千年の歴史があり、地下に残された文物はとても豊富である。20世紀に考古学が西方から中国に伝わって以来、中国では多くの重要な考古発見があった。

　中国中部の河南省安陽市には、面積が約24平方キロメートルの都城廃墟があり、それが世界的に有名な殷墟である。記載によると、紀元前14世紀、商王の盤庚は都城を山東省の曲阜からここに遷都し、300年近くの間、商王朝の政治、文化、経済の中心であった。紀元前1046年、周の武王は、商の最後の

帝王の紂王に勝ち、商王朝が滅亡した後、廃墟となった。商王朝はまた、殷王朝とも称されるため、ここは「殷墟」と呼ばれている。

殷墟の発見と発掘は、20世紀において中国で最も重大な考古発見である。1928年から発掘して以来、ここからは甲骨文字、青銅器などを含む大量の文物が出土し、甲骨文字の発見は世界考古史上でも大事件であった。

甲骨文字は、亀の甲羅や動物の骨に刻まれる古い文字である。商の時代、国王は物事を行う前に必ず占いを行ったが、甲骨は占う際の用具であった。

甲骨は使用される前に加工する必要がある。まず、甲骨の上の血肉を除いた後、滑らかに磨く。その後、その裏面にくぼみを掘る。これらのくぼみは順に配列し、占い師、あるいは祈祷師が自分の名前、占う期日、質問し

殷墟から発掘した甲骨文字

たい内容などを甲骨の上に刻み、その後は火でそのくぼみを焼く。くぼみは熱を帯び、やがてひびが入る。そのときにできた裂け目を「兆」と呼ぶ。祈祷師は、これらの裂け目の方向を分析し、占いの結果やその占いが当たるかどうかを甲骨の上に刻む。占いが当たったら、これらの占い言葉が刻まれている甲骨は、官僚の保存書類として保存された。

現在のところ、殷墟からは合わせて16万片あまりの甲骨が発掘された。発掘した甲骨上の文字は合わせて4000字あまりあった。そのうち約3000字を学者たちが考証し研究したが、学者たちの解釈で一致したものは1000字あまりである。その他は読み取れない、あるいは解読不明であった。しかし、この1000あまりの文字を通して、商王朝の政治、経済、文化など各方面のだいたいの状況が判明した。

甲骨文字を研究する上で最も早い著作は、1913年に出版された劉鄂氏の『鉄雲蔵亀』である。また、中国の有名な歴史学者兼作家である郭沫若は、1929年に『甲骨文字研究』という本を出版した。現在、中国の甲骨文字研究の権威は北京大学の裘錫圭教授、中国歴史研究所の李学勤教授らである。

殷墟で発見された商の甲骨のほか、ここ数年の考古の中で、さらに早い西周時代の甲骨も発見された。ただ、これらの甲骨に刻まれた文字は非常に少ないため、商の甲骨のようには重要視されていない。殷墟発掘の重大な意義は甲骨だけではない。70年あまり、考古学者は殷墟から、宮殿や廟の建築群の遺跡が50か所あまり、王陵が12か所、貴族や民間人の墓が数千か所、祭祀坑1000か所、手工業工房5か所、車馬坑30か所あまり、および大量の青銅器、玉製の工芸品、陶器、骨製の器具などを発掘し、中国古代社会の形象を究明した。

■殷（商）の司母戊鼎はどのように製造されたのか？

1939年3月、中国中部の河南省安陽武官村の北にある田畑から、世界最大の青銅器「司母戊鼎」が出土された。この司母戊鼎は重さ875キログラム、高さ133センチメートル、長さ110センチメートル、幅78センチメートルで、これほどにも巨大で4つ脚がついた四角の鼎をいったい何に使っていたのか、またどのように製造されたのかまだわかっていない。「司母戊」3文字の意味から、司母戊鼎は祭祀の器であることがわかっている。考証によると、司母戊鼎は商の国王祖庚がその母親の妣戊を祭るために使ったものである。専門家は、巨大青銅器の製造は鼎の柄、鼎の本体、鼎の脚部分をそれぞれ鋳造し、その後各部分を接合して作ったと推測していた。しかし、最近、専門家の分析研究によって、司母戊鼎は依然として伝統的な手法で製造されていることが判明した。この手法は鋳造前に、まず陶土で外側を造り、それから各部分を組み立てていき、本体、上部、底部分などに分ける。司母戊鼎の脚は、全体の鋳型と一体となっており、鋳造するとき、大型の熔炉を鋳型の鼎脚の外側に置き、熔炉の中の青銅が熔けた後、銅を3つの流し込み口から徐々に鋳型の中に流し込む。鼎の本体が鋳造された後、その上で鼎の柄部分を流し込んで鋳造する。こうして、巨大な司母戊鼎が完成した

のである。

■曾侯乙墓および編鐘

　古本の記載によると、中国古代の統治階層は、音楽を非常に重視し、詩は人々の精神に影響を及ぼし、礼儀を知ることは、人々の行為を規範化することから、国にとって美しい音楽があることは、隆盛のシンボルであると主張している。よって、その音楽が良いかどうかで国の盛衰が判断できる。1978年、中国中部の随州市の墓から大型な青銅編鐘が出土し、国内外で注目された。この発見は実物から典籍の記述を立証し、人々が中国古代の社会文明を理解することに新しい証拠をもたらした。

　1978年2月、湖北省随州市郊外の工事現場で、普通の土とは異なる「暗色土」が突然発見された。「暗色土」とは、地層の中で積って埋蔵された人類活動の遺跡を指すものである。このことは、考古においての新たな発見となった。東西長さ21メートル、南北広さ16メートルの古墓が発掘された。墓室を開けると、巨大なうわ柩の上に大きい板石47枚がかぶさっており、この板石を重機で吊り移動してみると、深さ約3メートルの水溜りがあり、水面の上には柩木が浮かんでいた。考古学者は水をくみ上げながら、柩木をきれいに整理したところ、世界を驚かせる文物が現れ、さらに発掘し整理すると、中には合わせて1500万件あまりの文物が出土し、青銅器、楽器、兵器、車馬器具、金器、玉製の器具、竹製の器具なども出土した。多くの器物は造型が奇異で、形象は迫力があり、紋飾りは華やかで美しく、非常に豪華であった。すべての文物のう

ち、最も注目されたのは65件の青銅器編鐘である。

　これらの編鐘は、今までに発見されたものの中で、最も大きな古代楽器であると同時に、青銅の鋳造工芸や楽器のすぐれた技術を併せ持つ、すばらしいものであった。編鐘は形状によって、大小と音の高低の順序で8組に分けられ、そのうち、最大の鐘は高さ153.4センチメートル、最小のものは高さ20.4センチメートルである。その全体の重さは2500キログラムに達している。これらの編鐘は、銅と木を混同した3階建ての鐘棚にかかっており、鐘の上に古い篆書銘文が合わせて2800字あまり彫られている。その音を測ると、1つの鐘は2つの音質を出すことができ、音律も正確で、音色が美しく、今日でも各種の曲調を演奏することができる。

　考証によると、この古墓は、戦国時代の曾国の貴族である曾侯乙の墳墓であると専門家は認定した。曾侯乙とは、文字から解釈すると、曾国の「乙」という名前の王侯だという意味である。墳墓の中の銘文や炭素14による測定に基づいて、この墓の主人が埋葬された年代は紀元前400年ごろであったことが判明した。

　曾侯乙墓は、地下水の下にあるため、埋葬後まもなく、地下水が墓内にしみ込んで、副葬品が長年にわたって水中に浸食されていたが、このことから墓内の宝物が墓盗者に盗まれなかったともいわれている。

　曾侯乙墓の発掘が終了した後、地元政府は専門の博物館を設立した。そこに墓内から出土した文物を収蔵・展示し、「曾侯乙墓の遺跡」を復元し、「編鐘陳列館」を設けた。また、編鐘を使っての楽隊を組織し、人々に昔の音楽を伝える活動も行っている。

■秦の始皇帝陵をめぐる話

●銅車馬

　秦の始皇帝陵の兵馬俑が発見された後の1980年、中国の考古学者は秦始皇帝陵の銅車馬を発見した。この発見もまた、世界を驚嘆させた。

　最も早くこの国宝を発見したのは考古学者の楊緒徳である。当時、楊緒徳は秦始皇帝陵から20メートルぐらいの場所で発掘作業を行っていた。突然、深さ7メートルから土とともに指ぐらいの大きさの金の玉のようなものが次々と

出土した。この金の玉を現場の指導者程学華に手渡すと、程学華は興奮し手が震えたということである。というのも、人々が懸命に探していた銅車馬の一部だったからである。

発掘作業は専門家の指導の下で行われ、1か月を経て、地表から7、8メートルの深さに2台の銅車、8匹の銅馬、二人の銅の御者を発掘した。

銅車馬が発見された後、その修復作業は秦始皇兵馬俑博物館で行われ、2年近くの修復を経て展示された。銅車馬の大きさは実物の2分の1で、その設計、制作の精密さ、工芸の精緻はいずれも比べるものがないほどである。その工芸制作方法は今でも応用されている。しかし、現代の科学技術をもって調査してもなお謎の部分が残っている。

● **兵馬俑**

1989年、中国社会科学院考古研究所の漢長安作業チームは西安市示央区六村堡郷の野菜畑でボーリングをしていたとき、今から約2100年前の前漢の大型の兵馬俑を焼き上げる陶窯21か所を発見した。これは皇帝と政府のための副葬用の俑を製造する官僚の窯であった。これらの製造所は規模が大きく、生産量も多い。そのうち2か所の陶窯には、まだ焼いていない俑が数多く残されていた。21の窯には、それぞれ350俑ないし400の俑もあり、このように21の窯から1回で7350個ないし8400個の陶俑を焼き上げることができたわけである。このような生産規模から見ても、秦と漢の兵馬俑が偉大であったことがわかる。

現場から発掘された陶俑の実物により、兵馬俑の焼き方が判明した。陶俑は全部鋳型によって製造されており、これらの兵馬俑は焼く前に彩色をせず、焼

いた後で白色の陶の衣服を描いていった。焼くときの兵馬俑の置き方は、頭を下に向け、足を上向きにして置かれていた。これは非常に科学的な置き方で、人体の上部は下部より重く、頭を下に向けて置くことで安定が取れ、かつ倒れにくいのである。これは、はるか2000年あまり前に、中国の労働者が重心の原理を身につけていたことを証明するものである。また、秦の時代、陶器製造者に俑の上に自分の名前を刻むよう要求していた。これは支配人が製造した陶俑の数と質を検査するためで、この結果、のちに多くの製造者の名前が伝わった。現在、はっきりと名前が残されているのは宮丙、宮疆など85人である。

■湖南長沙の馬王堆漢墓

　1970年代に、中国南部の長沙で馬王堆漢墓が発掘され、全世界を驚かせた。この墓から出土した完璧な形で保存されていた婦人の死体は、世界で初めて発見されたミイラである。この女性の死体は2000年あまりの間埋葬されてきたが、まだ生きているかのような弾力ある肌を保っており、とても謎めいている。同時に、馬王堆漢墓から、完璧に保存されたきわめて珍貴な文物が大量出土されており、古代中華文明の珍貴な宝とも称されている。

　中国南部の湖南省長沙市の東郊外には、民間の伝承で、ここには大きい墳墓があると伝えられてきた。ある者が、馬という姓の王侯がここに埋葬されていると言いふらしたことから「馬王堆」と呼ばれるようになった。また、ある伝説では、ここには古代長沙王の母が埋葬されているといわれ、それによりいくつかの奇妙な物語が伝えられている。1970年代に至って、思いがけない発掘から、この伝説中の墳墓の主人が確定された。1971年、長沙の馬王堆で労働者が地下室を掘っているとき、偶然にこの墓が発見された。墓穴があけられた後、その墓の底や、うわ柩の中に、厚さ1メートルあまりの白い練り固めた泥

を埋めており、その白い泥の下には木炭が一面に敷かれていた。木炭がとられた後、柩とうわ柩が露出し、その上には数十枚の竹で編んだ蓆で覆っており、出土したとき、竹の蓆は色が浅黄色で、つやがあり、新品同様であった。しかし、出土してわずか10数分間の間でこの蓆は黒く変色してしまった。墓の中には4重の棺があり、一番外の大きい棺は長さ約7メートル、幅は5メートル、高さは3メートルであった。

　棺とうわ柩を開けると、棺の中の婦人のミイラがとても生き生きとしていることに驚かされた。この死体の外観は完全な形で、顔のつくりもはっきりとしていて、髪もつやがあり、指と足の指紋もはっきりと確認できた。肌は潤いがあり、弾力もある。また、四肢の関節も動かすことができる。解剖の結果、その内臓器官も完全に保存され、のどから胃にかけて100あまりの瓜の種が連なって残っていたということである。つまり、この婦人は、瓜が実る季節に瓜を食べている最中に亡くなったことがわかった。墓の中に「妾辛追」という名前の章があり、考証によると、この婦人は紀元前2世紀ごろに埋葬され、前漢初めの長沙国宰相利蒼の妻で、名前は辛追という。

　「生きている死体」の発見は、世界でセンセーションを巻き起こした。関係部門の統計によると、馬王堆の女屍が出土した後、短期間で長沙市の訪問者数が5万人も増加した。

　辛追の墓の発掘後2年の間に、その付近でまた2つの大型漢墓が発見された。1つは辛追の夫長沙国の宰相利蒼の墓、もう1つは彼らの息子の墓と見られている。この3つの墓は総合して「長沙馬王堆漢墓」と称されている。長沙馬王堆漢墓から出土された文物は、非常に豊富で、着物、食品、薬剤、漆器、木俑、楽器、陶器、帛画（絹に描いた絵）および大量の帛書（絹地に書いた文・書簡）や竹簡、木簡（古代、字を書いて手紙の代わりに使った木の札）が出土された。これらの文物はきわめて高い芸術性と実用性があり、非常に貴重なものとされている。そのうち、出土した1400点の絹織物は「人を驚嘆させる前漢のシルクの宝庫」と称されている。無地の紗の単衣の着物2点があり、長さ1メートル、袖が2メートル、その重さはわずか28グラムで、あわせ式の着物は、畳んだら片手で握ることができるということである。古書の中に出てくる「薄さはせみの抜け殻の如し、軽さは煙霧の如し」のような感じで、当時中国の紡績技術がすでに非常に高いレベルに達していたことがわかる。その他、出土した

帛書と竹簡と木簡は、世界で最古の天文著作「五星占」、「天文気象雑占」だけではなく、中国最古の医薬著作「脈法」、「五十二病方」などもある。馬王堆漢墓から出土した帛書の数も非常に多く、内容もとても豊富である。

長沙馬王堆漢墓の発掘は、中国の考古界に大きな影響を与えた。専門家は、この墓で最も価値があるものは、完全に保存された女性の遺体、その女性の品物や帛書、竹簡と木簡であるとしている。長沙馬王堆漢墓の発掘は人々に「20世紀中国と世界の最も重大な発見の1つ」とされている。

■満城漢墓と金縷玉衣

中国の西漢時代（紀元前206年～紀元8年）、人々は玉が人の死体の腐敗を防ぐことができると信じていた。したがって、皇帝や貴族らは死後、鎧に似た「玉衣」に包まれて埋葬されている。この玉衣は、さまざまな玉を金の糸で繋ぎ合わせて作ったもので、「金縷玉衣」と呼ばれている。1968年、ある考古学者が中国北部の河北省の満城県で、初めて完璧に保存された珍しい文物を発掘した。

満城漢墓は北京から200キロメートルあまりの河北省満城県にあり、西漢時代の諸侯国の中山国王劉勝とその妻の竇綰、彼ら二人の墓である。史書の記載によると、劉勝は紀元前154年に中山国の国王に即位し、42年間在位した中山国の第1世代の国王である。

劉勝の墓は独立した山の上に建てられ、山全体が墓となっている。墓には多くの異なる洞窟があり、寝室、居間、音楽室などが含まれ、墓全体が豪華な山の宮殿のようである。それらの構造から見て、劉勝の墓はよく考慮されて設計されたもので、工事は困難を極め、規模は広大であった。岩石質の山で膨大な墓を掘り起こすには、近代的な施工方法でも100人で1年間の時間を費やさなければ完成しないといわれている。

劉勝の墓からは数多くの副葬品が出土した。これらの副葬品の中で、陶器が最も多く、次は銅器、鉄器、金銀器の順である。その中で最も著名なのは世界で知られる「金縷玉衣」である。

「金縷玉衣」はいずれも、長方形、方形、梯形、三角形、四辺形、多辺形などの玉からなり、玉の角に穴をあけ、黄金の糸で綴ってある。玉衣は頭部、上着、ズボン、手袋、靴の5つに分けられ、頭部の内側に目の覆い、鼻を覆うもの、

耳を覆うもの、口を覆うものがついており、腹部には生殖器を覆うための小さな箱や肛門をふさぐものがついている。これらはいずれも、玉で作ったものである。玉衣の全長は2メートル近く、計2498個の玉からなり、金糸は約1100グラムである。

　学者の研究によると、玉衣の製作過程はとても複雑で、まず大塊の玉を切り、人の体の各部分の異なる形によって薄く磨き、その後、これらの玉の角に穴をあける。推測によると、玉の上の一部分磨かれた部分は0.3ミリメートルほどで、穴の直径は1ミリメートルしかない。その技は繁雑で精密度が高く人々を驚かせている。

　劉勝と同様、竇綰の墓からも「金縷玉衣」が出土し、この玉衣も頭、上着、ズボン、手袋、靴の5つに分かれている。劉勝の墓と竇綰の墓から出土した「金縷玉衣」は完璧に保存されており、中国考古史上初めてセットとなる玉衣で、人々は漢の時代の玉衣の形と構造を知ることができた。

　精巧な金縷玉衣のほか、劉勝の墓から、金、銀の医療用の針や「医工」という字が刻まれた銅製の盆が出土し、中国古代の針灸術と医学史の研究における重要な資料となっている。また、この墓から出土した銅製の水時計は今までに出土された中でも年代が最も古いもので、中国の天文学の歴史研究にとって重要なものとなっている。劉勝がいつも身につけていた剣は何度も繰り返し鍛造され、その表面は化学的処理を経て作られ、中国古代の錬鉄技術の傑作ともいわれている。

　満城漢墓は1988年、中国政府から全国の重点文物保護単位と定められた。

■麦積山石窟と洛陽の竜門石窟

　麦積山石窟は中国北西部の甘粛省天水県の東南から45キロメートル離れた山間部にあり、高さは150メートルあまりである。歴史文献の記載によると、麦積山石窟は後秦（約紀元前3世紀ごろ）の時代から掘り起こされ、その後、高さ30メートルと70メートルの崖に仏像を彫り始めたということである。

　この仏窟は幾重にも重なり合い、上下に乱れていて、とても威厳がある。麦積山石窟には現在、北魏、西魏、北周、隋、唐、五代、宋元、明、清などの各時代の洞窟が194個、泥人形や石の彫刻が7000点あまり、壁画が1300平方メートル現存している。洞窟の中に、人間とほぼ同じ大きさの彫像があり、きわめて生活感あふれる作品群である。端正で重々しい仏や、菩薩、弟子などの彫像である。経書を読んでいるもの、話し合いをしているもの、喜びに満ち溢れたもの、手招きしているものがある。また、敬虔な少年と天真爛漫な子供の彫刻もある。高さ約16メートルの阿弥陀仏から、10センチメートルぐらいの彫像まで、いずれも精巧で細かく、生き生きとしている。多くの彫像は、神を人格化し、生活の色合いが濃く、見るものに親近感を与える。これらの彫像は、中国の仏教史、歴史学、考古学、民俗学の研究に重要な実証をもたらした。麦積山洞窟は、奥ゆかしい森林地帯に隠されているため、歴代の戦争の崩壊と人為的な盗みから免れ、非常に良い状態で保存されている。

　河南省の竜門石窟は、河南省洛陽市から南へ13キロメートルの伊川両岸に位置している。景色が美しく、寺が建っており、従来から詩人や観光客がよく

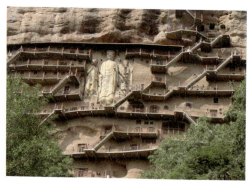

麦積山石窟

訪れる場所である。竜門石窟は北魏孝文帝が洛陽に遷都する（494年）前後に発見され、400年あまりの期間、その折々で大規模な建設を経て現在に至っている。山中にある洞窟は、蜂の巣のように数多く建造され、合わせて2300の洞窟、10万点あまりの彫像、題字と碑文が3600点あまり、40の仏の塔がある。石窟の中にある壁画には仙女たちが描かれており、流れる雲の中で自由に飛ぶ姿や、果物を手に空を飛び、踊り、歌を歌い、花を散らしている姿をしている。その様子はとても軽やかで、表情が優雅であると賛美されている。

　これらの古代の芸術家が制作した豊富多彩な芸術彫像は、中国の古代歴史と芸術の研究において重要な資料といえる。竜門石窟の中の古陽洞は、北魏孝文帝が洛陽に遷都する（494年）前後に建造されたもので、竜門石窟が最も早い洞窟である。石窟の中は精巧で華々しい仏像がたくさんあり、その表情は敬虔で、生き生きとして真に迫っており、北魏石窟芸術の研究にとって珍しく、貴重な資料である。題字の書法が質朴であり、書法歴史研究にとっても珍しい貴重な資料とされている。また、賓陽洞は500年から掘り始め、24年間を経て523年に完成したものである。洞窟内の主仏のシャカムニ像とその弟子や菩薩の彫像などは、顔が痩せ、衣服の折りが整っており、緊密で、北魏彫像の芸術的特色を表している。

■陝西法門寺

　中国陝西省扶風県にある法門寺はお釈迦様の真身舎利を安置しているところで有名である。1987年4月、中国文物関係者は法門寺仏塔を再建するとき、偶然に塔の下に地下宮殿を見つけ、そこに所蔵された文物は世界を驚かせ、秦の兵馬俑坑に継ぎ、陝西省でのもう1つの重大な発見といわれている。

　法門寺は西安市の西から120キロメートルの扶風県にあり、中国の北魏時代（約499年ごろ）に初めて建造された古刹である。7世紀の唐代はその隆盛期であり、唐王朝政府は大量の人力と財力を払って、法門寺を増築し、最終的に24か所の庭園からなる広大な寺院となった。寺院内の僧侶は5000人あまりに達し、当時の首都地区で規模最大の寺院であった。

　仏教の経典によると、古代天竺（インド）国のアショカ王が仏法を発達させるため、お釈迦様の真身舎利を分骨して、世界各地で84000基の仏塔を建立し

た。中国では 19 基が建てられ、法門寺はその中の 1 つである。

　塔の下に珍しく貴重な「仏指舎利」を納める寺として名をはせ、有名な仏教寺院となった。中国の古書の記載によると、唐王朝の八人の帝王は何回も、仏骨を皇居に迎えて供養し、多くの宝物を法門寺の地下宮殿に賜って奉納した。その後、戦争や地震などの原因で、法門寺の盛況はなくなったということである。

　1981 年、数百年を経て、13 階建ての法門寺仏塔は大雨で崩壊した。1987 年、陝西省は法門寺考古チームを組織して塔基に対しての復旧作業を行い、1113 年間眠っていた唐時代の法門寺地下宮殿が再び人の目に触れるようになったのである。

　法門寺地下宮殿は長さ 21.4 メートル、面積は 31.48 平方メートルである。その中には道、高台、トンネル、前室、中室、後室の 6 部分を含んでいる。中に多くの唐時代の文物が収蔵されており、仏指舎利と舎利を迎えるために奉献した金銀器、珠玉、ガラス器、陶磁器および絹織衣装などの宝物は、約 900 件ある。特にそこからお釈迦様の真身舎利が出土したことで、この地下宮殿が秦の兵馬俑に継ぎ、もう 1 つの重大な考古発見と称され、仏教界や世界文化史上の大きな発見となった。

　仏舎利のほか、法門寺地下宮殿の絹織物は、中国の甘粛省敦煌の蔵経洞に継ぎ、唐時代に出土したシルクの数や種類は最も多く、価値が最も高いもので、中国唐時代の絹織物の宝庫と称されている。考古資料によると、法門寺地下宮殿に収蔵された絹織物は工芸が非常に精緻で、縫い目に使われた金糸の平均直径は 0.1 ミリメートル、最も細い糸は 0.066 ミリメートルで、髪の毛よりも細い。

地下宮殿の中にあった籐製の箱の中に入った絹織物は、厚さは23センチメートルであったが、780畳みに達していた。

法門寺地下宮殿から眼を奪うばかりに光り輝く金銀器とガラス器を約100件出土した。また、長い間伝承が絶えた16件の秘色磁器（宮中のみ使用された色の磁器）は、中国の専門家に衝撃を与えた。この秘色磁器は唐時代の宮廷の専用磁器であり、制作工芸は早くから伝承が絶え、その実物も中国の史書の中に言及したことがあるだけで、後人は見たことがなかったからである。記載によると、この秘色磁器は上薬がすぐれていることから、茶碗の中に水を盛る感じであり、いつも透明できれいな様を呈しているということである。

法門寺地下宮殿から出土したこれらの宝物を保護し、展示するため、地元に博物館を設立した。また、中国の文物保護専門家はドイツの考古学者と協力して、地下宮殿から出土した絹織物に対して技術の高い保護を採用した。

■敦煌莫高窟

中国北西部にある敦煌莫高窟は巨大な芸術宝庫で、中国の4大石窟の中で最も大きく、最も充実している石窟である。中国1000年近くの石彫り芸術を反映し、世界で最も規模が大きく、最も完璧に保存されている仏教遺跡である。

中国北西部の甘粛省敦煌市の郊外には「鳴沙山」という山があり、この山の東の断崖南北2キロメートル近くのところで上下5階に分けられ、無数の洞窟となっている。これらの洞窟は上下に配列され非常に壮観である。これが世界で有名な敦煌莫高窟である。

莫高窟は紀元366年から形成された。ある日、法号が楽尊という僧侶が敦煌にやってきて、鳴沙山の頂上にある金色の光の中の千万の仏を見て、心の中で、「ここはきっと聖地だ」と直感し、崖の壁に初めて仏洞を彫ったことを端緒に、歴代の建造を経て洞窟は絶えず増えていき、7世紀の唐の時代になって、莫高窟にはすでに1000あまりの仏洞となった。したがって、莫高窟は「千仏洞」とも呼ばれている。

莫高窟は古代建築、壁画、彫刻を一体とする芸術宮殿であり、各時代の人々は洞窟を掘るとき、洞窟の内に多くの仏像を彫塑し、数多くの壁画を描いた。歴史の移り変わりを経て人為的な破壊を受けたにもかかわらず、今でも500の

洞窟、約5万平方メートルの壁画と2000基あまりの塑像が保存されている。その塑像、服飾と芸術は、それぞれは異なり、それぞれの時代の特色を反映している。莫高窟の壁画は壮観で、これらの壁画を1つひとつ連結すると、長さ30キロメートルにも及ぶ。

　敦煌莫高窟は中国の辺鄙な地域にあるため、100年もの間、人々の注目を集めなかった。しかし、20世紀初期、その神秘な書庫の発見により、莫高窟の巨大で貴重な所蔵は世界を驚かせ、またこれにより中国近代史上で最も損失がひどい文物流失の災難に遭うことになる。

　1900年、莫高窟を管理した王道士は積もった砂をきれいにしたとき、偶然に1つの密室を発見した。この密室はその後「蔵経洞」と呼ばれる。長さ広さがそれぞれ3メートルの小さな洞窟内に、経文書、織繡、絵画、仏像の絹の幡（旗）、拓本などおよそ5万点保管されており、これらの文物の年代は紀元4世紀から11世紀までで、内容は中国、中央アジア、南アジア、ヨーロッパなどの歴史、地理、政治、民族、軍事、言語文字、文学芸術、宗教、医薬科学技術など、あらゆる分野を含み「中古時代の百科全書」と称えられている。

　王道士は蔵経洞を発見した後、その一部の文物を持ち出して利益にした。これらの貴重な文物が民間に伝えられたことで、世界各国の探検家が訪れるようになった。当時の清政府は無能であったため、ロシア、イギリス、フランス、日本、アメリカなど国の「探検家」が、敦煌から4万巻の経書と大量の珍重な壁画、彫塑を盗み、莫高窟に巨大な被害をもたらした。現在、イギリス、フランス、ロシア、インド、ドイツ、デンマーク、スウェーデン、韓国、フィンランド、アメリカなどの国ではいずれも敦煌の文物を収蔵しており、その総数

は莫高窟蔵経洞の文物の3分の2をも占めている。蔵経洞の発見に従って、多くの中国学者は非常に困難な条件の下で、敦煌文書の研究を始めた。1910年、中国で初めての敦煌文書を研究する著書が出版され、「世界顕学」と呼ばれる敦煌学が創設された。数十年来、世界各国の学者は敦煌の芸術に深く興味を示し、絶えず研究を行ってきた。中国の学者は敦煌学の研究面で大きな研究成果を上げている。敦煌莫高窟は、中国文化の宝庫として、中国政府はその保護活動を非常に重視し、1950年、中国政府は莫高窟を初めての全国重点文物保護単位に指定し、1987年、ユネスコ・国連教育科学文化機関の世界文化遺産リストにランクされた。今、莫高窟の奥にある三危山の麓に、敦煌幻術陳列センターがあり、一部元の洞窟を模造し、洞窟内の文物を保護すると同時に、観光客の見学範囲も広がった。海外の観光客から、「莫高窟は、世界で既存の最も偉大なる仏教美術の宝庫である」と評価されている。

■西夏王陵

　中国西北部の寧夏回族自治区にある西夏王陵の発見は20世紀において、中国での大発見の1つで、中国少数民族考古史上で重要な地位を占めている。

　770年あまり前、中国には3つの王朝があった。それは、中原にあった漢族政権の「宋」、東北地方にあった女真族王国の「遼」、および西北にあったタングート（党項）族王国の「大夏」すなわち「西夏」である。

　西夏は独立した王国として、独自の言語と文字文化を持っていたが、不幸なのは、1227年、蒙古のジンギスカンの大軍が西夏王朝を攻め落とした後、西夏のタングート人を殺傷し、西夏王朝もほとんど破損され、この地方での輝かしい西夏王朝が後人に残した謎となってしまった。

　1970年代初め、西夏王陵遺跡は偶然に発見された。その後30年間に、中国の文物考古学者は、西夏王陵に対して数回の調査、測図、発掘を行い、西夏王陵の分布および構造を知ることができた。

　西夏王陵全体が約50平方キロメートルの荒漠に建てられ、皇帝陵を中心とした園林9か所、高官と貴人の墓250か所あまりがあり、中国既存では最大規模で、地面遺跡が最も完璧に保存された帝王陵園林の1つであり、北京の明の十三陵と規模が相当している。9か所の皇帝陵はいずれも、独立した完璧な建

築群であり、北に座り南に向け、長方形を呈し、荘厳で慎み深く穏やかであり、とても雄大である。

　3号陵園は敷地面積が最も広く、最も完璧に保存された陵園である。専門家は、この3号陵園の主人が西夏の開国皇帝の李元昊の墓と確認し、西夏王陵に対する考古も主に、3号陵園の発掘を中心とした。

　西夏王陵の中の陵塔は「東方金字塔」と称されている。陵塔は、この陵園の西北コーナー、墓室の真後ろに位置し、構造は八角形の台になっており、上部は層々に内側に収め、階段形を呈し、最大直径は約34メートルで、塔の土台の上が果たして7階か5階かなのか、今のところ確認できていない。塔は西夏陵園で重要かつ特別な建築であり、中国のほかの陵墓にはないもので、西夏貴族の特別な埋葬習俗を反映している。

　2000年4月30日、考古学者は3号陵園を発掘した際、その東北角に1体の造型が完璧な人面鳥身の「鳥人」像を発見した。専門家によって、この「鳥人」像は、仏教の経典の中に記載されている迦陵頻伽で、迦陵頻伽はサンスクリットの音訳で、漢語は妙音鳥と訳された。ヒマラヤ山中の鳥で、奇妙な声で鳴く、仏教の「極楽世界」の鳥であり、仏教建築の装飾と見られている。

　西夏王陵は現在、14万件の瓦や200件の建築装飾品およびその他の文物を出土している。専門家は「西夏陵園は中国古代漢民族の皇室陵園の長所をとり入れたと同時に、仏教建築の影響をおおいに受けており、漢民族の文化と仏教文化およびタングート族文化の三者を融合している。中国の古代陵園建築の中で独特な風格のある建築形式となっており、中国の陵墓発展史上で重要な地位を占めている。ここから出土した大量の文物は、その豊かで西夏歴史文化の古

さや重大な文物価値および独特な建築構造から、西夏の歴史文化の特徴を集中的に反映し、人々に偉大な西夏文化の宝庫を示している」とコメントしている。

■明祖陵

　中国の歴代帝王陵墓の中で、明時代（1368年～1644年）帝王の陵は最も揃っていて、そのうち、明祖陵は「明時代の第1陵」と称されている。明祖陵は明王朝の開国皇帝の朱元璋が、その祖先のために建造したものである。朱元璋（在位1368年～1398年）は中国の歴史上で、異彩を放った皇帝である。貧しい農民の家庭に生まれ、生計のために地元の寺に出家して僧侶となった。その後、朱元璋は元王朝（1271年～1368年）に反抗する農民蜂起に参加し、勇敢でよく戦い、謀略に富んでいたため、だんだんと才能が現れ、一般の兵士から農民蜂起軍の指導者となった。1368年、朱元璋は帝王と称され、最終的に中国を統一した。

　朱元璋は皇帝となった後、自分の祖先を祭るために、専門的にその祖父、曽祖父（祖父の父）、高祖（祖父の祖父）のために衣冠陵墓を建造した。衣冠陵墓とは、その名の通り、死者の衣装と帽子を埋葬する陵墓のことを指しているが、明祖陵は朱元璋の祖父の実際の埋葬地でもある。

　明祖陵は中国の東にある盱眙県内の古い泗州城に位置し、中国の第4大淡水湖の洪澤湖の東岸に近隣している。明祖陵を建造するため、前後して28年の

墓に通じる道

時間を払った。史料の記載によると、明祖陵はもともと城壁が3重、金水橋が3基、殿堂、あずまや、役所部屋などが1000部屋もあり、その規模は広大で、偉大さを感じる。明祖陵は今でも、南北長さ250メートルの墓に通じる道をとどめている。この陵墓の南は墓の入り口で、北は玄宮、すなわち朱元璋の祖先を埋葬する地下宮殿である。墓に通じる道には、等間隔で21対、42の石像が置かれており、その石像はいずれも重さが数トンあるということである。

　1680年、明祖陵は大洪水の中で洪澤湖の底に沈み、「水中皇陵」となった。その後、1963年、洪澤湖は深刻な干ばつに遭い、明祖陵が初めて発見され、多くの大型石像が水面に現れた。これらの石像は、麒麟、雄獅子、鞍のある馬および馬を引っ張っている侍従、文臣武将、宦官などの形に刻まれている。その高さは、いずれも3メートル以上あり、重さは10トンほどある。陵墓の地上殿堂はすでに崩壊したが、地下部分はよく保存されており、しかも副葬した文物も豊富である。

　陵墓は現在まだ、小さい池の中にあり、水面から下を見ると、墓の石門が見える。しかし、不思議に感じさせるのは、池の中の水を吸い上げきれないことである。専門家は「墓が長年水中に沈み、空気に触れなかったため、よりよく保存されたのである」としている。

　1963年、洪澤湖の深刻な干ばつの後、1993年と2001年に、洪澤湖は再び干ばつに遭った。特に2001年の干ばつで、明祖陵の外壁が1178メートル露出し、これまでの干ばつに比べても、より深刻な露出であった。また、明祖陵がある古い泗州城は当時、非常に繁栄していたが、1963年の干ばつで、その古い城壁および一部の建築物の壁の土台も露出していた。その地上建築はすでに崩壊したが、その規模と繁栄跡が依然として見られる。古い泗州城は、洪水で壊滅的に破壊されることなく、その後は年々、泥や砂が沈殿して溜まっていった。一部の専門家は「古い泗州城はいったん、水中から露出すると、元の様子に戻りやすい」としている。イタリアのポンペイ城が火山の噴火で地下に埋められ、発掘された後、世界を驚かせたことから、専門家は「両者は似通っている」と見ており、古い泗州城を「中国のポンペイ城」と称している。

■明孝陵

　明時代（1368年～1644年）の開祖、朱元璋の自らの陵墓である明孝陵は世界で最も大きい皇陵群の1つである。

　朱元璋（在位1368年～1398年）は中国の歴史上、奇才のある皇帝で、貧しい農家に生まれ、生計のために地元の寺で出家して僧侶になった。その後、朱元璋は元王朝（1271年～1368年）に反抗する農民蜂起に参加し、勇敢でよく戦い、謀略に富んでいたため、次第に才能を発揮し、一般の兵士から農民蜂起軍の指導者となった。1368年、朱元璋は帝王と称し、最終的に中国を統一した。

　朱元璋は在位期間中、自分の陵墓を建造し始め、前後して25年をかけて、息子が皇帝に即位する際、完成した。朱元璋は首都を中国東部の南京に定めたため、明孝陵は南京の郊外に設置され、明時代の16の皇陵のうち、北京に置かれなかった唯一の皇陵である。記載によると、明孝陵の城壁の円周は長さ22.5キロメートルで、当時の都の城壁の3分の2に相当し、規模の大きさがわかる。明孝陵は600年にわたって風雨に侵害され、戦争で破壊され、現在、木製構造殿堂はすべて破壊された。しかし、陵墓に残された石質の基盤は、依然として当時の規模をはっきりと見ることができる。明孝陵は、後のほかの明皇陵の分布や建築形式と同じであるが、それらの陵墓より遥かに大きいことから、後の各皇陵が明孝陵を手本にし、建造されたのがわかる。明孝陵の分布は、歴代の王陵とは異なり、墓に通じる神道はまっすぐではなく、曲折なものである。専門家はこれを解釈できないということである。朱元璋が通常と異なる個性を示すため、別の考えを出したのだという専門家や、ただ墓に通じる道を奥に延ばしたという専門家もいる。

　陵墓に通じる神道は四方城から始まった。四方城は石碑の亭であり、頂上の部分はすでに破壊され、下の四方の壁だけが残っている。四方城内に石碑があり、碑の上に刻まれた文章は、朱元璋の息子が自ら書いたもので、文

章は 2746 字からなり、朱元璋の功績と徳行を記述している。神道の真中の区切りの両側には向かい合って獅子、駱駝、象、馬など 6 種 12 対の動物の石像が配列されている。北に曲がると、神道にはそれぞれ 4 対の武将の石像があり、これらの石像は巨大で、明時代の石刻の芸術的で貴重な宝物である。

　最も神秘的なのは、朱元璋とその皇后を埋葬する地下宮殿である。地下宮殿がある法宝城と宝頂は明孝陵の中心部である。宝城は 1100 メートルの高い壁に囲まれていて、平面から見ると不規則になっており、直径は約 400 メートルである。宝頂は宝城に囲まれていて、外から見ると巨大な円錐形を呈しており、最も高いところは海抜 129 メートルである。地下宮殿の具体的な位置がどこなのかについて、これまでいろいろな説がある。伝説によると、墓盗みを防ぐために、埋葬する際、真偽が識別できないよう、本物と偽物を 13 の城門から同時に出棺し、しかもすべて同じ形にした。朱元璋は、南京ではなく北京に埋葬されたという人もいる。よって、朱元璋が南京に埋葬されたかどうかは、数百年来の謎となっていた。1997 年から、地元の文物部門は磁性探測や衛星による定位測定などのハイテクを駆使し、地下宮殿周り 2 万平方メートルあまりの地域に対して探測分析を行い、2 万あまりのデータを得て、地下玄宮の位置が判明し、朱元璋の陵墓を確認した。この作業を行った専門家は、「私たちは精密な磁性探測技術を使って、朱元璋が地下数十メートルのところに埋葬されていることを確認した。しかも、この地下宮殿はよく保存されていて、地下宮殿が盗まれるという噂を払しょくしたのである」と述べた。

　明孝陵は歴代皇陵と比べて、多くの違いがある。今回の探測を通じて、この陵墓の参道が曲がっていることがわかった。しかも、地下宮殿の中軸ラインから逸脱している。陵墓がなぜこのようになったのか、今のところ、はっきりとはわからない。しかし、この種の建築形式は、その後の明皇陵の建築に深く影響した。例えば、北京の明の十三陵で発掘された定陵の参道の入口は左側に偏り、明孝陵の参道とちょうど相反している。今回の探測で、考古学者は、明孝陵がある山の表面は少なくとも 60% は人工的に建造されたものであるとした。例えば、宝頂の上に多くの大きい丸石が整然と配列されている。研究分析から、これらの大きい丸石は、当時建造者が両手で低いところから運んだものとわかったが、これは建造の美学の要求に合うし、雨ざらしや盗難を防ぐためでもある。また、驚くべきことに、明孝陵前の動物石像の多くは、なんと今から

3億年前の古生物化石なのである。地元の銀鉱の高級技師がこれを発見したが、この結論はすでに多くの専門家の認可を得た。この技師は22匹の動物石像の上から、海藻類、珊瑚類などの化石を見つけ、そのうち、肉眼で見えるものもあれば、顕微鏡でなければ見えないものもあった。この考古発見によって、明孝陵の神道の石刻は、その歴史価値や芸術価値、科学的な価値が認められた。

2003年7月3日、パリで開かれたユネスコの第27回世界遺産大会で、明孝陵は、北京の明の十三陵とともに、ユネスコの世界文化遺産に登録された。

■明の十三陵

明の十三陵の由来はクーデターと関係がある。明の初代皇帝の朱元璋は、中国東部の南京に都を定め、朱元璋の死後、皇位を孫に継がせようとしたが、その4番目の息子の朱棣は皇位争いのために内戦を起こし、最終的に皇帝になった。南京が陥落された後、朱元璋の孫は行方不明となり、今でも歴史上の懸案であった。朱棣は即位した後、南京は不安定だと思い、都を北京に移した。朱棣の在位期間中、自分のために陵墓の場所を選び、最終的に北京西北郊外の景色が美しくて守りやすく、攻撃されにくいことから、自分の陵墓にし、しかも「長陵」と名づけた。1409年に建造を始め、明が滅亡した1644年まで、200年あまりにわたって、13人の皇帝がここに埋葬され、明時代皇帝の陵墓群となったため、「十三陵」と称されている。

十三陵は明孝陵とだいたい同じであり、陵墓の中軸ラインで帝王の「尊厳」を示している神道がある。正門の前に高い石製の鳥居があり、すでに450年あ

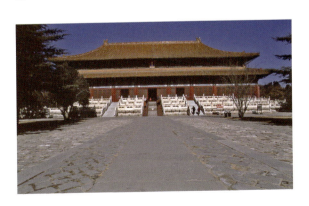

まりの歴史がある。この石製の鳥居は、完璧に保存されており、すべて巨大な白色の美石で建造され、その上の彫刻は精美で、明清時代以来、めったに見られない石製の鳥居形である。

　この門から遠くないところに、この陵園の正門である大宮門がある。この正門は陵園の門戸であり、以前皇帝が陵を祭るとき通らなければならない道であった。大宮門から山川の地勢に沿って、長さ約40キロメートルの陵園をめぐる城壁や10か所の要道がある。各要道には、強力な軍勢を設置し、陵墓を守備していた。十三陵の各陵墓にはいずれも監、園、衛などの名がある。「監」とは陵を管理する役員や宦官が住むところで、「監督」は陵墓の祭祀事務を専門的に管理することから、陵墓の付近に建築されていたが、現在ではいずれも村となっている。「園」は園丁が住むところで、果物と野菜を栽培し、陵を祭ることに用いられる。「衛」は軍隊がいるところで、陵墓を守備するために設置されたものである。

　皇帝たちは、恒久的に自分の陵墓を保存するため、多くの神話を作り上げただけでなく、墓をきわめて厳密に封じた。そのため、各陵墓の地下宮殿は終始、神秘なベールで覆われた。十三陵の中の定陵は、これら陵墓の中で最も神秘的で、特にその地下玄宮は長い間人々に知られていなかった。1956年5月、中国の考古学者は定陵地下宮の発掘を開始した。定陵地下宮は総面積1195平方メートル、前、中、後、左、右の5つの殿堂が連なっており、すべて石で構造されている。霊柩車が地下宮に運ばれるとき、地面を損なわないように臨時に敷設した厚い木の板は、いまでも前殿から後殿までの地面に残されている。中殿には白色の美石の玉座が3つある。後殿は玄堂と称され、地下宮の主な部分である。正面の柩床の上には、3つのうわ柩が置かれている。そのうち、真中のうわ柩は特に大きいが、これは皇帝朱翊鈞の柩で、その左右に二人の皇后の柩がある。また、そのまわりには26の副葬の箱、玉石、染付磁器などがある。定陵の発掘に従って、珍しくて貴重な文物が3000点あまり出土された。その中には、きらびやかで色彩が多様な織物や衣装、精巧で立派な金をちりばめた装身具もあった。また、まれに見る金器、玉製の器具や工芸品、磁器などもあり、これらは明時代の工芸の研究にとって貴重なものとなっている。

■磁器と中国

　英語の China は「中国」、「磁器」両方の意味を持っている。中国は昔から、「磁器の国」といわれるが、中国は磁器といったいどんな関係があるのだろうか。

　考古資料からすると、磁器の前身は原始の青磁であり、陶器から磁器への段階の産物でもある。磁器の特徴を持つと同時に、原始陶器の痕跡も残っている。中国最古の原始青磁は、今から約 4200 年前、山西省夏県の竜山文化遺跡で発見されたものである。

　中国の真の磁器は、東漢の時代（紀元 23 年～ 220 年）に発見されたものである。まず南方の浙江省で発見され、その後、磁器の製造技術は南方から北方に伝わった。その中で最も大きな発展は、白磁の誕生である。白磁は青磁から発展したもので、両者の区別は台、釉の中に含んだ鉄の量が異なることにある。陶土に含んだ鉄の量が少ない場合、その台の色は白色を呈し、鉄の量が多い場合、台の色は比較的に暗い色合い、灰色や浅い灰色あるいは濃い灰色を呈している。磁器そのものの発展からは、単一色の釉磁器から彩色磁器へ発展することがわかる。その大多数の彩色磁器はいずれも白色を地として、その他さまざまな色で彩られている。よって、白磁の出現は磁器の発展にきわめて大きな影響力となったのである。

　紀元 10 世紀から 13 世紀初めまでの唐、宋の時代、中国の磁器製造の技術は引き続き発展し、唐三彩は、この時期に生まれた彩色の陶磁工芸品である。唐三彩は主に、台の上に彩色釉を塗り、火であぶる際に化学変化が起きたものである。唐三彩は中国固有の絵画、彫刻などの工芸美術の特徴を生かし、1 つの器の上に同時に赤、緑、白の 3 つの釉色を使って高温で焙った後、3 色の釉色は互いに入り交じり、3 つの色はより多くの色彩に変化する。これが唐三彩の釉色の特徴である。

　明（紀元 1368 年～ 1644 年）、清（紀元 1644 年～ 1911 年）両時代は中国の磁器生産の真っ盛りの時期である。南方の都市景徳鎮が「磁器の都」として確立されたことにより、景徳鎮の磁器焼き窯が数百年にも及び、明、清両時代の磁器を支配し、これまでにも、中国の最高級磁器は依然としてここで制作されたものである。中国の磁器を外国へ輸出したのは 8 世紀から始まり、それに先立ち、有名な「シルクロード」はすでに中国と外国の商業貿易および文化交流

の場であった。8世紀に入った後、磁器の海外での販売に伴い、中国は「磁器の国」として世に知られるようになった。

　中国磁器は主にアジア地域に向けて輸出していた。17世紀に入り、西欧の皇室と宮廷で中国の磁器を収蔵する傾向が見られるようになり、ポルトガルが新しい航路を切り開いた後、ヨーロッパ社会でも磁器は最も貴重な土産品となった。この時期に、ヨーロッパで流行っていた芸術の風格、ロココ調は、生き生きとして、優美、精巧、自然を特徴とし、その

提唱された芸術作風は中国芸術の精緻、やわらかい、繊細、優雅と道は違うが、帰着するところは同じで、これは磁器を含む「中国の風格」を持つ品物がヨーロッパで流行るきっかけとなった。17世紀、中国は毎年約20万件の磁器を輸出し、18世紀になって多いときには毎年約100万件も輸出された。中国の磁器は全世界に輸出し、世界的な商品となった。「China」という言葉も中国磁器がイギリスおよびヨーロッパ大陸に流出したことに伴い、磁器の代名詞となり、「中国」と「磁器」の2つの意味を持つ言葉となったのである。ところで、この変化は最終的にいつ確定されたのかについて、今のところはっきりしていない。しかし、肯定できるのは、中国の古代磁器の輝かしい成果やこれによって切り開いた磁器の伝搬ルートに基づき、中国独特の品物が世界の人々に愛されるようになったということである。

コラム8　中国の打楽器

　古代の打楽器であり、中国で最も古い民族楽器の1つである。素朴で古風な感じのする楽器で、非常に精巧に作られている。歴史はとても古く、遠い昔の《母系社会》で、磬は「石」や「鳴る球」と呼ばれていた。当時、漁や狩猟で生計を立てていたころ、1日の仕事が終わった後、石を叩きながらさまざまな獣を真似た踊りを踊ったという。このとき叩かれていた石がその後、徐々に改良さ

れ打楽器の磬となった。

当初、人々の踊りや歌の中で演奏されていたが、その後は編鐘（へんしょう）と同じように、古代の権力者が戦や祭りなどの場面で使うようになった。

使われる場所や演奏法によって特磬と編磬の2種類に分けられる。特磬は皇帝が天地と祖

先を祀るときに演奏され、編磬は主に宮廷音楽に使われ、いくつかの磬からなり木製の棚に並べて演奏する。2000年ほど前の戦国時代、楚の編磬製造技術はすでに比較的高いレベルに達していた。

1978年8月、中国の考古学者が湖北省随県の擂鼓墩で2400年ほど前の古墳（曽侯乙墓）を発掘したとき、その古墳の中から古代・楚文化の特徴を表す編鐘、編磬、琴、瑟、簫、鼓など120点あまりの古代楽器や多くの文化財が出土した。その中に32枚の曽侯乙編磬があり、上下に配置された青銅製の磬が棚の上に並んでいた。石灰石や玉などから作られていたこれらの編磬は、本来は澄んだ明るい音色を出すが、出土した大多数はボロボロでヒビが入っており、音が出ない状態であった。1980年に湖北省博物館と武漢物理研究所が協力して製

作した曽侯乙編磬の複製品は、本来の編磬とほぼ同じ美しい音色を再現した。

1983年、湖北省音楽団が12平均律に従い32枚の石製編磬を作ったほか、1984年9月には蘇州の民族楽器工場と玉彫刻工場が碧玉で18枚の編磬を作った。

9章
民俗

■祝日

●中国の春節

　西洋人にとってのクリスマスと同じように春節は、中国人にとって1年の中で最も重要で盛大な祝日である。時代の移り変わりとともに、春節の内容は変わり、人々の春節の祝い方も変わってきた。しかし、中国の人々の生活と意識における春節という地位に取って代わるものはないだろう。

　春節はすでに4000年の歴史があり、当時は春節といわず、日にちも決まっていなかった。紀元前1000年の当時、人々は春節を「年」といった。年は当時豊作の意味だった。豊作のときは「有年」、あるいは「大有年」といわれた。

　民間の風俗によると、春節は旧暦の12月23日から正月の15日の元宵祭りまでの、約3週間にわたり、12月31日の大晦日と正月の1日を最も盛大に賑やかに過ごす習慣がある。

　春節を迎えるため、全国の都市と農村では、さまざまな準備が行われる。農村では、その準備は12月になると始まる。農家は汚れを落とし、新しい年を迎えるため、大掃除を行ったり、布団をきれいに洗ったりするほか、市場からお菓子や肉や果物などを買いつける。町では、各文化部門や、芸術団体が豊富多彩な文芸出し物を用意したり、テレビ局は新年番組を作ったり、各公園は縁日の準備をする。このほか、各店は各地から祝日用商品を調達する。統計によると、春節期間中の消費は中国人1年間の消費の3分の1以上を占めるということである。

　各地には、春節を過ごす伝統的な習慣がいろいろある。しかし、南北を問わず、大晦日の夜は、一家団欒で、食事をする習慣がある。南のほうでは、大晦日の食卓には10数種類の料理が出るが、その中に豆腐と魚は欠かせない。それは豆腐の腐と魚の発音は「富裕」つまり裕富と同じであるからである。北方では、大晦日の夕食を食べた後、一家全員が揃って日本の年越しそばと同じよ

うに、年越しの餃子を作る。大晦日、人々は眠らずに旧い年を送り、新しい年を迎える慣わしがある。昔から、春節を祝い邪悪なものを追い払うため、爆竹を鳴らす習慣があるが、ここ数年、安全と汚染防止のため、北京と一部の大都市では、爆竹を鳴らすことが制限された。春節＝1日になると、人々は新年の挨拶を交わし、町では年始回りの人で賑わう。

各地では地方劇や映画が上映されたり、獅子舞やヤンコ踊りなどが披露されたりする。さまざまなイベントが開催され、至るところ楽しい祝日の雰囲気に満ち溢れる。

春節を祝うために各家庭は對聯や年画を貼ったりする。

生活レベルの向上に伴い、春節の過ごし方も変化しつつあり、海外旅行も一種の新しい流行となっている。

● **清明節**

中国では、毎年、暖かい春が訪れ、花が咲き、万物が生き生きとしだすとき、伝統的な節句「清明節」を迎える。

清明は暦の上では、24節気の1つで、日にちは4月の上旬である。この日になると、人々は祖先を祭ったり、お墓参りをしたり、郊外へ遠足に行ったりする。

一部の地方では、清明節を『鬼節』という。清明節の前後にどの家もお墓参りをし、祖先を祭る。お墓の雑草を取ったり、新しい土を添えて、蝋燭と線香を立て、紙銭を焼いたり、祈りを捧げる。

　清明節の起源は漢の時代で、明の時代になると墓参りの習慣はピークに達した。紙銭を焼くだけでなく、多くのお供えを作りお墓の前に供えて祀った。清明節の墓参りの風習は今日にも残されてきた。しかし、形式は簡単になり、家族のほか、人々は集団で、革命烈士の墓地へ花輪や花束と松の枝を捧げて、哀悼の意を表した。

　清明節は大地が春を迎える季節で、人々は祖先を祀るほか、郊外へ遠足に行ったりする。これは「踏青」と呼ばれている。清明節の前後、女性たちは野良で自生する野菜を取って、餃子や、饅頭の餡にする。新鮮で、美味しいものである。一部の女性は、野生の小花を摘み取って、髪に挿す習慣もある。

　このほか、凧揚げをしたり、ブランコにのったりする慣わしがある。

　清明は、春の田畑を耕す季節に当たる。これについて多くの諺がある。例えば、「清明前後、種瓜種豆」という。それは清明節の前後に、瓜や豆の種を植えるという意味である。また、「栽樹莫要過清明、種上棒槌也発青」という。これは清明の前は樹を植えるのに一番良い季節という意味がある。

●端午節

　中国では、旧暦の5月5日は「端午節」である。端午節は春節や中秋節とともに中国の三大節句となっている。

　端午節の端という字は初という意味で、午は5の意味で、暦の上では5月は午月ともいう。このことから5月5日は端午ともいう。

　端午節の起源についてはいろいろある。民間では端午節は、古代の詩人屈原を記念するためのものであるといわれている。紀元前3世紀の楚国には屈原問という詩人がいた。楚国が敵に打ち破られた後、屈原は世をはかなんで、汨羅川に身を投げた。この日が5月5日であった。以来、この日になると、人々は竹筒にお米を入れて、川に投げ、屈原を偲んできた。その後、竹筒にお米を入れるものが粽(ちまき)に変わった。

　粽を食べるのは端午節の重要な習慣である。粽は葦や竹の葉っぱで餅米を包んで作った。この粽は親戚や友だちを訪ねるときのお土産でもある。

　端午節の食品は粽のほか、地方によって塩水で漬けた卵や雄黄酒もある。こ

れらのものは邪気を避けるといわれている。

　端午節になると、どの家でも門の前にヨモギなど薬草を飾る。初夏になると雨が多く、虫が繁殖を始め、人々は病気にかかりやすいので、この薬草は病気予防のためである。そして、この日、各家庭では、5色の糸で香袋を作って、子供に身につけさせる習慣もある。これは吉祥の意味がある。

　長江下流地区ではこの日、竜船つまりペーロン大会が行われる習慣もある。

● 乞巧節—七夕

　中国では、旧暦の7月7日は伝統的な節句、「乞巧節」で、七夕ともいう。この日、伝説では牽牛星と織姫星が年に1度、会う日になっている。

　大昔、空は澄み切った海のように広がり、1つの雲もなかった。天帝はそれを寂しく思って、自分の七人の娘に空のために衣装を作るよう命じた。それで、七人の娘が織った布地の色は白いもので、地味なものであった。七人の姉妹の中、7番目の末娘は真面目で、花園を散歩したとき、7色の花が咲いていたのを見て、摘んで帰り、その花で糸をきれいに染めた。その甲斐あって、やっと色鮮やかな布地を織り出すことができた。六人の姉たちはそれを見て、器用だと誉めた。そこで皆は、平日は空に白い衣装、雨の日には灰色の衣装を纏わせ、朝晩は色とりどりの衣装を纏わせることにした。これを天帝が知り、たいそう喜び、7番目の娘を織姫とした。

　織姫は毎日、布を織る合間に地上の人間を眺めて、楽しんでいた。その中の一人の若者に目が留まった。この若者はいつも、一人ぼっちで野良仕事をしていた。休憩するときは、そばにいる牛と話をしていた。それを見た織姫は可哀

相に思っていた。この若者こそが、牽牛である。

　ある日、牽牛の飼っている牛は「明日は7月7日で、天帝の七人の娘は地上に降りて、水浴びをする。そのとき、織姫の服を隠せば、織姫はあなたの妻になるのだ」と牽牛に言った。この話を聞いて、牽牛はやってみることにした。7月7日、牽牛は川辺の葦が生える陰で待っていた。しばらくすると、空には7つの色あざやかな雲が漂い、その上には七人の仙女が立っていた。仙女たちは川辺に降りて、服を脱ぎ、川に飛び込んだ。すると、牽牛は織姫の服を抱えて、一目散に家に帰った。慌てていたので、葦の出した音に仙女たちは驚き、それぞれ自分の服を纏い天宮に戻った。ただ7番目の織姫は自分の服を見つけられず、どうしたらよいのかわからず、その場に立ち尽くした。それを見て、牽ている若者を見ながら、羞じらいながら頷いた。

　その晩、牽牛と織姫は牛に見守られ結婚した。それから2年が経った。織姫は一人の男の子と一人の女の子を産んだ。牽牛は農作業に励み、織姫は機織りをして、幸せな生活を送っていた。

　あっという間に7年間が過ぎた。天上の1日は地上の1年に当たる。天帝は七人の娘と7日間に1度会うことになるが、織姫が天宮に戻らず、凡人と結婚したことを知って、腹を立てた。ちょうど、7月7日の日、天帝は神将を派遣して織姫を天上に戻した。牽牛は悲しみ、2つのカゴに子供二人を担いで、織姫を追いかけた。それに感動した牛は自分の角を舟に変え、牽牛と二人の子供を載せて天上に向かった。それを見た天帝は空にさっと手を出して線を引いた。すると、激しく波立つ天の川が織姫と牽牛の間に現れた。このとき、どこからかたくさんのカササギが飛んできて、天の川の上にカササギが橋を架けて、橋の上で牽牛と織姫を会わせた。天帝も仕方なく、それから毎年、旧暦の7月7日の夜、二人がカササギの橋の上で会うことを許したそうである。

　その後、7月7日は女の子が織姫に機織りを教えてもらう日にもなり、この日、娘たちは色とりどりの糸を7本の針にスムーズに通せるならば、器用な娘になるといわれている。また、その日の夜、葡萄棚の下では、牽牛と織姫が話している声が聞こえるそうである。

● **重陽節**

　中国では、旧暦の9月9日は重要で伝統的な節句の1つ「重陽節」である。この日になると、人々は菊を観賞したり、山に登ったり、『花糕』というお菓

子を食べたりする慣わしがある。

　重陽節と名づけられたのは、昔、9という数字は陽数で、9月9日は2つの9が重なっているからである。また、この重陽節について次のような伝説がある。紀元前3世紀のとき、費長房という神通力を持つ人がいた。桓景という若者はこれを知って、尊敬し師として仰いだ。ある日、費長房は「9月9日の日にお宅の一家は大きな災難に見舞われるだろう」と桓景に言った。それを聞いた桓景は跪いて師に助けを求めた。費長房は「9月9日に貴方は赤色の布でいくつかの袋を作って、中にシュユを入れて、腕にまとい、そして、菊の花が入ったお酒を持って、一家揃って、丘などの高いところへ行き、そこで酒を飲んだら、この災いを避けることができる」と言った。桓景は師の言う通りにした。すると、一家はこの日、高い丘で無事に過ごすことができた。夜になり、家に帰ると、家の家畜は全部死んでいた。それからもう2000年以上経ったが、重陽節に高いところに登ったり、シュユをつけたり、菊の酒を飲んだりする習慣は残っている。

　重陽節にはまた、お餅を食べる習慣もある。中国語では「糕」というが、その発音は高いと同じで、つまり向上や繁栄の意味が含まれている。このお餅は『花糕』ともいう。もち米や粘りのある粟の粉で作ったこの餅の上に棗と小さな5色の旗を飾る。昔から、重陽節には長寿を祈る意味も含まれている。重陽節の習慣は、人を長生きさせることができると思われているからである。

　現在、人々は重陽節に高いところに登る習慣を保っている。店はこの日、『花糕』を売る。ここ数年、9月9日は『老人節』となった。

■民間習俗

●冬至

　暦の上では、冬至は24節気の1つであり、伝統的な節句でもある。冬至という節気は2700年前の春秋の時代に遡ることができる。

　中国語では、至は極点という意味であるが、「冬至」の意味は寒さが極点に達した意味ではなく、太陽の位置をいう。1年中で昼間が一番短く、夜が一番長い日となる。また、冬至の後は日ごとに日が長くなる。昔、冬至の日から5日間にわたって皇帝は、大臣たちと音楽を楽しんだ。また、庶民も家で楽器を演奏したりする慣わしであった。この日、皇帝は天文暦法のわかる人を呼んで来て、暦法を確認する。同時に天を祭る式典を行う。世界でもよく知られている北京の天壇は皇帝が冬至の日に天を祭る場所であった。

　昔、「冬至」の日に冬を祝う『賀冬』という賑やかな行事を行った。この日の朝、人々は早く起きて、綺麗な服を着て、お互いに挨拶をする。冬至はまた「交九」ともいう。つまり、冬至の日からの81日間を9つの9日間に分けて数えることである。この81日間が過ぎると、寒さが去り、天気が暖かくなり、桃の花が咲くという。民間には次のような「九九歌」が伝わっている。

　　「一九二九不出手、三九四九氷上走、五九六九沿河看柳、七九河開、八九燕来、九九消寒。」

　民間では、また冬至に「消寒図」を描く習慣がある。つまり各家庭では、冬至に81の梅の花びらの絵を1枚の紙に描いて、冬至の日から、毎日1つずつそれに色をつけて消していき、春が来るのを楽しみにするという風習がある。この図は「九九消寒図」という。

●かまど祭り

　2000年あまり前から、中国では、旧暦の12月23日にかまどの神を祭る習

慣がある。

　かまどの神は天上の玉皇大帝が各家に派遣した官吏で、毎年、師走の 23 日に天に登って、その一家の 1 年間の善し悪しを玉皇大帝に報告する。このため、人々はかまどの神様のご機嫌をとるため、それを祭るのである。これについて、多くの物語が伝わっている。

　昔、張生というお金持ちがいた。彼の妻である丁香は綺麗で、優しい人であった。夫婦は仲が良くて、睦まじい生活を送っていた。

　ある日、張生がよそへ商売に行ったとき、海棠という綺麗な女性と出会い、とても好きになって、海棠を嫁にした。家に連れて来ると、海棠は妻の丁香が自分よりスマートで、正式な夫人であることを知り、嫉妬し張生に丁香を家から追い出させた。

　それから、張生と海棠は毎日食べたり、遊んだりするばかりであった。それで、2 年も経たないうちに家の財産をすべて使ってしまった。海棠は貧乏になった張生を嫌い、他人の嫁になった。一人ぼっちの張生は乞食になった。ある日、寒さと餓えに耐えられなくなり、金持ちの家の前で倒れた。この家の女中は彼を支えて部屋の中に入れた。この家の夫人は彼を見て、びっくりした。この夫人はちょうど 2 年前、張生に捨てられた丁香であった。張生は恥ずかしくて、穴があったら入りたいぐらいであった。どこに隠れたらいいのかわからなくて、慌ててかまどの中に潜り込んで、焼け死んでしまった。丁香はこれを見て悲しみと怒りが極まり、まもなく死んでしまった。玉帝はこのことを知って、張生が自分の誤りを認識したと思い、かまどの神様を封じたそうである。

　昔、人々はかまどの神が、玉帝の前で自分の家の悪いことをいわないよう、台所に供えているかまどの神の前に麦芽で作った粘りのある飴を供えた。これで、かまどの神の口を貼りつけようとしたのである。

■中国の婚姻における習俗

　中国は国土が広く、悠久な歴史を持ち、婚姻の習俗は時代の移り変わりに伴い、変化しつつある。しかし、盛大に、賑やかに、めでたく祝う雰囲気は変わらない。

　中国の古代では、結婚には6つの儀式が行われた。これは「六禮」といわれる。例えば、納彩・結納、親迎などの儀式である。若者が気に入った娘がいれば、仲人を娘の家へ行かせて、婚約を結ぶ。このとき、男性のほうは仲人にだけではなく、相手の女性の家にも贈り物をあげるわけである。女性は結婚するまで、婿と1度も会わないこともある。現在では、女性のほうは両親や先輩に伴われて男性の家へ行って、相手側の情況を見ることができる。こういうとき、女性のほうは男性の家で食事をすることに同意すれば、男性のことを気に入ったということになる。

　婚約を結ぶことは最も重要な儀式である。これは民間でのやり方であるが、法律の役割も果たしている。婚約をするとき、ほとんど男性のほうから女性のほうに結納品を贈る。また、気に入った男女は互いに指輪を交わして、証にする。指輪の形は丸くて、古代の象形文字の中で、恒久の意味を表すからである。伝統的な観念では、婚約は途中で破ることはできず、他人が異議を唱えることもできない。婚約は法律的な効力を持つものであると認められている。結婚式は一連の儀式の中で、最も複雑で賑やかなものなのである。

　結婚式の日、ほとんどの花嫁は吉祥、つまり、めでたいことを表す赤い服を着る。現在では、白いウェイティングドレスを着る人もいる。花嫁は実家を離れるとき、涙を流して、実家との別れを惜しむ。花婿の家に着いたら、結婚式は本番に入る。一部の地方では、花婿の家の庭に入るとき厄除けの火鉢をまたぐ。そして、禮堂に入って、天地と舅、姑を拝した後、お互いに拝し、夫婦固めの盃を交わす。これで正式に結婚式を済ませ、その後新婚の部屋に入る。

　結婚式の披露宴に参加することは、喜びのお酒、「喜酒」を飲みに行くといわれている。披露宴では花嫁は自らお客さんに酒を注ぎ、歓迎の意を表す。新婚部屋は「洞房」という。披露宴の後の新婚の夜、親友や未婚の男女たちは新居へ行って、ドンチャン騒ぎをする慣わしがある。

■飲食の習慣

●中国人のお茶を飲む習慣

中国ではお茶を飲む歴史は4000年あまり遡ることができる。お茶は中国人の日常生活に欠かせないものである。中国では昔から薪、米、油、塩、醤油、酢、お茶は日常生活に欠かせないものとされている。お茶は人々の生活で重要な位置を占めている。また、中国人はお茶でお客さんを招待する習慣もある。お客さんが来ると、まずいい香りをするお茶を点て、飲みならが話をする。これは愉快なことである。

話によると、紀元280年前、中国の南方には呉という小さな国があった。国王は大臣を宴会に招待するとき、よく酔うまで酒を飲ませた。大臣の中に、酒に弱い韋昭という人がいた。国王は酒の変わりに彼にお茶を飲ませた。それで文人墨客の間で、お茶で客を接待することがはやった。唐の時代になると、お茶を飲む習慣が定着するようになった。お茶を飲む習慣は仏教ともかかわりがあるそうである。紀元713年から741年間の間、寺院では、和尚と信者たちが座禅するとき、よく眠くなった。これを見て、一人の年長の和尚が彼らにお茶を飲ませた。すると皆、元気が出たのである。この方法はまもなく、各地に広がった。これと同時に金持ちの家では、お茶を飲む専用の茶室が設けられた。

紀元780年ごろ、唐の時代の陸羽はお茶の栽培や製造、飲み方について中国初の系統だった本『茶経』を書いた。

中国では、お茶はすでに一種の文化となっている。人々はお茶を淹れることや飲み方を1つの芸術にしている。昔から今日まで、各地ではいろいろな風格

を持つ茶室や茶屋が建てられている。北京の繁華街「前門」の周辺に茶室が多く並んでいる。ここで、人々はお茶を飲みながら、出しものを観賞したり、ゆったりと休憩することができる。南方では、自然の風景が美しい場所に露天の茶室がよく造られている。観光客はここでお茶を飲みながら一服することができる。

　お茶の品種は非常に多く、北京の人はジャスミン茶、上海の人は緑茶を好んで飲んでいる。東南部の福建省では紅茶を飲む。一部ではお茶にいろいろな食べものを入れて飲む。例えば、湖南省の一部の地方では、お茶に塩や姜、また、炒めた大豆とごまを入れて飲む。このせいか、お茶を飲むことを食べる意味の「喫茶」ともいう。

　各地ではお茶を飲むとき、さまざまな礼儀がある。北京では、家の主人がお茶を淹れてくれたら、お客さんは立ち上がって両手で受け取り、有難うと言う。南の広東と広西ではお茶を受け取るとき、お客さんは右手の指でテーブルを3回叩いて、感謝の意を表す。また一部では、飲むとき、茶碗にお茶を少し残すと、また注いでくれるが、すべて飲みきると、もう結構であるという意味になり、注いでもらえないそうである。

● **箸を使う習慣**

　世界では、物を食べるのに3つの方法がある。手でつまんで食べるのは40％ぐらい、ナイフやフォークで食べるのは30％ぐらい、残る30％はお箸を使う。

　箸は中国語で「筷子」と書くが、箸は中国人の発明である。箸の歴史は3000年あまり前の殷商の時代に遡ることができる。当時、「筷子」といわず、「箸」といった。紀元6、7世紀のとき、箸は「筋」と呼ばれた。「筷子」と呼ばれるようになったきっかけは、長江以南では、「箸」は止まるという意味が含まれる「住」と同じ発音をする。船頭はそれが気になって、それと反対の意味を持つ「快速」の「快」と呼ぶようになり、宋の時代になってから、ほとんど竹で作った箸の「快」に竹冠をつけ「筷子」となったのである。

お箸の起源というと、昔々、人々は食べ物を焼いた後、食べ物が熱いので手で取ることができないため、地上から2本の小枝を拾って、それで挟んで食べ物を口に入れた。これで、手の火傷を防ぎ、食べ物も熱いうちにおいしく食べられるようになった。そして、箸が作り出された。形は簡単で2本の細い棒である。棒の上はほとんど太くて四角の形をして、下のほうは丸くて細い形をしている。箸が日本に伝わった後、日本人は小錐状の箸を作った。これで刺身や生物を取りやすくなる。箸の形は簡単であるが、その材料は、2000年あまり前から銅や象牙、銀、金、玉石などで作ったものがある。

一部の地方では、娘が嫁に行くとき2つの茶碗と2対のお箸を赤い糸で縛って持って行かせる。これは、二人が今後一緒に生活することを表す。

多くの外国人は、中国人が巧みにお箸を使うことに惹きつけられている。西側ではお箸を使うことを教える訓練センターが設けられているようである。医学専門家は「箸を使うことで、体の30あまりの関節と50か所の筋肉を働かすことができ、また、手と頭の発育にもよい」という。ところが、中国は箸の故郷であるが、世界初のお箸の博物館はドイツに建てられている。この博物館では、各国から集められた金や銀、玉石、獣骨などで作った1万対あまりのお箸が展示されている。

● **中国人の飲食における習慣**

中国には「薬補は食補にしかず」という諺がある。これは、養生するには飲食に注意すべきであるということを物語っている。経済的に貧しくても、食事には気をつけている。経済的に恵まれた人は、さらに飲食に注意している。こうして、飲食は人々の生活の各方面に広がり、社交食習慣、祭日食習慣、信仰食習慣、儀礼食習慣などが形成された。

社交礼儀食習慣は主に、親戚や友だちの間に存在する。例えば、友人あるいは親戚に子供が生まれたときや新居に引っ越すとき、贈り物を持ってお祝いに行くが、主人はおいしいものを作って、お客さんをもてなす。

各地で習慣が異なるが、お客さんをもてなす料理もさまざまである。昔、北京では、うどんでお客さんを接待するのは、家に泊まってくださいという意味があった。お客さんが泊まったら、餃子を作って歓迎の意を表す。親戚や友人のところを訪ねるとき、8種類のお菓子を一箱に入れてお土産として持っていく。南方の農村では、お客さんが訪れたとき、まず、お茶を入れたり、お菓子

を作ったり、あるいは卵にお砂糖を入れて食べさせた後、料理を作ってもてなす。

南方の福建省の泉州では、よく果物でお客さんを接待する習慣がある。北京では、お客さんを接待するとき、食卓にはよく8品の料理を出す。最北の黒龍江省では、その料理の数は必ず偶数でなければならない。また、一部の地方では、その料理には魚は欠かせない。各地では、結婚披露宴が最も盛大なものである。それに次いでお年寄りの誕生日が賑やかである。お年寄りの誕生日には長寿を象徴するラーメンとうどんを食べることがほとんどである。

● **食事療法と薬膳**

中国の古代では、大自然から採った野生の薬草を漢方薬にした。漢方薬は人々の飲食と密接にかかわっている。薬は食として、食べることができ、また食は薬の効果もある。それによって、食事療法と薬膳が形成された。民間には「薬補は食補にしかず」という言葉がある。昔から食補は人々に広く親しまれてきた。

医食同源の伝統の歴史は、周の時代に遡ることができる。古書には食事療法に関する論述が多い。唐の時代の医学者・孫思邈の書いた『千金方』と『千金翼方』には食事療法に関する専門的な論述があり、古代の食事療法の発展に大きな影響を与えた。

孫思邈は「健康を保つには合理的な飲食を基礎とする。薬を乱用してはいけない。医者がまず病気の原因をはっきりさせ、食事療法で治療し始め、効果がなければ、薬で治療する」ことを主張している。中国の民間に伝わる食事療法と薬膳はいずれも孫思邈の食療法の観点からきたものである。

孫思邈は100歳以上も生きた。この事実によって、当時の人々が孫思邈の食療法と養生の理念を心から認めるようになった。だんだん食事療法と薬膳は民間で健康を保ち、病気を予防し、治療するものとなってきた。

　食事療法は食べ物を薬とすることである。一般の野菜で病気を予防し治療できることは中国でよく知られている。例えば、風邪を引くと、新鮮な生姜を薄切りにして、それに短く切ったねぎの白い根と黒砂糖きびで作った砂糖を水に入れて煮て、沸いたら熱いうちに飲む。汗をかくことで、治る。このほか、塩や酢、ねぎなどはそれぞれ治療の効果がある。

　花の種類は多く、北方では食用にできる花が100種類以上もある。また、植物の王国と呼ばれている雲南省では、食用にできる花の種類は260をも超えている。花を食べることは体に良い。例えば、恋を象徴するバラの花は女性の生理や美容にも有益である。

　薬膳は薬を食べ物にして、病気を治すことである。薬膳は古代から現在まで非常に人気がある。このため、薬膳のレストランはたくさん設けられてきた。薬膳の種類といえば、おかゆやスープなどがある。例えば、山芋にハトムギや干し柿などをお米と一緒にしておかゆにすれば、子供の胃腸の病気を治すことができる。

　中国の「食品衛生法」は、食品に薬品の添加禁止を明確にしている。これは薬膳と少し矛盾しているため、関係部門は数十種類の食品に添加できる漢方薬を指定した。例えば、棗や干した生姜、山楂、薄荷などである。

　中国の薬膳は国内だけではなく、国際市場にも進出している。例えば、菊酒やみかんの皮茶など、多くの外国人に喜ばれている。

● 中国三大祭りの食品—元宵（餡入りの団子）、粽、月餅

　中国の伝統的な食俗は節句の中で、特に目立っている。旧正月の春節、端午節と中秋節は1年の中で最も盛大に祝う節句である。餡の入ったお団子・元宵や粽、月餅はこの三大節句の食品である。

　旧暦のお正月—春節は、1年の中で最も盛大な祝日である。旧正月の15日の元宵節に食べる元宵は旧正月の食習慣の最後を飾る。この日、どの家も餡の入ったお団子の元宵を食べる。しかし、南方ではこの元宵を『湯圓』という。南北ではその作り方も違う。

　北方では、まず、砂糖を入れたごまや落花生、小豆で作った餡子を丸くピンポンの玉のような大きさにして、少々水をつけて、お盆のようなものにもち米の粉を敷いて、卵より少し小さい団子になるまで揺がす。現在では、人々は自分では団子を作らず、店で買って食べる。北京では『稲香村』と『桂香村』という老舗の元宵は最も人気がある。

　南方では、元宵節になると多くの家で「湯圓」と呼ぶ元宵を作る。それは北方のものと、具の餡子はほとんど同じであるが、作り方は違う。揺がすのではなく、皮を作って包むのである。南方では寧波の「湯圓」が有名である。

　元宵にしろ、「湯圓」にしろ、いずれもゆでて食べる。丸い形をしている元宵と湯圓は円満や団欒を象徴する意味がある。

　粽は祝日の食品として、長い歴史を持っている。民間では、端午節に粽を食べるのは、偉大な詩人・屈原を記念するためのものであると見られている。紀元前3世紀ごろ、屈原の祖国・楚国が打ち破られたとき、屈原は世をはかなんで旧暦の5月5日に川に身を投げた。その後、毎年、この日になると人々は粽を作って、屈原を偲ぶようになった。

　粽は祝日の食べ物だけではなく、民間では、親友間の贈り物でもある。端午節になると、人々は粽をお土産に持っていき、挨拶を交わす。

旧暦の8月15日は中秋節である。この夜の月は一番丸いので、一家団欒の日ともいわれる。中秋の日の夜、月を観賞するとき、欠かせないのは月餅である。丸い形をした月餅の表には、伝説に出てくる仙女嫦娥の月に赴く様子と豊作を表す図が描かれている。

中秋節の夜、月が上ると、月餅やいろいろな果物をお月様に供える習慣がある。月を拝した後、人々は月餅を食べて、一家の団欒と円満を祈る。

中国各地で作られた月餅の味はそれぞれ違う。北京や蘇州、広東、潮州を代表とする味と種類の月餅がある。

その餡子はほとんど棗や小豆、蓮の実、果物などで作られている。

● **中国の餃子**

餃子は中国文化の一部分であるといっても過言ではない。中国の伝統的な食品として、家族一緒に食べれば団欒を象徴するし、お客さんを接待すれば歓迎の意を表す。中国を訪れた外国人で、餃子を食べなかった人はほとんどいないはずである。

餃子は、小麦の粉で作った薄い皮に野菜と肉の具を包んで作ったものである。過去、餃子は祝日の食べ物として、特に大晦日の夜、各地の家の食卓に欠かせない。

　餃子の作り方は、その餡子がさまざまで、野菜や肉、生姜、ねぎをみじん切りにして、調味料の塩、醤油、サラダ油あるいはごま油などを入れて、よく混ぜる。

　皮の作り方は、小麦粉に水を入れて、粘り強くねって、しばらく寝かせて、なじませる。そしてピンポンの玉より少し小さく均等にちぎり、麺棒で均一に薄く丸く伸ばして、具を入れて包む。その形は、三日月のようにする。でき上ったら、鍋にたっぷりと水を入れ、沸いたら餃子を入れて、ふたをして再び沸騰したら冷水を少し加える。これを2、3回繰り返す。そして、餃子が浮き上がってきたら鍋から上げる。餃子が鍋の底にくっつかないように注意しないといけない。そのために鍋に餃子を入れた後、1、2回軽くかき混ぜるとよい。

　現在、都市部では自分で餃子を作ることは少なくなっている。ほとんど店から冷凍の餃子を買ってきて食べるか、あるいはレストランへ行って食べる。農村部でも、家族が一緒に集まって楽しく餃子を作る習慣は少なくなってしまってきている。

コラム9　銅鑼について

銅鑼　　銅鑼は民族楽団の中で非常に重要な位置を占め、幅広く使われている中国特有の打楽器である。民族楽器の合奏や各種地方劇、演芸および歌や踊りの伴奏で用いられるほか、集会やイベント、ドラゴンボートレース、獅子舞、豊作を祝う祭りなどでも欠かせない楽器である。

　中国の打楽器は素材により、金属、竹、その他と主に3種類に分類される。金属類の打楽器に属し、銅を製錬して作られる。構造は比較的単純で、円形の本

体を周りの枠に吊るし、演奏者はバチで銅鑼の本体中央部を叩き、振動が発生して音が出るという仕組みである。

最も古くから使っていたのは中国西南部に住んでいる少数民族で、紀元前2世紀ころに各民族の文化交流が盛んになるにつれ、銅鑼は中国内陸部まで伝わった。昔は戦争でよく使われていた。軍隊の指揮官は銅鑼で作戦の合図を送り、陣頭指揮をとった。中国の古代軍事専門用語である「鳴金収兵」という言葉の「金」は銅鑼の別称でもある。

その後、一般的によく使われる大銅鑼と小銅鑼の2種類のほか、使う場所や場面によって、さまざまな30種あまりの銅鑼が誕生した。

大銅鑼は銅鑼の中でも最も大きく、直径30センチメートルから1メートルまである。特徴は音が大きく、重々しい低音で、柔らかく響く音色は余韻を長く残す。大規模編成の楽団では、雰囲気の盛り上げに大きな役割を果たしている。また劇中に使われるときは、雰囲気をかき立て、人物の性格を強く現す音としての役割も果たしている。

小銅鑼は高音、アルト・ホルン、低音の3種類に分けられる。直径は21センチメートルから22.5センチメートルの間で、使い道も非常に幅広い。特に京劇のほか、華北や東北地方で広く行われる地方劇「評劇」、また湖北、湖南、江西、安徽省などの地方劇の「花鼓劇」といった各地方劇でもよく使われる。その他、演芸、現代劇、吹奏楽団、民間舞踊などで広く用いられる。

10章
民間芸術

■人形など

●皮影〔影絵芝居〕(1)

　皮影〔影絵芝居〕は、中国の民間芸術の1つである。中国の北西部にある甘粛の影絵芝居「隴東」は、慶陽各県、陝西、寧夏の三角地帯で広く普及している。
　「隴東」は、明と清の時代（14世紀～19世紀）にすでに流行していた。影絵芝居の人形は大変美しく、輪郭がはっきりし、精巧に彫り込まれている。
　「隴東」の人形に使用するのは、若い、黒毛の雄牛である。皮の厚さがちょうどよく、堅く、しなやかで、透明感があるからである。まず皮をきれいにして、それを乾かし、透明感を出して、初めて人形の制作に取りかかる。乾いた雄牛の皮に模様も描き、型を作る。そして、彫刻刀で型どおりに彫り、後は色づけをする。色はあえて調和していないが、これが天然の美しさで、色の対比が浮き上がる。色をつけ終わると、次は「出水」という、人形を平らにする作業に入る。これは影絵芝居人形の制作の中で最も重要な作業の1つである。「出水」の作業が終わると、もう1度乾かし、人形をパーツごとに組み合わせ、完成となる。
　「隴東」の中には、2つの人形が登場する。スクリーンの左側が玉皇大帝、右側が老子である。その彫刻技術は大変精巧で、迫真の演技ができる。色は主に、赤、黒、緑であるが、これらが混ざり合って、多彩な色が出る。玉皇大帝は陽を表し、切れ長の目、小さな口、まっすぐにとおった鼻筋から穏やかさが出ている。一方、老子は陰を表し、まん丸の目、吹き出物だらけの鼻、突き出た額、そして、後頭部の飾りが色鮮やかという特徴がある。
　皮影の中で、演出効果は重要なものである。人形の各パーツが活発に動き、響きわたる節回しで、その地方独特の民間芸能の特色がよく表れている。
　「隴東」は、いくつかの演目から構成されている。中でも、「羅掃隋唐」の物語は、登場人物、道具が巧妙にできていて、芝居が佳境に入るところである。人形の

色使いが対照的で、動きも快活である。人形のパーツが活発に動き、臨場感があふれる。そこには、ダイナミックな動きの中にも精巧さがあり、豪快な芸術がある。

● 皮影〔影絵芝居〕(2)

　中国北西部にある陝西省の皮影〔影絵芝居〕は、古い民間の物語の痕跡を今も残している。これは近代の陝西省の各地方の皮影の前身でもある。

　陝西省の皮影はとても素朴なものであるが、その装飾は美しく、人形は芸術的で、精巧にできている。陝西省の皮影は、輪郭がはっきりしているばかりでなく、曲線に迫力がある。人形の内側は彫り具合が非常にバランスのとれたものである。それは、複雑さと簡潔さが入り混じっている。人形や小道具、背景の各部分は、それぞれ違った模様が彫られている。芝居全体の構成も決して単調ではなく、簡潔にして中身がある。見ごたえがあり、芝居全体が活き活きとしていて、躍動感があり、完璧な芸術といえる。

　芝居に登場する主人公も突出していて、色彩はもちろん、人形の形も目を見張るものである。その曲線は精密かつ複雑で、影がいく層にも重なる芝居は、一見の価値がある。

● 皮影〔影絵芝居〕(3)

　中国の山西省の皮影〔影絵芝居〕の戒律はとても厳しいものである。その芸術性と工芸技術は、陝西省のものと非常に似ている。曲線は墨をもって、彫刻の代わりとし、彫刻では大変難しい微妙な線が描かれ、精密になっている。使用されている顔料は、職人たちが自ら作っている。赤、緑、橙色と色彩鮮やかで、優雅であるばかりでなく、虫に食われることもなく、長い間、その形を変えることはない。

　山西南部の皮影には、おめでたい図案を模したものが伝統的に伝わっている。例えば、「福禄寿」、「五子奪魁」、「八仙慶寿」、「魁星点斗」、「麒麟送子」、「連生貴子」などが人形や小道具の中に描かれている。人形の服装の中には、建築物がよく見られる。また、食器の模様には伝統的な模様として、「卍」や「富貴連年」、「如意長寿」などが描かれている。

　この地方の皮影の中で、「髪を梳かす少女」という作品の中には、少女が鏡の前に座って、お化粧をする姿が表現されている。皮影の芸人が巧妙に髪を梳かす少女を演出する際、鏡の中の少女と鏡の外の少女がうまく対応している。これを上演するときの二者の一致は、芸人の匠の技としかいいようがない。この地域独特の皮影は非常に精密である。また、そこに描かれている机、椅子、箪笥、素朴な食器類も精密なものである。影絵の輪郭がはっきりしていて、少女の服装や椅子の図案も大変美しく、見る者を魅了する。

● **泥塑玩具〔泥人形〕(1)**

　中国中部の河南省は「泥泥狗」と呼ばれる泥塑玩具〔泥人形〕が有名である。色は主に黒が使われる。また泥人形は笛にもなる。その種類は多いが、特に多いのが猿の泥人形である。「人面猿」、「膝を抱えた猿」、「桃を持った猿」、「鋤を担いだ猿」、「抱き合った猿」などの泥人形がある。

　地方独自の悠久の歴史の中で、各種の泥人形は単なるおもちゃではなく、そこには深い文化がある。

　泥人形の猿は、まず、片面を版で押して正面を作る。背中にあたる部分は、手で平らにし、尻尾で固定すると、人形が立ち上がる。後頭部と尻尾には穴があり、吹くと笛になる。この猿の人形は、顔と腹部に絵柄が集中している。顔は簡単に目鼻立ちを描き、人の顔や猿の顔に似せる。腹部は主に、点と線でもって描き、生殖器を持っている。泥人形の猿は、まん丸の目に赤い顔をしている。上半身はかなり誇張しているが、下半身は簡略化されている。まるで、猿のようであり、人間でもあるかのようである。素朴でありながら、洗練された、この泥人形は古くから伝わる神秘をそなえている。

● **泥塑玩具〔泥人形〕(2)**

　中国の中部にある河南省准陽地区は、頭が2つある動物の泥塑玩具〔泥人形〕が有名である。作り方は、手びねりである。作る工程は粘土を叩く、手びねり、

形成、着色、模様つけの5段階である。色づけは、下色をつけたら完成ではなく、色を染み込ませる。それを乾かしてから、模様を描いていく。模様を描く際、筆は使わずにコーリャンの藁で線を引く。その線はふっくらしているが、毛筆で描いたように太い線ではない。黒い下色の上に、赤、緑、白、黄色で色づけをする。それは色鮮やかで、落ち着きがある。

この地区の泥人形の中でも、特に豚の人形が特徴的である。頭が2つあり、想像力を豊かにさせてくれる。模様は短い線で描かれている。色は白を主体にしている。両目はまん丸で、鼻や耳の長さも大小あり、手描きの温もりのよさが味わえる。ユーモアの中に、精密さと落ち着きがある。使用している色彩は多くはないが、色彩感覚は豊富でほかにひけをとらない。

● 泥塑玩具〔泥人形〕(3)

中国中部にある河南省浚県の泥塑玩具〔泥人形〕の発展と伝統は、この地の民俗に深く根ざしている。ここの泥人形は一般的に「泥咕咕」と「唧唧咕咕」、「咕咕鶏児」と呼ばれている。毎年、農暦の正月、15日の松の内と7月15日の中元には、浚県の廟で大量の泥人形が売られる。これらを買い求めるのは、結婚後、子宝に恵まれない女性や、子供や孫がたくさん欲しい婦人たちである。

浚県の泥人形は、主に手びねりで、箸を使って彫刻した後、色づけをする。一般的には窯で、黒や深緑、あるいは赤で下色をつけ、それから、バラ色、黄

色、緑、白で模様を描いていく。その色彩は素朴ながら、奥が深く、種類がとても多い。

　模様は、民間伝説の中の「八仙之韓湘子」、「張果老」、「漢鐘離人」などの人物があり、それは活き活きとし、可愛らしいものである。特に「張果老」がロバに乗った人形は、色彩が素朴ながらも色鮮やかである。「八仙」には実に多くの材料が使われ、形や作り方もさまざまである。職人の気質、志向、美への追求が表現されている。この「八仙」は仙人の姿をしていなくて、農民、村民に似せているところが面白いとされている。

● **泥塑玩具〔泥人形〕(4)**

　浚県の泥塑玩具〔泥人形〕のほとんどが笛のおもちゃになっている。形は、珍獣で人物である。代表的なものは、駿馬、赤い馬、黒い馬、2つの頭を持つ馬で、大変迫力がある。一方、人物は比較的小さく、劇中の登場人物や神話、伝説の登場人物が主なものとなっている。

　中でも「八仙」に登場する人物の泥人形をよく見かける。とてもカラフルで、いろいろな特徴がある。人物の泥人形は、立ったもの、座ったものがあり、静と動が融合し、表情も活き活きしている。人形全体の作りが活き活きしているので、見る者を決して飽きさせず、作品は迫真に迫り、まさに人形に魂が宿っているかのようである。これらの泥人形の色は大変カラフルで、見る者の目を奪う。登場人物の身分が違うように、それに合わせて、服装や飾り、小道具も違ったものになっている。そして、全体的な色彩感覚は、この地の動物の泥人形とは、また一味違ったものになっている。これらの作品を制作する職人の技は巧みである。全体的な人形の風情としては、郷土の味わいやロマンスに欠け

ているが、作品の優秀さでは、決してひけをとってはいない。
● 泥塑玩具〔泥人形〕(5)

　中国北部河北省の新城県白沟村は、ろくろで作った雄鶏の泥塑玩具〔泥人形〕の生産地として最も有名である。泥人形は素朴で力強く、中国華北地区の泥人形の典型でもある。

　この雄鶏は、大、中、小の3種類あり、大きいもので25センチメートル、小さいもので6センチメートルぐらいである。この雄鶏を作る職人は、高い技術力が求められる。

　デザインはいたってシンプルであるが、色鮮やかで、赤と黄色で大きく色をつけていく。色をつけていない部分は白いまま残し、黒色をつける。そして、同じく民間工芸品である剪紙〔切り紙〕の手法を用いる。真紅の冠に、黒い首、いきり立った尻尾は雄鶏の様子を表現している。最後に、ニスを塗り、光沢を出すことで、色彩が滑らかになる。

　この雄鶏の泥人形には、吉祥の精神が宿っているのである。

● 泥塑玩具〔泥人形〕(6)

　中国北部の河北省新城県白沟村は、歴史上、大変有名な民芸玩具の里として知られている。ここの泥人形はさまざまで、一般的な泥人形のほか、中国古典劇〔戯曲〕の登場人物の泥人形もある。多くは、河北地方の戯曲「河北邦子」から生まれたものである。作り方は、二、三人で1つの型を用いて、粘土を型にはめて、体形を形成する。粘土と型の間には、少しの隙間もないようにする。このほうが人形の強度が増すからである。

ある戯曲の中に「刀馬人」という人物がいる。この人物の人形は、もっぱら室内に飾られる大型の人形で、高さが約60センチメートルもある。この人形はきわめてシンプルであるが、馬に跨り、手には宝刀を持ち、迫力がある。玄関に入ると、玄関の両側に2体のこの人形が迎えてくれる。この人形は飾り物としてだけでなく、魔除けの効果もあるといわれている。

「刀馬人」は、形こそシンプルで、大変素朴な作りで、精密な模様はないが、白の下色に赤、黄色、黒の3色、特に黄色を主としていて、可愛さと趣がある。

● 杖頭傀儡〔操り人形〕

操り人形は古代、中国語で「杖頭傀儡」と呼ばれていた。木の棒を縦に操って、劇は完成する。人形の内部は空洞で、目と口が動く。首は木の棒か竹でつないである。片手で2体の人形を操り、演じる。それを中国語で「挙偶」とも呼ばれている。操り人形は、大、中、小の3種類あり、地域によって形も異なり、それぞれの地域の特色が出ている。操り人形の頭には彫刻が施してあり、表面に色をつける。目は動かすことができ、劇中、人間に近い顔立ちになっている。目が強調されていて、2つの目玉は特に大きく、白目が大きい。鼻は平たく、眉毛は弓型で、鼻の下の髭が八の字を描いている。口は上下に開き、顔全体は丸くできている。顔の色はきわめて単純で、白色である。そして、髭と目玉、眉毛などは、黒色で描く。目玉と鼻筋以外に、口を作るためには時間がかかる。その他の部分はいたってシンプルであるが、この操り人形は見る者に臨場感を与える。

操り人形は中国各地に伝わっている。各地方にそれぞれ特徴があり、その名称も異なる。例えば、北西部では「要要干子」、南西部の四川では「木脳売戯」、南部の広東では「托戯」という。各地の操り人形は形、顔つき、飾り、彫刻および演出が各地方の戯曲と節回しに合わせてあり、ローカル色が強いものとなっている。

● 陝西省の刺繍玩具

　中国西北部陝西省では、古くから刺繍のおもちゃが広く伝わっている。その題材は豊富で、ふっくらとした人形や、鳥、魚、カエル、豚、昆虫、果物、獅子、虎、それに十二支などがある。これらを暖簾やにおい袋やおもちゃにする。この多彩さが、多くの農家の婦人たちを楽しませてくれる。この刺繍のおもちゃの作品は種類が多く、1針ずつ手縫いなので、同じものは2つとしてない。また、刺繍は精巧かつ自由で、そこには想像力があり、飽きがこない作品ばかりである。色彩もカラフルで、農民の理想と願望が託されている。

　中でも、鳥の刺繍は素朴である。しかし、壁掛け（タペストリー）にしており、おおらか、かつシンプルなデザインになっている。色もいたってシンプルで、主に赤と青の対照を基調としていて、その間に、バラ色、萌黄色、黄緑色が混ざっている。この調和と対照的なカラーが刺繍を多彩なものにしている。

●悟空と猪八戒

　中国の民間芸術の中で、「西遊記」の中で活躍する、金の如意棒の孫悟空と鍬をかついだ猪八戒を題材にしたものは多くある。民間芸術の中での猿は、一般的にそのリアルさや動物らしさは追求しない。その代わりに、猿の人間に似たところや猿の活発さ、滑稽さを求める。また、猪八戒の多くは、素朴で、ふっくらとしている。

　民間芸術の中の悟空と猪八戒は、一般的にこのようなものである。悟空は、その体形から見ても、表情や性格から見ても、快活な風格がある。一方、猪八戒は、無邪気な表情の中に、美しさがある。これらの作品では、悟空と猪八戒の静と動、賢さと無邪気さが見事に表現されている。色彩的には、これといった模様はなく、大きな布で作るか、小さな布を組み合わせていく。しかも、シンプルに赤と緑だけであるが、とてもカラフルである。足の部分には、竹に糸が通してあるので、人形の四股は動かすことができ、そこにも、活き活きした姿と滑稽さを持ち併せている。

●こおろぎひょうたん細工

　こおろぎひょうたん細工の形は、ひょうたん型をしている。ひょうたんの実が成熟すると、収穫し、乾燥させる。こおろぎひょうたん細工は、ひょうたんの形によって、表面をけずる技法が異なる。細工の方法は2種類で、1つは細い線で彫刻していくものと、もう1つは、花模様をつけるものである。

　細い線で彫刻していくものは、比較的質のいいひょうたんを選ぶ。細い線で、精巧に細工を加えるが、その題材は戯曲の物語、神話、伝説、動物、花、虫、

魚などである。細い彫刻刀で、流れるような線を彫っていく。彫刻が終わると、普通は墨や窯の灰を塗りつけ、それが乾かないうちに、ふき取る。そうすると、彫った部分だけ黒くなり、ほかの部分は、ひょうたんの原色のままになる。

　花模様のひょうたん細工は、まず、ひょうたん全体を赤く染める。それから、平たい彫刻刀で彫っていくと、白の豆腐の模様や花模様が現れ、とてもおしゃれになる。ひょうたんの表面を彫ったら、てっぺんをナイフで開き、梅の花の形をしたふたを作る。寒い時期には、その中にコオロギを入れて飼う。ときどき聞こえるひょうたんの中のコオロギの鳴き声を心ゆくまで、楽しむことができる。

　こおろぎひょうたん細工には、2種類あるといったが、彫刻のひょうたん細工は、細い線からなる人物が活き活きとしている。一方の花模様のひょうたん細工は、菊の花の模様がたいへんおしゃれである。

● 打谷人（籾殻取り人形）

　中国の民間では、擦ること、ぶつけること、回転させること、引っ張ることなどの方法を巧みに操って、動くおもちゃや音の出るおもちゃを作っている。例えば、「嘩啦棒槌」、「仙人打鼓」、「空竹」、「皮老虎」、「泥叫叫」などである。

　動く人形は、菅笠、頭、体の3つの部分からできている。全体に統一した彫刻を施しており、四股と体の部分は針金でつないでいる。そして、腰の部分が軸になり、1本の細い針金が体全体につながり、足の下にある竹の部分までつながっている。したがって、竹を引っ張ったり、針金を引っ張ったりすると、人形が動き出す仕組みになっている。その動作はとても面白い。人形はとても

人間的で、絵で五官は描いているが、装飾模様はない。木が持つ材質の色合いで作品を表現しているので、たいへん素朴な人形といえる。

● 棒棒人人形

中国東部山東省郯城村は、木の人形で有名なところである。ここの人形に使われる木は、一般的に柳、あるいはアオギリである。作品の種類は多く、「龍刀」、「花槍」、「燕車」、「虎頭棒槌」などである。

人形は典型的な木のおもちゃで、円柱の体が主体となっていて、四股がない。頭は回転させることができる。人形の内部は空洞であるが、砂が入っているので動かすとサラサラした音がする。この人形は、丈が高いもの、低いもの、太ったもの、痩せたものがあり、多彩で趣がある。色はカラフルであり、人形の体の表面に絵をつけていく。

作品はシンプルであるが、臨場感がある。

● 凧あげ

凧は中国の典型的な民間工芸の1つである。鑑賞用や、遊び、健康づくりの一環になっている。また、民俗、スポーツ、科学技術とも密接な関係があり、民間工芸の多用さを表している。中国語では、凧揚げは「凧を放つ」といい、意味的に不幸を「放つ」を連想させる。つまり、「病気よ飛んでけー！」である。凧は、中国各地で見られるが、龍以山東灘坊や北京、天津、江蘇の南通などが最も有名である。

山東省灘坊の凧は、中国のお正月飾りである年画と一緒で、悠久の歴史を持ち、木版年画芸術の影響を受けている。この地方の凧は、優雅で、工芸としても洗練され、活き活きとし、カラフルなものである。また、高く揚げやすく、この地方の特色が強く表れている。

北京の凧は300年の歴史がある。その中でも、代表的なものが沙燕凧である。沙燕凧は扎燕とも呼ばれている。形は、まるで空に舞う燕のようで、翼を広げ、尻尾は二股になっているので、ちょうど漢字の「大」の字のようである。沙燕

凧は、両方の翼に模様を描いている。模様として多いのはコウモリである。中国語でコウモリは、「福」の字と同音なので、コウモリは縁起が良いとされ、凧の模様にも使われる。この凧を2つ並べて飛ばすことは、中国語で「比翼双飛」といい、これまた縁起が良いとされている。1つの凧は青、もう1つが赤で、相互が対照的で美しく、かつ縁起が良いのである。

● 儺戯（鬼やらい、追儺）

中国の儺戯（鬼やらい、追儺）には長い歴史がある。儺戯は、原始社会の先祖とされるトーテム崇拝の儺祭を起源としている。商の時代（紀元前1600年〜紀元前1046年）に一種の固定的に悪鬼や災厄を追い払うために行われる祭りになった。それは、儺舞（能舞の一種）と呼ばれる。儺舞の発展は中国の地方劇に影響を与えた。

儺戯は儺舞のもとで発展し、形成された劇である。その特徴はすべての役者が木製の仮面を着け、鬼と神の真似をし、神の成し遂げた仕事を表現することである。

中国の南西部にある貴州省の東北地区には今でも大量の儺文化遺産が残っている。多くの地方に儺戯の演出があり、徳江県には今でも60以上の儺壇がある。役者は100人もいる。徳江儺戯は素朴で、大まかで、儺戯文化の多くの原始形

態を保存していて、祈祷儀式の内容も複雑である。

　貴州儺戯の仮面は一般的に柳や箱柳で作られた。面は、人物の性格を重んじ、儺面は正義の神面、凶暴の神面、世俗の面、滑稽やユーモアの道化面、「牛の頭馬の面」という５つに分けられている。正義の神はすべて、正直で善良である。図の中の開山仮面は威厳があり、恐ろしく、怪しい。面全体は黒く、光っている。眼球は突出し、眉はつり上がり、顔つきは凶悪である。その彫刻は荒っぽく、顔つきが素晴らしく、猛々しくて、神秘な威力と豪放な美が感じられる。

■装飾品

●中国の木版年画

　中国の民間年画（中国の伝統的祝日である春節、旧正月に、喜びや吉祥の気分を表すために室内に貼る絵）は長い歴史を持ち、漢の時代に悪魔を取り除くため玄関の門に貼る絵から始まったとされている。

　宋の時代（960年～1279年）に木版刷りの技術が、初めて年画の製作に使われた。この時期、木版刷りによる年画が大量に生産され、市場で売れ筋となったことから、木版年画は宋の時代に生まれ、大きな発展を遂げたと見られている。

　宋の時代から、木版年画の内容は自然を崇拝し、神様を崇拝することから、豊かで、吉祥、喜びを表す内容となったほか、戯曲故事や民俗風情も木版年画作りのときに取り入れられ、農民の感情や理想、現実生活を反映している。木版年画はイメージ的な意味合いを持つほか、一般的な言語の方式でそれを解読

する必要がある。例えば、蝙蝠の蝠という漢字の発音は幸福の福の発音と同じであることから、蝙蝠を描いたら幸せを表す。カササギ（喜鵲）の喜という漢字の発音は喜慶の喜と同じなので、カササギは喜びを表す。木版年画の表現形式は、民間絵画の手法をとるか、あるいは伝統的な図案、有名画家が描いた絵の優れた点を取り入れ、木版刷りの技術を利用して、特定の様式や体裁を形作った。

　木版年画の製作は、明（1368年～1644年）の後期から清（1644年～1911年）の時代に最盛期を迎え、民衆から喜ばれていた作品が多く創作された。これらの木版年画は、色鮮やかで、喜びとにぎやかな雰囲気に溢れ、内容が豊富で多様である。人気のある年画に「春牛図」という年画がある。これは春に田畑を耕す牛という図案で、勤勉でよく働くという意味でもある。「年年有魚」という年画は、太って可愛らしい子供が大きな魚を抱くという図案で、生活が豊かであることを意味し、「五穀豊登」という年画は、大豊作だったことを意味する。

　当時の中国には、地域的特色を持ついくつかの有名な木版年画を作る中心地があり、代表的な民間木版年画は天津楊柳青年画、蘇州桃花塢年画、山東濰県楊家埠年画が挙げられる。清の後期、西側諸国の石印（石刻印刷リトグラフ技術）が中国に伝えられたことから、木版年画が次第に衰えていった。

● 剪紙〔切り紙〕

　中国の伝統的な祝日である春節〔旧正月〕の期間に、窓やドア、壁などに切り紙を貼る昔からの慣わしがあり、祝日の喜びの雰囲気を醸し出している。

　剪紙は、中国で最も流行っている民間芸術の１つである。昔、剪紙は宗教活動や祭祀の儀式でよく使われた。人々は、紙で作った各種動植物や人の姿など

の図案の剪紙を死者と一緒に埋め、あるいは葬礼を行うとき焼き払って、代わりに剪紙が死者の副葬品となった。

　1000年前に遡ると、剪紙は装飾や造形技術などに使われていた。史書によると、唐の時代、女性は剪紙を飾り物として頭に貼っていた。12世紀の宋の時代、剪紙を窓や壁、鏡、提灯などに貼り始め、剪紙を作ることを職業とする職人がいた。

　剪紙はハサミを使って切られた手工芸品である。アマチュアにとって、ハサミと紙1枚で剪紙を作るのは難しいとはいえないが、プロにとって、サイズが異なる各種のハサミと彫刻刀などを利用し、複雑な図案の剪紙を作るのは、そう簡単な作業ではない。剪紙の作り方は、1枚1枚を切ることがあり、何枚も紙を重ねて1回で切ることもある。また、簡単な図案の剪紙を直接切ることもでき、複雑な図案の剪紙では、まず設計された図案を印刷し、その後、サイズが異なる各種の彫刻刀の中から適した彫刻刀を選び、図案に沿って剪紙を刻むため、ほんの少しの間違いも許されない。そうしないと、全部が無駄になる。

　剪紙の題材は豊富で多彩である。花、鳥、虫、魚、動物、植物、伝説上の人物、古典文学作品に出てきた人物、京劇の顔つきなどがある。各地の人々の生活習慣や審美観が異なっていることから、作られた剪紙もそれぞれの特徴を持っている。例えば、北方の剪紙は豪放で、力に溢れる。南方の剪紙は精巧で細かく美しく、『江南水郷』の特色を持っている。しかし、どれもこれも真に迫っている。

　昔、中国の農村では、農閑期に女性が集まって一緒に剪紙を作る習慣があった。女の子は剪紙を作る技術を身につけることが要求されていたからである。社会の発展に伴って、剪紙の技術を学ぶ人が少なくなったが、一部の人は剪紙を作ることを専門の職業としている。

　現在、中国には、剪紙工芸工場、剪紙芸術協会があり、定期的に剪紙の展示会が開かれ、技術交流が行われている。また、剪紙の作品集も出版されている。剪紙は、一種の飾り物から、独立した芸術に発展し、内容も時代の発展に伴っ

て拡大されている。その他の芸術も剪紙芸術の独特な表現法を取り入れ、連環画、舞台美術、新聞雑誌、さし絵、映画、テレビなどの分野でも剪紙芸術を採用している。

● 山西の年画

　山西省の年画は、南派と北派という２つに分けられている。晋（山西省の略称）北の年画は大同、応県を中心としており、窓画と呼ばれる窓に貼る年画を代表としている。窓画が劇の物語を主として、吉祥を代表する獣や花、果物なども描かれている。晋南の年画には門神や紙の馬、掛け書画などがあるほかに、チリ払い紙と灯篭の絵もよく見られ、芸術の特色を持っている。

　年画は、早くは東漢、六朝の時代にも存在し、宋の時代に年画は盛んになった。清の康熙・乾隆年間に、年画屋はますます発展した。その当時の年画は歴代の伝統的な年画に基づいて発展した。現在では、版画も年画に属している。

　年画は一般的に、健康や吉祥、平安を唱えることを内容としている。そのため、年画の内容は幅広く、生活感にも溢れ、色鮮やかで、作り方もさまざまである。

● 泥掛虎

　中国西北部の陝西省鳳翔市の泥掛虎は、民族特色の豊かな飾り物である。大きさは６センチメートルから100センチメートルあまりで、泥を紙の鋳型に入れて作ったものである。泥掛虎は薄くて、鮮やかである。

　彩色の掛虎は、白い体に黒い線で書き、いろいろな色彩に染めた後、最後に油を塗りつける。泥掛虎の模様は、正面が虎の顔で、丸い目、大きな耳と口、突き出た眉、広い額で、額には、牡丹（あるいは"王"の漢字）が描かれている。虎の２つの耳と額には、ばねで繋がっている小鳥や、花などが動いている。頬には石榴や、ブッシュカン〔仏手柑〕、桃の花、牡丹の花などの吉祥な模様が描かれている。石榴は多くの子供を、ブッシュカンは福を、桃の花は魔よけを、牡丹は財産や地位を、それぞれ表している。これらの模様の構図は対称をなしていて、局部のバランスをとっている。

　図の中の掛虎は鮮やかで、喜びと吉祥に満ちており、幸福や平安、吉祥を祈る美しい願いを十分に表している。

● 布老虎

　布で作った布老虎は、中国の民間に広く伝わっている玩具の一種である。中国では、虎が悪魔を追い払い、災難を避け、平安、吉祥の象徴であるとされ、同時に財産を守ってくれるとされている。中国では、伝統的な節句である「端午節」、旧暦の5月5日に子供に布の虎を作り、あるいは雄黄で額に虎の顔や王という漢字を書き、子供が健康で勇敢な人になるよう期待する。布老虎の形はさまざまで、頭が1つ、2つ、3つ、さらに4つを持つ虎、親子虎、枕の形をした布老虎などもある。

　布老虎は、綿布、絹などさまざまな材料を用いて作られるが、中は木の屑、米糠などが詰め込まれ、表面は彩色し、刺繍を切り取って貼りつけるなどの手法で、虎の目、口、耳、鼻などを作る。布老虎は大きな目、大きな口、大きな耳、大きな鼻、大きな尻尾で勇ましさを表すが、その頭と目、耳、鼻などは人間の

子供のような愛らしさである。

中国では、『端午節』・『春節』・『元宵節』などの節句を過ごすとき、布老虎を作るほか、赤ちゃんが生まれた3日目と100日目、1歳と2歳の誕生日を迎えた日にも布老虎を作り、悪魔を追い払い、病気を払い、幸福を祈る慣わしが昔からある。

■服飾品

●雲状の肩飾り

「雲状の肩飾り」は隋の時代（581年～618年）以降から服飾として発達し、首を一回りし、肩に飾るものである。清の時代（1644年～1911年）では、各階層で広く愛用されるようになり、特に花嫁には欠かせない装飾品となった。その後、お祭りや結婚式などのときに多く着用されるようになった。この肩飾りは、自分の意のままという意味の「如意」の形をしているものもあれば、帯状のものもある。裏表一対の布を単位にし、4枚か8枚の肩飾りに仕上げる。その中の1枚1枚には、花鳥草虫や、伝統劇の刺繍が施されている。その作業は長い時間がかかり、手先の技術は精巧さを極めたものである。刺繍の方法は10種類以上もあり、模様もさまざまである。図にある雲状の肩飾りは、中部地方の河南省にあるもので、如意の形が生かされた雲の形をしている。刺繍模様には、人物、花鳥、橋などがある。運針が細かくて、色合いが優雅で、ラインが流れるように美しい。これは民芸品の極致といえる。

●イー族の刺繍靴

中国西南部にある少数民族地区で暮らしているイー族の服飾は、地方色が強く、イー族の年齢、伝統的な考え方、美意識、民族風習などによって異なっている。装飾には、刺繍や押し花、はめ込みなどの技法が生かされている。

図にある先が尖って反り上がった靴は、刺繍が施されており、雲南省で暮らしているイー族の女性のものである。小船の形に似ており、優美である。白い生地に赤、黄色、青の花卉および独特なデザインが刺繍されており、カラフルで、コントラストがはっきりしている。イー族の娘たちは結婚式で必ず履く。その意味は、お嫁に行く途中での花嫁の安全、将来の暮らしが永遠に幸福であるようにとの祈りが込められている。

●香荷包（香る小物入れあるいは巾着）

　「香荷包」は中国民芸品の1つである。小物入れとしても使われ、アクセサリーとしても使われている。形はいろいろで、内容豊かな民俗の風習が生かされている。旧暦5月5日の端午の節句に、これを飾ると厄払いできるという説がある。その中には、ヨモギなどの漢方の香料が入れられ、蚊を避けると同時に、殺菌効果もあり健康に良い。形には、語呂や漢字の意味から縁起の良いものが使われている。例えば、自分の意のままになるという意味の如意、昔のお金、色糸に包まれた粽、桃、蝙蝠、5種類の毒虫を食べている虎、蜜柑などがあり、いずれも縁起の良い意味が含まれている。

　図にある形はヒキガエルで、周りに干支が刺繍されている。ヒキガエルとは、日本のかぐや姫に当たる嫦娥や月の神話などとかかわっており、商売繁盛をもたらしてくれる「ヒキガエルと戯れている劉海」の伝説とも関係あるものである。干支は中国人の出生にかかわる動物として、縁起のいいものとされている。この「香荷包」は、大きさが手ごろな上、刺繍が緻密に施され、色鮮やかで、動物の姿が生き生きと描かれている。

●山西臨汾刺繡

　中国北部にある山西省臨汾一帯の農村で暮らしている人たちは、衣服、靴、帽子などに刺繡を施すことが多い。例えば、衿、袖口、スカートの裾、リボン、ショール、子供の帽子、チョッキなどである。日常品のシーツ、カーテン、枕、袋、テーブルクロスなどにもよく刺繡されている。

　図案には、吉祥と幸せを象徴する如意などの題材がよく使われ、鳳凰牡丹、中国語での蝙蝠の語呂合わせからきた四字熟語の「五福捧寿」、子宝に恵まれるという意味の「連生貴子」、長寿という意味の「松鶴延年」などがある。このほか、伝統劇で演じられる物語や伝説もある。玉と戯れる2匹の竜がいて、極彩色の上、コントラストが鮮明になっている。2匹の竜は勢いよく天空を舞い、その周りに雲紋、水紋、蝙蝠、8仙人が持つ道具などが配されている。

●「盤ヤオ族」の晴れ着

　「ヤオ族」は中国の西南部で生活している民族である。服飾は種類が多く60〜70種類もあり、地域によって大きな差異がある。広西チワン族自治区で暮らしている「盤ヤオ族」の衣装は、ほかの少数民族と違って、老若男女問わず同じ形の衣類を着用している。

「ヤオ族」の女性の晴れ着は代表的な装飾の1つで、衽、腰巻、ズボンの裾などに装飾と図案が集中し、緻密に施されている。洗練された技や忍耐力で、複雑な四角形、菱形、棒状などの図形が刺繍されている。この技術から盤ヤオ族女性の手の器用さと、美を求める表現心が伺える。

● ミャオ族

中国西南部の貴州省で多く暮らしているミャオ族の人々は、異なる様式や風格の服飾を作り上げている。衣類は普段着と晴れ着に分けられ、日常生活では普段着、お祭りや結婚式の際には、晴れ着を着る。服装や髪飾りなどは、いずれも技が複雑で、細工も緻密である。

刺繍のモチーフは、主に竜、鳥獣、銅太鼓、花卉、蝶、そしてミャオ族の歴史などに限られている。図にあるミャオ族の作業は腰巻を刺繍しているところである。白いものをベースにした腰巻に、蝶とムカデを多数刺繍しており、躍動感に満ちている。模様はムカデをメインとしており、下の三段はそれぞれ蝶や小型のムカデなどで、ミャオ族の伝統的で典型的な模様である。

刺繍には、竜または雄の水牛に乗った人間の模様が最も多く見られ、この民族の勇ましさと生活を楽しむ趣向が表されている。ミャオ族の民間芸術には、竜に跨り、竜を調教する図案がある。これは竜をいたわり怖がらない気持ちが表されている。図にある刺繍は、袖の縁に施された装飾で、蝶、鳥、人間、竜の体をした人間の頭の模様などがある。図の真ん中にある大きめの模様は鳳のデザインのようであり、横たわっている人間の形のようであり、魚にも似ている。蝶の形は誇張され、形より意思表現に重点を置いていることが伺える。色彩では黒をベースに、赤を主としており、白、緑が使われ、ダイナミックかつ躍動的に表され、ビジュアル的でもある。

● 藍染

藍染はかつて江南地区で流行っていた伝統的な彩色した布で、手織り綿布を手染してできたものである。伝統的な染料である藍とは、藍草を水浸して発酵

させた後にできた青い沈殿物で、それを液体に溶かし染めると鮮やかな藍色に染め上がる。その色は透明感があり、洗えば洗うほど色が濃くなる特徴があり、体にも優しい。昔、藍染は用途が広く、寝具のカバー、衣類、蚊帳、風呂敷、カーテンなどに用いられていた。

　現在、藍染は多くの若者と外国人にも喜ばれるようになり、藍染でできたアクセサリーやインテリアはおしゃれと人気を呼んでいる。

● 腹あて（胸あて）

　中国の伝統的な衣類で、胸と腹を守る肌着である。正方形か長方形のものが多く、角と角とが向き合うようにデザインされている。上部は角が切られ、凹んだ円形に縫製されている。下の部分は角のままのものもあれば、円形になっているものもある。日本では「金太郎」と呼ばれているようである。

　飾られている模様は、染めによるものと刺繡によるものが見られる。染めたものは多くは藍染である。その模様は子供を多く出産するという意味の「連生貴子」、麒麟によって子供が授かるという意味の「麒麟送子」、尊さを表す「牡丹の中を戯れる鳳」、商売繁盛などの意味が含まれている「蓮と連、魚と余」の語呂合わせの「連年有余」などの縁起の良い図案がある。刺繡も

のは、最も普通のもので、模様には民間伝説または習慣がよく使われている。例えば、商売繁盛を表す「劉海がヒキガエルと遊ぶ」、めでたいことがやってくるという意味の「梅の木にカササギが立っている姿」、おしどり夫婦の意味の「河で戯れている鴛鴦」、そして蓮の花やその他の花卉、虫などもある。これらの図案の多くは魔よけ、厄払い、幸福などをテーマとしている。

図にある腹あての色合いは赤と緑が主で、刺繍を施されている人物の表情は天真爛漫で、花卉のモチーフはシンプルで素朴にデザインされている。

● **長寿の首飾り**

「長寿の首飾り」は昔、子の長寿を願って漢民族が子供に飾る縁起の良いものである。それは、銀製の輪の首飾りと、それにつけた錠の形をしたペンダントからなっている。新生児が満1か月になったときに、男女問わずお祝いとして家族から首に飾られ、結婚の日までつけ続けなければならない。

昔、医療レベルが低く、経済も遅れていたことから、早く亡くなる赤ちゃんが多く、親は子供が長生きするように神様の加護を求め、祈っていた。錠は語呂合わせとして「長生きすることや、魔避け」という意味で使われている。この「長寿の錠」の裏の図案には、麒麟が子供を授けてくれるという意味の「麒麟送子」や「長生きする」という意味の「長寿百歳」などがよく見られる。

図にある長寿の錠の真ん中には、「玉堂富貴」という字が刻まれており、装飾性に富んでいる。この文字の下にあるモチーフは、三国時代（220年〜280年）の劉備、張飛、関羽三人が「桃園で義兄弟の契りを結んだ」という故事にならっているという意味である。このほかに囲碁などを指すものや、長寿を表す「鹿と鶴」のモチーフ、「福と寿」の文字などが使われており、いずれも緻密な細工が施されている。錠自体は銀で作られ、丸みと厚みがあって、飾る模様も凝っている。人物が生き生きしており、劉関張の造形は舞台のイメージを生かしている。

● **ペー族の服飾**

中国西南部にある雲南省には、約20の少数民族が暮らしており、いずれも織物と刺繍が達者である。染色、織物、縫製、刺繍、絵画などの独特の手法で、

ユニークに富んだ、さまざまなモチーフを仕上げている。それはシンプルなものから複雑なものに至るまで自由自在である。雲南の織物刺繍技術は 2000 年から 3000 年の歴史があり、今日まで依然として衰えを見せず、スカートやハンカチなどは特に有名である。また、衣服の縁取りの一部または全部に刺繍が施されている。

大理のペー族よる織物刺繍の文様には花卉が最もよく見られる。例えば、ネッカチーフ、腰布、リボン、帯、靴などには草花のような植物の模様が多くなっている。

図にあるのは、ペー族の女性の普段着である。髪飾りは白いもので、長い房がついている。飾られている赤いリボンは未婚者の印である。上着は紫色で右斜めになっている衽で、止めボタンは銀でできており、下は水色の衽になっている。スカートはベルトにだけ刺繍が施されている。これは素朴でシンプルなスーツでもある。

● 靴の敷き皮

中国の服飾に施された刺繍は一定の意味があり、祝福や未来への憧れが託されている。

図は靴の敷き皮だが、新郎の母親が息子の嫁に贈るものである。赤地は新婚の、めでたさを滲み出しており、親の喜びも表している。長くて丈夫な瓜の蔓があるからこそ、瓜がたくさんなり、大きくなることから、中国では、この模様で、家族の血統が子々孫々まで引き継がれることを象徴している。このほか、羽ばたいている蝶々を加える図もある。これは語呂合わせで、蝶々の中国語の発音は長生きする単語の発音と似ているためである。

この図は伝統的な模様で、瓜と蔓が限りな

く続いている。子孫繁栄を願う義理の母親の気持ちをよく現している。この敷き皮は色合いのコントラスト、ラインもしなやかである。模様もリアリティに満ち、生き生きとしている。

● **百家衣**

多くの家から端切れをもらって子供服を作るという慣わしの一種で、典型的な民俗衣装である。中国では、子供が元気に育つためには、多くの人の手助けが必要で、それにはほかの人から食事をもらい、ほかの人の服を着なければならない。

百家衣とは、できるだけ多くの家から端切れを集め、服を作ることである。色や素材などで端切れを選び、色とりどりの衣類に変身させる。色合いが明るく、素朴で、暖かさを感じさせてくれる。

中国の西北部の陝西、山西、甘粛、河南、華北、山東などで残っている習慣で、南部にもある。

● **荷包（小さな袋または巾着）**

中国の伝統的な入れ物で、「荷包」は欠かせないものである。荷包の形は、円形、楕円形、正方形、長方形、桃の形、如意の形、ざくろの形、瓢箪の形、花瓶の形、お金の形、連なっている琴の形など多様である。荷包はだいたいベルトに垂らして飾るか、着物をとめるために使われている。

荷包に飾られている模様もさまざまである。花卉、鳥獣、草、虫、山水、人物および縁起言葉、詩歌などがある。形は変化に富んでおり、強い装飾性がある。

荷包は実用的な面がある一方、深い情けと未来への憧れも含んでいる。図の荷包はシンプルで、瓢箪の形をしている。過剰な装飾を省いており、荷包の表裏に「潔く生まれ、謙虚に生きる」、素直な心で生きようという内容の詩が刺繍されている。瓢箪の凹んだところに穂が飾られ、おしゃれである。

■民間芸術に登場する神々

● 中国民間芸術の中の神々（1）

　昔、お堀は住民の安全を守るもので、それを加護する神は「城隍神」として存在した。歴史を叙述した史書で、城隍神は「水庸神」から変身したと記載されている。また、史書に最初に記録された城隍廟は、紀元239年、東部に建てられた蕪湖の城隍廟である。

　明の時代（1368年～1644年）の開国皇帝である朱元璋明太祖が城隍神を認め始め、その信仰を広めるのにおおいに力を入れた。城隍神は来世を司る神であることから、城隍廟に祭られる城隍像は、両側に裁判官や牛の頭、馬の顔、黒白無常などの鬼が並んでいる。普通廟には、座像の城隍神と、視察に出かける城隍像が常に置かれている。城隍は夏を除く春、秋、冬にそれぞれ1回視察に出るが、そのときはたくさんの家来を連れていく。同時に、さまざまな民俗行事が伴う。図にある城隍神は、長い髯を蓄え、左右に四人の侍者を伴っている。木版画の点描で着色され、躍動感に満ちながらも、落ち着きもある。

● 中国民間芸術の中の神々（2）

　仏教で四大天王といえば、知らない人はいない。これは大金剛ともいわれているが、仏教に威厳を与えている存在である。仏教のほかに、中国では、道教があり、道教にも四大元帥がいる。これもまた、道教に威厳を与えている神々である。

　四大元帥とは、「霊官馬元帥馬天君」（またの名を「華光大帝」、あるいは「華光天王」）と呼ばれる神様と、「趙元帥公明」、「関元帥関聖帝君」（またの名を「関帝爺関公」）、「温元帥瓊」（またの名を「雷瓊」）の四人である。「馬元帥」は雪のように白く、「趙元帥」は鉄のように黒く、「関元帥」は血のように赤く、「温

元帥」は藍のように青く、それぞれカラーが違う。この四大元帥は、魔除けの神様として、民間で強く信仰されている。道教の中で執り行われる法事の儀式は、四大元帥の降臨により、魔除けをするものである。

　図の中央にいるのは「霊官馬元帥」、つまり「馬王爺」で、火の神様といわれている。この作品は、色紙に版画したものと、手で描いたものが混ざっている。色も形もシンプルであるが、構図は巧妙にできている。

●中国民間芸術の中の神々（3）

　中国では、商売人が神様を祀るのは普通のことである。商売人たちは、家や工場、店舗の中に神を祀り、また日常生活の中で、季節ごとに供養をする。そんな神様の一人、「薬王」は薬屋を営む人々の神様である。「薬王」を供養することで、病気が治るように祈願する。「薬王」には、孫思邈、扁鵲、華佗、邳丹彤、呂洞兵、保生大帝、李時珍などがいる。この神々は、古代の名医たちである。その他にも、三韋（韋慈蔵、韋古道、韋善俊）、眼光娘娘、鉄拐李なども、薬の神様として崇められている。

　偉氏と呼ばれる「薬王」は、手に薬を持ち、左下の一人が薬の入ったひょうたんを持っている。このように、韋真人氏には左右に二人

の子供が仕えている。この題名を「感応葯聖韋真人」という。人物の絵は大きさが異なり、韋氏は突出していて、特に顔の部分に特徴がある。黄色の紙に墨で描かれた線は精密で、流れるようである。人物の各部位も非常に整っている。これが北京の典型的な芸術の特色である。

● **中国民間芸術の中の神々（4）**

　中国西南部にある雲南省は少数民族が多く住む地域である。この地方の神様の祀り方は独特である。ここの神様は人間のようであり、かつ神秘的な色合いを持っており、特にパイ族の特色は顕著で、絵には原始的素朴さがある。絵には特に決まった形式はなく、また細かい線もない。しかし、供養の方法は、その他の地域と比べて複雑である。

　大理のパイ族は、かまどの新しい火を取ると、それで香をたき、紙でできたお金を焼くことで、火の神様に奉納する。この火の神様は、火龍大帝とか、火塘とか、火徳星君などと呼ばれている。ある火龍大帝は、帝王の衣装を身にまとい、帝王の人相をしている。顔は端正で、5つに髭を束ね、厳しい表情をしており、神様の周りには、龍が舞い、炎が燃えている。絵の下部には、「火龍大帝」と書かれており、非常に形式的なものである。

● **中国民間芸術の中の神々（5）**

　中国において土地の神様はかなり普及している。土地の神様の由来は、祠の崇拝から始まり、明の時代（1368年〜1644年）に盛んになった。当時、土地の神様を祀る廟がたくさんあったといわれており、またその名称もたくさん残っている。例えば、「鶏毛土地」、「仙人土地」、「矮土地」、「三層土地」、「総

土地」、「都土地」などである。土地の神様は祠の種類もたくさん存在する。正式な廟以外にも、いくつかの石を積み重ねて作った祠があり、その中に石を置くと、それが土地の神様となる。土地の神様の典型的な様相は、白い顔に、黒い髭、頭には頭巾をかぶり、丸い襟があり、微笑みをたたえているものである。

● 中国民間芸術の神様（6）

もともと観世音菩薩といわれ、仏教の四大菩薩の1つである。インドから中国へ伝えられ、中国化された後、仏教と民間信仰が融合されて神霊となり、民間で最も広く親しまれ、最も多くの人たちに信仰されるようなった。唐の時代（618年～907年）の李世民皇帝の「世」という高貴な字を避けるため、世を抜いて「観音菩薩」と呼ばれるようになった。

仏教では、仏と菩薩には生と死がなく、男女の区別もない代わりに、人々の求めによって性別を変化することができると見ている。唐時代から、観音菩薩はよく女性と見られるようになった。観音菩薩は福をもたらし、災いを避けることができ、子供を授け守ってくれるという解釈から、多くの女性に信仰されるようになった。観音菩薩の号は「大慈大悲救苦救難霊感観世音菩薩」である。

● 山東省曹県の紙細工

「截江」は、山東省曹県のお葬式用の紙細工である。「截江」は中国四大古典小説の1つ、「三国志」の中の「趙雲截江奪阿斗、孫遺書退老」の場面である。作者は巧妙に紙を折り、絵付けなどの手法で、張飛の勇敢な様を表現している。張飛の顔は怒りを抑えきれない顔をし、手には槍をもち、たいへん複雑な紙細工になっている。

魯智深は、中国四大古典小説「水滸伝」の中の登場人物で、その性格は勇敢、かつ豪快、悪に立ち向かっていく豪傑である。あるとき、義理堅い彼は、義勇軍の将軍として、林冲を救いにいく。図の中の紙細工は、「水滸伝」の中の第9話である「魯智深大鬧野猪林」である。高衙内の命令に従い、董超と薛覇は林冲を森の中に送る途中、林冲を殺そうとする。魯智深は真っ暗の中彼を助けに行き、間一髪というところで、魯智深は木の後ろから現れ、彼を救いだす。図はそんな緊迫した場面を描いている。魯智深は武器を持ち、薛覇と董超を殺してしまうのであった。

● 紙細工

中国の紙細工芸術は、お葬式の風俗習慣に由来している。紙細工工芸は、紙を切って貼る、粘土を使った人形、絵付けなどの技法が1つになったものである。紙細工は民間の間では、「糊紙」・「扎紙」・「扎紙馬」・「扎単子」とも呼ばれている。これら紙細工は民間人の信仰心を満足させるものである。

紙細工の種類は次の4種類があり、1つは神様で、埋葬のとき墓前で焚くものである。2つ目は、男の子や女の子、戯曲の人物、召使などである。3つ目

は建築物で、霊安室、門、アーチ型の建物、車などである。4つ目は、食器類やお供え物、おめでたい物や動物である。これらの工芸品はたいへん精密に作られている。

● 紙馬版画

　紙馬版画とは、中国民間芸術の版画のことである。木の板に彫刻を施し、それに手で絵を書き加えたものである。印画は、赤と緑を主な色としており、手で色をつけるときは、これといった決まりはなく、自由に色づけしていくので、たいへんカラフルである。

　東南部にある江浙一帯の紙馬版画は、絵付け、彫刻、印画、カラー印画を一体にしたので、それまでの伝統的な手法を破ったものである。これにより、版画の芸術性は強烈なものとなった。この版画技法の改革は、画材にも独自性をもたらし、それは神様の版画に巧妙に現れている。

　民間では、年画や紙馬に、金庫にお金を入れる絵がよく描かれている。ここには、お金持ちになれるように願いが込められている。

● 地方劇

　中国西南部貴州省の各地には、地方劇が広く伝わっている。その中でも、比較的に集中しているのが、安順一帯である。毎年、春節の後と小正月の前には、村の至るところで、世代を超えて伝わってきたオリジナル劇を見ることができる。人々は、飛び跳ねながら観劇する。これには、魔除けと楽しみの意味がある。演目は時代劇で、例えば、「三国志」、「隋唐演義」、「封神榜」、「楊家将」などである。劇の中には、ものすごい様相の人物が登場し、魔除けの力を強調する。

劇を見る際の楽しみの1つが、俳優の顔（地方劇特有のお面）である。武将の顔をした俳優は、面を着け、兜をかぶり、派手に立ち回る。その面の表情は大胆、かつ精巧にできている。特に、眉毛、目、口が特長的で、耳も動くように作られている。

俳優の顔には、文民武将、武将、少将、老将、女将とあり、これを称して中国語では「五色相」という。頭の兜と耳は安順の劇の特徴である。男優は対になった龍の模様の兜をかぶるが、その身分によって龍の数が違う。その龍は4組から5組、多いもので9組にもなる。

女優は鳳凰の模様のある兜をかぶる。その模様には「双鳳朝陽」、「鳳穿牡丹」などがあり、ほかにも、花模様や蜜蜂、蝶などの模様もある。劇中の黒い顔の武将は、体格が良く、眉毛と目が突出していて、鼻も目立つようにしてある。強調された目は、大きく、丸く膨らんでいて、大変勇ましいものである。豪放で、勇ましく、威厳がる武将を表現している。

● 跳神

跳神は、チベット仏教寺院で最も盛大に行われる祭典の1つである。跳神で使用される面の多くには、立体的に彫刻が施された面、また、平面で布製の面もある。跳神の面には、仏像、菩薩像、また歴代の高尚な聖人を表しているほか、「イシバ」、「ジダバ」といった二大邪法の神、仙人、鬼、妖怪も表現しており、これら神の魂を守るという責務は仏法を守り、仏法修行を行う意味も含まれている。

チベットのお面は、おおむね3種類に分けられる。チャン族（跳神）の面、

装飾目的の面、チベット族の芝居のための面がある。跳神のお面である「仏法を擁護する神」は「イシバ」の類に属し、仏法を護る神の1つでもある。これら仏法を護る神はとても多く、仏や菩薩の化身となる神々で、その造型は、白骨体に草のつるがからみついたり、毒蛇がまとわりついていたり、装飾として骸骨や、心臓、血を身にまとっているといった不気味なもので、ある仏法を護る神は、顔が深い青色で、三つ目がかっと開かれ、目のふちが真っ赤で、口は開き、歯がむき出しで、舌を巻き、頭の上には5つの骸骨の冠がのっている。チベット族の跳神の面は、善悪を表現しているだけでなく、宗教の内容を描写している。寺院や宗教の祭典を離れてしまうと、そこに潜むものや意義を理解することが難しい。

■住まいを彩るもの

●陶磁器（1）

中国東部山東省の淄博は、史上重要な磁器産地として民窯（民間の磁器製造窯）が多くある。

魚は従来から装飾のテーマとなっており、中国語では「魚」の発音は「余」と同じく、民間で「魚」は富裕を意味し、また子供が多く、生命の継続を象徴している。青花（染付）魚盤は民窯製品であり、造形が素朴重厚で磁胎が厚く、容量も大きい。魚盤の紋様図案は手書きで、魚の丸い形は紋様の構成に適しているが、造形、絵付け、着色は製造窯や工匠などによりさまざまである。

魚紋様は前期、細密で、鱗模様は網状できちんとしたリアリズムがあり、鱗の色は暗い赤であったが、後期では豪放率直の性格が濃厚となり、鱗は網状ではなく、写意的な表現が目立っていた。

図の魚は背中が一筆書きで描かれ、運筆が流暢かつ雄勁である。魚の造形は豪放軽快で包容と爽快の風格が現れてい

る。

● 陶磁器（2）

　中国の古い時代、陶磁枕は夏季によく見られた睡眠用具であり、嫁入り道具としても使われた。子供用の陶磁枕には「長命枕」という題字があり、魔除けの飾りで「鎮宅」と刻まれたものもある。

　唐と宋の時代（7世紀〜13世紀）以来、陶磁枕の装飾は三彩、紋釉、また陶製白釉のものもある。

　猫の枕の形のものもあり、装飾は簡潔で気軽く、釉色が沈着し、猫の頭部を大々的に描き、猫枕として中国北部河北省、山東省一帯で典型的なものである。

● 陶磁器（3）

　図の陶罐は戯曲の人物を描き、中国中部安徽省の界首陶という流派の代表作である。紋様の主題は劇の筋を見せており、土色の赤い胎体を背景に文臣と武将が目立っている。文臣は温和な表情で扇を持って髯を捻り、武将は剣を背負って髯を撫で、頭と足を上げ、情緒が激昂している様子を表現している。二人とも戯劇人物の格好をして人物像は浮き彫りの感じがあり、曲線は石彫りと同様、巧妙さが感じられる。輪郭の造形が素朴で官窯製陶磁器の精緻さと異なり、質朴な親切さが出ている。

● 陶磁器（4）

　青花磁器（染付け）は元の時代（1206年〜1368年）になって流行し、各地の官窯、民窯は多く製造していた。

　民窯製の青花磁器が普及し、生産量は官窯を上回り、そして素朴と精緻など

流派が多く、精緻な上品は官僚商人など富裕層に愛用され、素朴なものは庶民に供給されていた。民窯製の青花磁器は活発かつ質朴な趣があり、絵画は自然洒脱で豪放であり、主題も多く、社会生活、風習、物語人物、山水、瑞獣珍禽、花卉果蔬、詩詞、開運護符など非常に豊富多彩である。伝説、小説、戯劇の感動的な場面も磁器の装飾に用いられ、創造的で独特なスタイルである。

　図の青花碗は、絵画が刀馬旦（花旦）で造形は簡素かつ上品であり、釉色は玉のごとく温和潤沢である。碗の口縁は外へ巻き、厚手の器壁で両面とも装飾されている。絵画人物の刀馬旦は造形で精緻を追求せず、動作情態だけを強調している。

● **陶磁器（5）**

　中国東部山東省の陶磁器製造業は悠久な歴史を持ち、淄博地域は特に有名である。陶磁器製造業は山東省の民間で"焼窯"と呼ばれ、民間の陶磁器製造は輪積みの方法を採用し、製品には甕、鉢、缶、壷、ご飯蒸しなどがある。

図の水がめは沂蒙山地域でよく見られる陶甕で、胎体は厚手で表面は粗く、腹部には凸の魚模様が施され、上部は提梁（持ち手）があり、蓋は反転された皿の形をしている。製法は素朴である一方、造形美と張力感が強く感じられ、民衆の美の追求を反映している。

● **陶磁器（6）**

　図の青花急須は、形、絵画とも民間風が濃厚であり、提梁（持ち手）の付け位置である肩の部分に、鼻状の突起が4つある。急須の口は諧謔の感じを持ち、ネックの幾何紋は簡単で主体の絵画は「麒麟送子」である。

● **陶磁器（7）**

　磁器表面の釉薬は細密で艶のある潤沢さが目立つ。図の黒釉酒瓶には「五斤」と刻まれ、酒瓶の形は細長くでも荘重美が感じられ、文人の雰囲気が出ている。

● 陶磁器（8）

　史上、民窯は官窯の製品更新に絶え間ない影響を与えていた。図の酒壺は、造形が典型的な「玉壺春瓶」であり、河北省地域の磁州窯磁に属する。

　「玉壺春瓶」という造形は宋と元（10世紀～14世紀）の時代から始まり、明と清（14世紀～19世紀）の時代に盛んに焼かれるようになる。

　「玉壺春瓶」の形は口がやや大きく、ネックは細く、腹部が豊満で底は穏健な感じがあり、簡潔の美が出ている。

● 陶磁器（9）

　夔竜紋は商（紀元前1600年～紀元前1046年）の時代の銅器によく見られ、饕餮紋は2つの夔竜紋からなる。元、明、清（13世紀～19世紀）の時代によく見られた竜紋皿は図の夔竜皿に類似している。

　図の夔竜皿は口縁の下部と底に弦紋、内部は花卉草紋と夔竜紋が画かれている。

● 福建省土楼

　土楼は中国南部福建省南西部の客家人の集中住まいであり、「客家土楼」とも呼ばれる。

　土楼の形は円形、半円形、長方形など数種類ある。円形土楼は、客家の人々が自らの住宅を保護するために建てた封鎖的な土木構造の環状建築であり、3階建てのも

のが多い。外側の塀は厚さ1メートル、環状の中心部は井戸を掘り、出入り口の正門は1つだけ、1階は台所と食堂で窓はなく、2階は穀物や農具などの倉庫、3階は寝室となっている。

● **伝統家具の洗面台**

洗面台には装飾の図案として透き彫りの「麒麟送子」で「早く良い子が産まれるように」と祈っているものもある。

● **中国伝統家具・箪笥／戸棚**

中国の伝統家具には箱、箪笥などが主体であり、衣裳を収納する箪笥は階段型の長方形が多く、抽斗型のものもある。

明（1368年～1644年）の時代に富裕層家庭で流行った戸棚には、中部の抽斗に草竜の浮き彫りが施されている。

● **漁籠**

漁籠は竹の編み物で、揚子江下流の水郷・江南地方の産物である。籠は瓶の形をし、主要部は円形の口で腰につける。

● **山西省王家大院**

明と清（1368年～1911年）の時代、山西省の富裕商人で大邸宅の建築がブームとなり、同省中部霊石県の王家大院は、その豪華さで目立っている。

敷地面積1万平方メートルに達する王家大院は堡塁式の建築群であり、内部の家屋は家族メンバーが年齢別、男女別に住んでいた。

● **瓦猫**

中国の住宅は屋根の装飾に工夫し、漢（紀元前206年～紀元220年）の時代

に、屋根の両端に鴟尾(しび)(魚の尾のような飾り)を据えていた。防火の意味がある。魚と竜の尾のほか、吉祥を象徴する瑞獣(ずいじゅう)も多くある。

● 食品木型(きがた)

明と清(14世紀～19世紀)の時代以来、伝統小麦粉食品の模様が多くなり、小麦粉食品の加工でさまざまなものが図案化された木型の利用が盛んになり、その最も典型的なものが、中秋節の月餅を作る木型である。

中秋節(旧暦8月15日)以外、七夕(旧暦7月7日)、元宵節(旧暦正月15日)、春節(旧正月)、端午節(端午の節句、旧暦5月5日)および結婚、誕生祝いなど、「寿」と「喜」という字の模様がつけられた小麦粉食品がよく食べられている。

● 山西省喬家大院

山西省は中国文化発祥地の1つである、中国の住宅文化で同省祁県、霊石県、襄汾市の荘園式邸宅が最も有名である。同省中部祁県の喬家堡村にある喬家大院は清の時代の乾隆年間に建築され、堡塁式の大邸宅として周りの壁は高さ10メートルである。内部は中庭を囲む住宅の四合院で、大院は6つ、小院は19、家屋は300間以上ある。

● 山西省霊石県文廟の午壁

中国の伝統的な住宅には居住のプライバシーを擁護するため、正門のところに「影壁(えいへき)」という目隠しの塀を建てた。史上山西省商人自宅の影壁は豊富な装飾で、その審美価値が高く評価されている。

● 墨壷(墨斗)

墨壷は伝統大工の道具で、長い直線を引くために使用されるものである。墨壷の造形はさまざまで、桃、魚、竜などの形も用いられ、大工の技も示されている。

● 羅漢床

床と榻は寝台としていずれも長い歴史を持ち、出土品には戦国時代(紀元前5世紀～紀元前3世紀)の漆木床があり、一人用の榻は漢(紀元前206年～紀元220年)の時代に出現した。床榻は寝台の総称で、大きいものは床といい、小さいものは榻という。

古い時代に一人座りの"小榻"と、二人用の"坐榻"があり、宋(960年～1279年)の時代には、寄りかかって座れる大きな榻が出て、明と清(14世紀～19世紀)の時代は三面屏風の榻が出た。

中国百科
ちゅうごくひゃっか

2016 年 9 月 16 日　初版第 1 刷発行

編　訳	中国国際放送局日本語部
担当者	王穎穎
翻訳者	王丹丹、王穎穎、周莉、関亦氷、王玉華、謝東、任春生、李軼豪、斉鵬、張強、馬玥、劉叡、胡徳勝
発行者	向安全
発　行	科学出版社東京株式会社 〒113-0034　東京都文京区湯島 2 丁目 9-10　石川ビル 1 階 TEL 03-6803-2978　FAX 03-6803-2928 http://www.sptokyo.co.jp
組版・装丁	越郷拓也
印刷・製本	モリモト印刷株式会社

ISBN 978-4-907051-13-6　C0022

《中国百科》China Radio International. CRI. 2015.
All rights reserved.
Japanese copyright © 2016 by Science Press Tokyo Co., Ltd.
This Japanese language edition is published by arrangement
with Shanghai Jiao Tong University Press.

乱丁・落丁本は小社までご連絡ください。お取り替え致します。
禁無断掲載・複製。